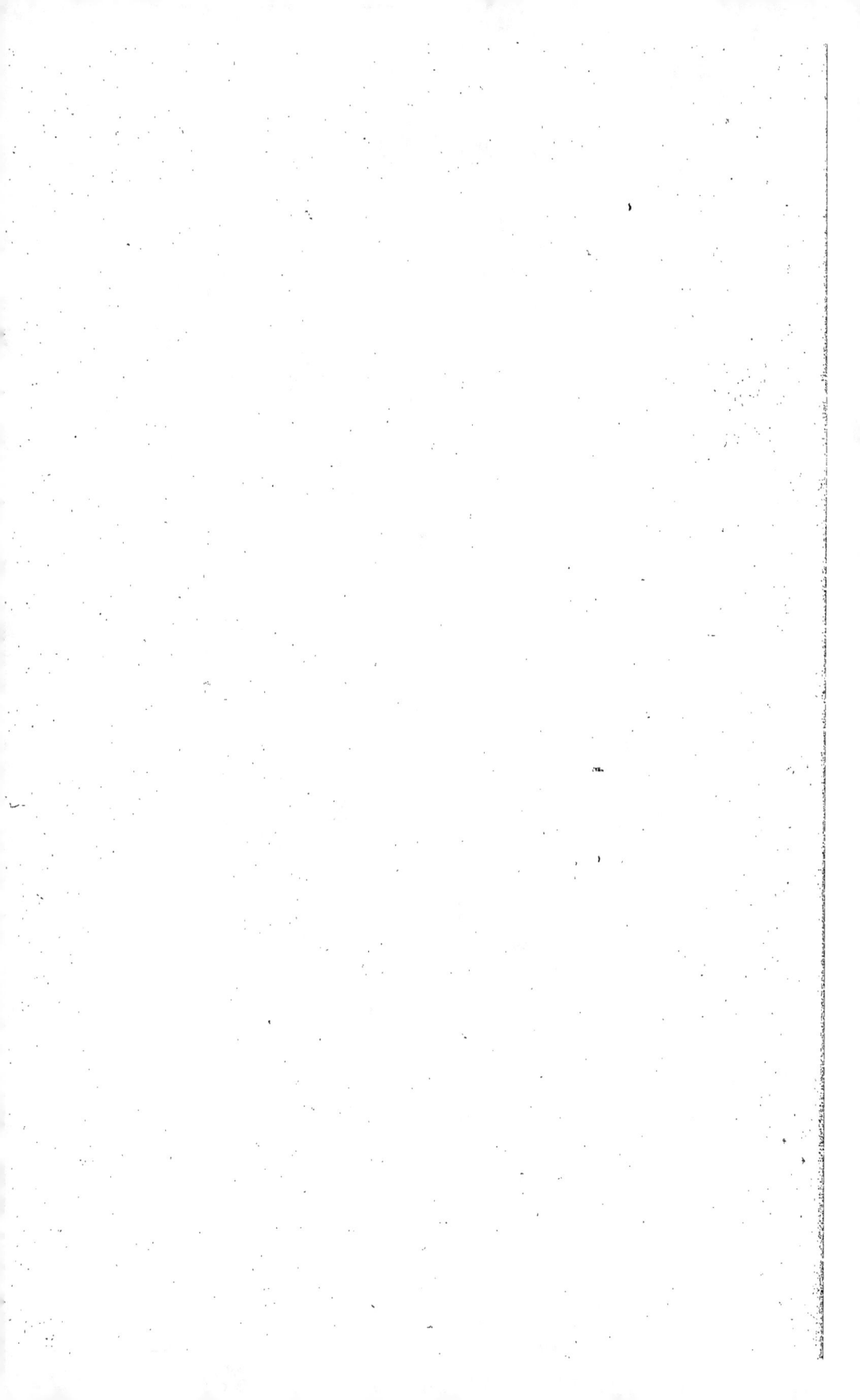

RÉPERTOIRE HÉRALDIQUE

OU

ARMORIAL GÉNÉRAL

DU FOREZ

Dreßé d'après les Monuments, suivi de la Description
des Blasons de la Diana, &c.

PAR

L.-PIERRE GRAS

Correspondant de la Société des Antiquaires de France, de l'Académie de Clermont,
De la Société académique du Puy, de la Société littéraire, historique & archéologique de Lyon, &c.
Secrétaire de la Diana

LYON

MOUGIN-RUSAND, ÉDITEUR

3, Rue Stella, 3

M DCCC LXXIV

RÉPERTOIRE HÉRALDIQUE

OU

ARMORIAL GÉNÉRAL

DU FOREZ

~~~~~~~~~

IMPRIMERIE MOUGIN-RUSAND

Rue Stella, 3, Lyon

RÉPERTOIRE HÉRALDIQUE

ou

ARMORIAL GÉNÉRAL

DU FOREZ

Dreſſé d'après les Monuments, ſuivi de la Deſcription
des Blaſons de la Diana, &c.

PAR

L.-PIERRE GRAS

Correſpondant de la Société des Antiquaires de France, de l'Académie de Clermont,
De la Société académique du Puy, de la Société littéraire, hiſtorique & archéologique de Lyon, &c.
Secrétaire de la Diana

ET AVI NUMERANTUR AVORUM

LYON

MOUGIN-RUSAND, ÉDITEUR

3, Rue Stella, 3

M DCCC LXXIV

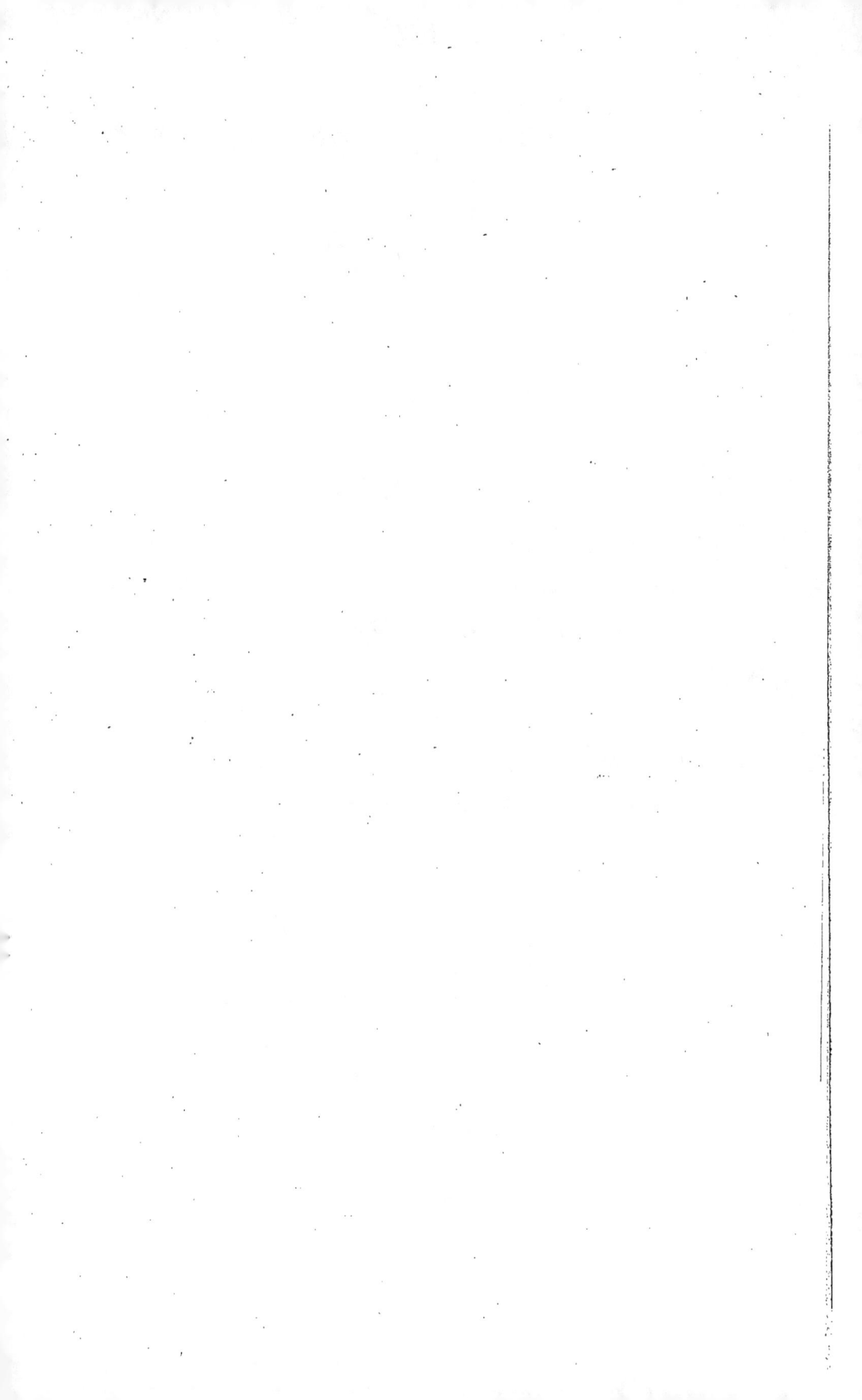

L'Olme (Ecotay), Août 1874.

Monsieur,

Permettez à la veuve de L.-Pierre GRAS, auteur de l'ARMORIAL du FOREZ, de vous témoigner toute sa reconnaissance des soins & du temps que vous avez bien voulu consacrer à la révision du manuscrit & des épreuves de cet ouvrage.

Veuillez agréer, en même temps, ses très-sincères remercîments pour la notice biographique que vous avez consacrée à la mémoire de son mari. Ces choses-là ne s'oublient pas.

Votre toute dévouée,

Vᵛᵉ GRAS, née BERNARD.

A Monsieur VACHEZ, Avocat à la Cour d'Appel de Lyon.

PRÉFACE

E livre que nous publions n'eſt qu'un ſimple recueil d'armoiries, ce que l'on nommait autrefois un *Provincial,* avec cette différence, qu'il ne contient pas ſeulement les blaſons des familles *ci-devant* nobles & titrées, mais ceux de toutes les familles notables de notre pays, des villes, des corporations, des couvents; il comprend, en un mot, toutes les armoiries qui peuvent intéreſſer l'hiſtoire de l'ancienne province du Forez ou du département actuel de la Loire. Hâtons-nous d'ajouter : toutes les armoiries que nous avons pu connaître.

Il ne s'agit pas ici d'une publication ayant pour objet de ſatisfaire de vaniteuſes prétentions, car les perſonnes intéreffées fe feraient empreffées de répondre à l'appel que nous avons fait, dans la *Revue Forézienne* (livraifon de novembre 1869), à tous les poffeffeurs de cachets armoriés ; pas davantage d'un fimple livre de curiofité, deftiné à captiver le regard par des figures énigmatiques & bizarres, car, dans ce cas, un album de planches gravées aurait remplacé avantageufement une aride lifte onomaftique.

Nous avons voulu dreffer un indicateur, établi autant que poffible fur des preuves matérielles, s'adreffant moins aux curieux qu'aux érudits, ou, pour mieux dire, aux travailleurs qui s'occupent de l'hiftoire locale. L'art héraldique eft un auxiliaire indifpenfable pour l'étude de l'hiftoire & de l'archéologie monumentale. A chaque pas, on rencontre, dans les maifons particulières, les châteaux, les églifes, des blafons fculptés, qui, à défaut d'indications plus précifes, équivalent, par leur forme & leurs figures, à des dates & à des noms.

Ainfi, pour ne citer que quelques faits obfcurs, nous favons, bien qu'aucun texte ne nous l'enfeigne, que l'abfide de l'églife de Soleymieu & le portail de celle de St-Jean-Soleymieu ont été conftruits par les foins d'un feigneur du Rouffet, du nom de Lothons, au milieu du XIVe fiècle ; que le bâtard Renaud de Bourbon fit rebâtir le prieuré de Montverdun, & un Senneċterre, l'aile gauche de l'églife du même lieu; que les St-Paul-de-la-Vaure ne portaient pas, au xvᵉ fiécle, les mêmes armes que les St-Paul-Vaffalieu; que c'eſt un de Bouthéon qui donna à l'églife de Rofiers-Côtes-d'Aurec le groupe de fculpture repréfentant une Notre-Dame-de-Pitié, qu'on y voit encore; que la femme du feigneur de la Liegue, qui fit rétablir la chapelle de ce château, en 1530, était une Marconnay; que celle de Jean Perrin de la Corée, en 1605, était une Lévis; que les Cambefort, d'Auvergne, ont été feigneurs du Boſt à St-Jean-la-Vêtre, les Courtois, de Savoie, feigneurs du Solleillant, près Verrières; que le reliquaire de Montverdun eſt dû à la libéralité de l'archevêque Camille de Neuville-Ville-roy, etc.

Nous pourrions citer des centaines d'exemples analogues qui démontrent évidemment l'utilité de la connaiffance du blafon, pour fuppléer à l'abfence des titres. Supprimez en effet les armoiries: l'hiſtoire eſt très-fouvent complétement muette.

Malheureufement la fcience du blafon n'eſt pas généralement répandue, même parmi les gens ſtudieux; c'eſt donc afin de faciliter leurs recherches & de les rendre moins longues, que nous avons fait fuivre notre

Armorial d'un dictionnaire alphabétique des principales figures héraldiques: les aigles, les colombes, les chiens, les lions, les foleils, les étoiles, les croiffants, les bandes, les fafces, les pals, les chevrons, &c. A la fuite de chacun des articles fe trouvent groupées toutes les armoiries renfermant ces figures, & repréfentées par le nom de leur poffeffeur.

Suppofons maintenant que nous rencontrions un écuffon portant *une tour accoftée d'une étoile & d'une fleur de lys*. Cherchons au nombre des noms placés à la fuite du mot *tour* quel eft celui qui fe trouve répété fous les articles *fleur de lys* (*une feule*) & *étoile* (*une feule*). Il n'en eft qu'un, celui de la Tour-Varan, celui de Cublife ayant une bordure. Nous confultons alors l'Armorial qui nous donne la couleur, les émaux & l'explication technique de l'écuffon.

Si la tour était accompagnée de fix fleurs de lys, on obtiendrait pour réfultat les deux noms d'Alègre & de Droffanges. Dans ce cas, d'ailleurs fort rare, c'eft à la critique hiftorique qu'il appartient de décider.

A la fuite de l'Armorial on trouvera tous les écuffons de la belle falle de la Diana.

Comme complément indifpenfable à ce travail, nous

avons décrit, dans un dernier chapitre, toutes les armoiries recueillies en Forez, auxquelles il nous a été impoſſible juſqu'à préſent de donner une attribution certaine.

Le premier reproche qui pourrait nous être adreſſé eſt relatif à la conciſion des articles de cet Armorial : on n'y trouvera, en effet, que quelques dates & quelques noms de fiefs deſtinés à prévenir la confuſion entre les familles. Mais, nous le répétons, ce n'eſt ici qu'un indicateur; il ne comprend même qu'une partie de la table d'un travail conſidérable entrepris depuis de longues années ſur les généalogies foréziennes.

Tel qu'il eſt, & ſans tenir compte de toutes ſes imperfections & de ſes lacunes, que nous ne reconnaiſ-ſons que trop, c'eſt de tous les recueils du même genre, conſacrés à une _ſeule_ province, ſans doute le plus conſi-dérable.

Les ſources inédites où nous avons puiſé comprennent les titres originaux, les inventaires d'archives, les rôles de ban & d'arrière-ban, les rôles de taxes, les regiſtres paroiſſiaux, pour établir l'état des familles; pour les blaſons, ce ſont les ſceaux & les cachets, les monuments, les tombes, les cloches, les meubles,

INTRODUCTION

« Je ne crains rien des morts & n'efpère rien des vivants.
« Le Laboureur. »

Généralement les Armoriaux font précédés d'un Traité plus ou moins complet fur le blafon. Loin de nous la penfée de fuivre un pareil exemple. Nous demanderons feulement la permiffion de préfenter, à propos de ce livre, quelques courtes obfervations fur des particularités peu connues relatives à notre province.

§ I. Origine et ufage des armoiries.— *Malgré les plus favantes recherches, l'origine des armoiries n'eft pas clairement établie. Le premier blafon connu en Forez eft le fceau d'un Lavieu de l'an 1089. Les monuments de ce genre font rares pendant les xie & xiie fiècles ; le xiiie nous en a tranfmis une grande quantité. Philippe-Augufte avait, dit-on, créé un roi d'armes, mais ce ne fut qu'au xive fiècle que les rois fe réfervèrent le droit de concéder des armoiries. Bien qu'elles fuffent une prérogative de nobleffe, on peut croire, les preuves à la main, que les bourgeois de Forez en portaient oftenfiblement, même avant la charte de*

Charles V anobliffant les bourgeois de Paris; un Appenfat, bourgeois de Saint-Galmier, avait, en 1320, un lion dans fon fceau.

Qu'eft-ce, en effet, qu'un blafon? Un emblème particulier à un individu, une marque diftinctive, une devife perfonnelle d'abord, puis affectée plus tard à une famille, prife arbitrairement, dans l'origine, peut-être fans prétention nobiliaire. Un notaire forézien, nommé Pollet, imitait un poulet dans fa fignature; fon blafon, s'il en eût un, devait certainement reproduire ce volatile.

Les guerres, les croifades, les tournois contribuèrent beaucoup à répandre l'ufage des armoiries. Leur nombre s'accrut confidérablement au xve fiècle & dans les fuivants; aux xvie & xviie, il devint incalculable : bourgeois, procureurs, notaires, marchands, tout le monde s'en fabriqua. Autrefois reftreinte aux boucliers, aux bannières & aux fceaux, la reproduction des figures héraldiques s'étendit aux vêtements, aux portraits, aux meubles & aux édifices. On en plaça fur les croix, les tombes, les cloches, les portes d'entrée de maifon, les tourelles d'efcalier, les cheminées, les lambris, dans les endroits les plus apparents; elles remplaçaient le nom & fourniffaient des motifs de décoration en même temps qu'elles flattaient la vanité. Les nouveaux anoblis en ufaient avec prodigalité; nous connaiffons au moins dix exemplaires du blafon de la famille Girard, de Montbrifon. Quelquefois on enlevait celui des prédéceffeurs pour y fubftituer le fien, comme firent les Gouffier à Boify, en oubliant d'effacer la devife de Jacques Cœur.

Les rois de France tentèrent, par de nombreufes ordonnances, de régularifer l'ufage des armoiries. Nous citerons les principales.

En juin 1487, Charles VIII inftitua un maréchal d'armes & ordonna de dreffer le catalogue des noms & armes des nobles du royaume.

Ses succeſſeurs défendirent aux roturiers, par diverſes ordonnances de mai 1579, mars & novembre 1583, le port des armoiries timbrées, c'eſt-à-dire accompagnées des inſignes de la nobleſſe. Un édit de 1615, rendu ſur les réclamations de la nobleſſe aux Etats tenus à Paris l'année précédente, établit un conſeiller-juge-général d'armes. On y lit que. « il étoit arrivé, par la licence des guerres et par la tolérance des magiſtrats, que, pluſieurs, contrefaiſant les nobles, s'étoient donné des armes, la plupart fauſſement faites et plus mal blaſonnées; que d'autres, voulant faire croire qu'ils étoient d'une tige plus ancienne & plus illuſtre, avoient uſurpé des armoiries & s'ingéroient de les porter confuſément ſans droit, ni titre, ni mérite; de manière que l'on ne pouvoit, comme anciennement, diſtinguer, par les armoiries, l'aîné du puîné, les deſcendants en droite ligne des collatéraux, & le roturier du noble. »

Rappelons encore un édit de janvier 1634, une ordonnance du 26 février 1665, ſur l'uſage des armoiries timbrées, & arrivons au fameux édit de novembre 1696, dont voici le texte :

« Le roi Louis XIV étant perſuadé que rien n'étoit plus digne de la gloire du royaume que de retrancher les abus qui s'étoient gliſſés dans le port des armoiries, & de-prévenir ceux qui pourroient s'y introduire par la ſuite, s'étant auſſi rappelé l'exemple de Charles VIII, qui, par ſes lettres données à Angers le 7 juin 1487, avoit créé un maréchal d'armes pour écrire, faire peindre & blaſonner, dans des regiſtres publics, le nom & les armes de toutes les perſonnes qui avoient droit de porter cette marque de diſtinction ; &, après s'être fait repréſenter les remontrances faites au roi Louis XIII, en 1614, par la nobleſſe de France, qui avoit ſupplié ce prince de faire une recherche de ceux qui avoient uſurpé des armoiries au préjudice de l'honneur & du rang des grandes maiſons & anciennes familles, ſur leſquelles remontrances, ſui-

vant les motifs des ordonnances des rois Charles IX & Henri III, des années 1560 & 1579, il avoit établi un juge d'armes pour dresser des registres universels, dans lesquels il devoit employer le nom & les armes des personnes nobles, lesquelles, à cet effet, seroient tenues de fournir aux baillis & sénéchaux les blasons & les armes de leurs maisons pour être envoyés au juge d'armes ; mais tous les pourvus de cet office n'ayant pu, par le défaut d'autorité sur les baillis & sénéchaux, former des registres assez complets pour conserver le lustre des armes de toutes les grandes & anciennes maisons & faire connoître celles des autres personnes qui, par leur naissance, leurs charges, leurs services ou leurs emplois, étoient en droit d'en porter.

« Sa Majesté crut qu'il étoit de la grandeur de son règne de mettre la dernière main à un ouvrage, qui n'avoit été, pour ainsi dire, qu'ébauché par les rois ses prédécesseurs, &, à cet effet, elle créa & établit, dans sa bonne ville de Paris, une grande maîtrise, générale & souveraine, avec un Armorial général, ou dépôt public, des armes & blasons du royaume, ensemble le nombre des maîtrises particulières qu'elle jugeroit à propos.

« La maîtrise générale, à laquelle seroit jointe la maîtrise particulière de Paris, qui connoîtroit les armes de tous les particuliers de son ressort & de toutes les personnes de la suite de la cour & des camps & armées de Sa Majesté, devoit être composée d'un conseiller en ses conseils, grand-maître ; d'un conseiller en ses conseils, grand bailli & sénéchal ; d'un conseiller du roi, lieutenant-général ; d'un conseiller du roi, lieutenant-particulier ; d'un conseiller, garde dudit Armorial ; de dix conseillers & commissaires ; d'un conseiller, procureur-général du roi ; d'un conseiller, secrétaire & greffier ; d'un hérault & grand audiencier, de huit huissiers ordinaires, de huit procureurs, d'un conseiller du roi, *subſtitut du procureur général de Sa Majesté; d'un conſeiller du roi, tréſorier, receveur des gages & droits d'enregiſtrement, & d'un conſeiller du roi, contrôleur dudit tréſorier ; & chaque maîtriſe particulière, d'un conſeiller du roi, maître particulier ; d'un conſeiller, ſous-lieutenant ; d'un conſeiller, procureur du roi; d'un greffier & receveur des gages & droits d'enregiſtrement, & d'un premier huiſſier, de deux huiſſiers, de trois procureurs. Sa Majeſté ſupprime l'office de juge d'armes de France, ſauf à le dédommager, » &c.*

Les ſous-commiſſaires chargés de l'exécution de l'édit ſe préſentaient dans les maiſons et enregiſtraient le premier blaſon venu qu'on leur préſentait; à ceux qui n'en avaient pas & aux abſents, on impoſait d'office une ſorte de paſſe-partout, repréſentant un chevron chargé d'une petite pièce héraldique, loſange, coquille, &c. Nous voyons, dans le re-giſtre de nos provinces, deux hôteliers gratifiés de leur enſeigne pour ar-moiries. Le commis percevait enſuite la taxe unique, vingt francs ; en échange, on recevait un certificat ſur parchemin avec le blaſon colorié.

On voit, par ces détails, que cet immenſe recueil, dans lequel on a tant puiſé, et que d'Hozier, le juge d'armes, n'a jamais lu, mérite peu de créance ; ſa principale valeur conſiſte dans les renſeignements qu'il donne ſur l'état ſocial de nos pays à la fin du XVIIᵉ ſiècle.

Cet enregiſtrement n'était pas facultatif. Un arrêt du Conſeil du 5 mars 1697 défend à toutes perſonnes majeures ou non mariées qui avaient offices, bénéfices ou emplois, de porter les armoiries de leur père, mère ou autres, quelles qu'elles fuſſent, qu'après avoir fait regiſtrer leſ-dites armoiries dans l'Armorial général. Un autre arrêt du 19 mars ſuivant autoriſe ceux qui ont rempli les formalités néceſſaires à mettre leur blaſon ſur leurs carroſſes, vaiſſelle & cachets; & il ajoute : « De ceux qui, au lieu de les faire regiſtrer, les ont oſtées de leurs carroſſes, vaiſſelle et cachets, ſera dreſſé procès-verbal par les ſieurs intendants, qui le renverront au Conſeil avec leur avis. »

Un édit du mois d'août ſupprima les maîtriſes, &c.; mais, en avril 1701, le roi rétablit l'office de juge d'armes de France, qui reſta dans la famille d'Hozier juſqu'à la révolution.

§ II. Forme et ornements des écuſſons. — *La forme des écuſſons, ainſi que leur poſition et celle des pièces qu'ils renferment, les ornements qui les accompagnent, ont varié ſuivant les époques. Elle nous indique la date preſque préciſe des monuments, & c'eſt rendre un véritable ſervice à ceux qui s'occupent d'hiſtoire que de leur donner des ſpécimens de ces modifications ſucceſſives.*

La forme la plus ancienne de l'écu eſt celle du triangle ou du bouclier; quelquefois les emblèmes ſont ſimplement placés au milieu du ſceau, ſans encadrement.

La voûte de la ſalle de la Diana eſt le plus bel Armorial connu; nous en donnerons ailleurs la deſcription. L'opinion générale eſt que la conſtruction en eſt due au comte Jean, ce qui en reporterait la date à la fin du XIIIe ſiècle ou au commencement du ſuivant. Les blaſons y ſont ſimples; pas d'écartelures proprement dites, un ſeul parti & un coupé. Les lions, les aigles ſont des animaux réellement fantaſtiques; les croix ancrées ſont recercelées; les pétales latéraux des fleurs de lys ſont, la plupart, arrondis au lieu d'être recourbés. (Voir planche 1, la figure 1 reproduit un fragment de la friſe, la figure 2 un panneau de la voûte.) (1)

---

(1) Les traits de ces deſſins repréſentent, avec le ſens des hâchures héraldiques, les couleurs des peintures. Nous en avons mis également, malgré l'anachroniſme, aux écuſſons, afin qu'on puiſſe plus facilement colorier la planche. Les animaux de la friſe ſont peints en gris avec traits de force noirs ſur un fond brun. Le lambel qui charge le lion du panneau n° 2 eſt de gueules; les petits ornements de la bordure ſont blancs, avec un coup de pinceau bleu & un autre rouge.

Il ſerait à déſirer qu'un ſyſtème auſſi ſimple fût employé dans les ouvrages où l'on reproduit, en noir, les belles lettres ornées & les miniatures des manuſcrits du moyen-âge.

Il exiſte, dans le château de Sury-le-Comtal, une ſalle dont les parois ſont, en partie, couvertes d'une freſque fort ancienne, repréſentant, dans des loſanges bleus & rouges, le blaſon de Forez, alterné avec un heaume ou caſque de forme particulière; les lignes des loſanges ſont de couleur blanche avec des points bruns, un bouton ou clou blanc à point rouge à leur interſection, les caſques blancs à deſſins noirs.

Nos hiſtoriens placent tous à Sury-le-Bois le fatal événement connu ſous le nom de danſe de Forez, qui cauſa la mort d'une partie de la nobleſſe forézienne; or, M. le comte de Soultrait a remarqué que les peintures de Sury-le-Comtal ceſſent bruſquement, & d'une manière irrégulière, ſur un des murs, & il en conclut que c'eſt dans cette ſalle que le comte Jean donna la triſte fête dont il s'agit, en 1313. La forme des heaumes eſt bien, au reſte, de cette époque. (V. pl. I, fig. 3.)

A la fin du XIVᵉ ſiècle, on commence à trouver des écuſſons penchés.

Le XVᵉ nous offre, dans les écuſſons, des types d'une élégance achevée, comme on peut s'en convaincre en parcourant l'Armorial de Guillaume Revel. Rien n'eſt plus gracieux que ces blaſons droits ou inclinés, entourés de volets ou lambrequins & ſurmontés de cimiers variés. Le ciſeau du tailleur de pierre rivaliſait avec le pinceau du miniaturiſte dans l'ornementation des châteaux. Il nous reſte quelques ſpécimens de cette époque. (Pl. 2.)

La première figure repréſente le fronton de la porte d'entrée du Chevalard. On remarquera la forme du caſque.

La ſeconde ſurmonte l'entrée de l'eſcalier du château de Cremeaux. Nous avons deſſiné la troiſième d'après le ſupport d'un bénitier qui ſe trouve dans l'égliſe de Saint-Juſt-ſur-Loire. Ce fragment provient ſans doute d'un tombeau. Le heaume eſt orné d'une eſcarboucle & de lambrequins; les supports sont des dogues, par allusion au nom des Mâtin de la Merlée, dont on distingue à peine le blason écartelé de Durgel La Chabeaudière & chargé en cœur de celui des Verd de Villeneuve.

Le XVIᵉ siècle emprunte à l'Allemagne les échancrures de ses écus; les bords se découpent de toute façon. (Pl. 3.) Le nº 1 est sculpté sur le puits de Cousan, le nº 2, sur une tombe à Saint-Bonnet-le-Château, le nº 3, sur une porte de l'église de Magneu, le nº 4 est dans l'église de Saint-Germain-Laval, le nº 5, dans la cour d'une maison de Sury.

On trouve un assez grand nombre de blasons inscrits dans des cartouches. (Pl. 3, fig. 1, blason des Dupont de Dinechin, à Charlieu.)

Les formes deviennent plus lourdes au XVIIᵉ siècle. L'écu est presque un carré long, la pointe en accolade; les casques & les lambrequins se multiplient; quelques blasons ronds ou ovales sont entourés de palmes & d'attributs, de couronnes de feuilles & de fleurs. (Pl. 4, fig. 1, tombe d'un La Veuhe, dans l'église de Saint-Rambert.)

Au XVIIIᵉ siècle, le style rococo envahit jusqu'au blason; c'est un mélange de bizarre & de gracieux. Il existe des milliers de cachets de cette époque, & tel de ces cachets est un petit chef-d'œuvre de ciselure. Les fleurs de lys sont trapues & à nervures; les aigles, dont le vol a été successivement abaissé ou horizontal, ont des ailes à pointe relevée; les couronnes, qui remplacent les casques, n'indiquent pas toujours les titres des possesseurs du blason; un baron prenait volontiers une couronne de marquis.

Outre les couronnes, les casques & les cimiers, les blasons sont souvent accompagnés de supports; les lions & les levriers se rencontrent plus souvent; on y voit aussi toute espèce d'animaux, beaucoup d'anges & pas mal d'hommes sauvages.

Le bas-relief n° 2 de la planche 4 eſt ſculpté dans un grès jaunâtre très-fin, au-deſſus d'une porte dans le cloître, à Leigneu. Toutes les chanoineſſes avaient ainſi leurs armoiries ſur la façade de leur habitation.

§ III. Sources bibliographiques. — *Preſque tous les ouvrages hiſtoriques mentionnent des armoiries de famille.* Les Chroniques des châteaux & abbayes, *de La Tour-Varan,* l'Aſſemblée bailliagère *&* le Mémorial de Dombes *de* d'Aſſier de Valenches, *l'*Hiſtoire du Beaujolais *de M. de La Roche La Carelle, outre les œuvres volumineuſes des anciens analyſtes, comme* Le Laboureur, La Mure, Guichenon, *&c., en contiennent un grand nombre ; mais nous ne ferons de citations qu'autant que nous emprunterons à un livre un renseignement qui lui appartient excluſivement, la nomenclature des auteurs qui ont décrit le même blaſon ſerait faſtidieuſe. Voici, avec l'index des abréviations, la liſte des autres ouvrages conſultés.*

A B, *Armorial du Bourbonnais & du Nivernais,* par le comte G. de Soultrait.

A D, *Armorial du Dauphiné,* par M. de Rivoire de la Baſtie.

A G, *Armorial de la Généralité de Lyon.*

A S, *Armorial du Lyonnais, Forez & Beaujolais* (par M. A Steyert).

    On peut lire dans l'Introduction qui le précède une ſavante critique des ouvrages analogues antérieurement publiés ſur nos provinces.

D H, *Dictionnaire héraldique,* par M. Charles de Grandmaiſon, publié en 1852, dans l'Encyclopédie Migne.

    Le plus grand défaut de ce livre vient de ce que l'auteur, après avoir groupé les blaſons ſous les titres des pièces héraldiques n'a fait le claſſement qu'à moitié, en négligeant de mettre les noms par ordre alphabétique, d'où de nombreuſes répétitions, à quelques lignes d'intervalle.

I S, *Inventaire des Sceaux*, par M. Douet Darcq.

> Par une diftraction fâcheufe, l'auteur a pris pour des *frettés* & des *componés* les hâchures croifées qui, dans les anciens fceaux, n'ont d'autre but que de diftinguer les pièces.

N A, *Nobiliaire d'Auvergne*, par J.-B. Bouillet.

> Le même auteur a publié également l'Armorial de la Généralité d'Auvergne, dans un cadre fingulier ; pour pouvoir fervir à quelque chofe, l'ouvrage devrait être accompagné d'une table alphabétique des noms de familles.

R, *Armorial général de Rielftap*.

> C'eft prefque le feul qui mérite fon titre, mais il manque de détails fur l'origine des blafons.

LES AUTRES ABRÉVIATIONS SONT LES SUIVANTES :

D, *Ecuffons de la voûte de la Diana*.

D D, *Ecuffons de la Frife*.

G R, *Armorial manufcrit* de Guillaume Revel.

I, *Blafons* dont nous ignorons les poffeffeurs.

L M mf, *Manufcrits* de la Mure.

N. B. — L'aftérifque qui précède certains noms indique les familles dont l'exiftence actuelle nous eft connue.

XVᵉ SIÈCLE

P.L. GRAS. Del.

C. Tournier. sculp.

Imp. V. Giraud. Lyon.

D'ABOIN « ALBUYN, ALBOEN », *Cordes (Firminy) du* XIVe *au*
XVIIIe *fiècle :*

Parti au premier fafcé contrefafcé d'or & d'azur, au
deuxième fafcé ondé du même, le tout de onze pièces;
alias parti d'argent à trois fafces de fable, & de fable à
trois fafces ondées d'argent.

Sculpté à Cordes, accolé à La Tour-Varan.

* ABRIAL, *à Saint-Etienne* XIXe *f., orig. du Vivarais :*

D'argent à l'arbre terraffé de finoble, au chef d'azur
chargé d'un foleil d'or.

* ACLOQUE, *à Roanne,* XIXe *f. :*

D'azur ou chevron d'or accompagné de trois cloches
du même.

D'ACRE, « DE ACRA, ACCONE », *Magneu-Hauterive, Amions,
Dancé, Saint-Paul-de-Vezelin,* XIIIe *&* XIVe *f., branche
de la Famille de Brienne :*

D..... à la bande d.....

Recueil Gaignères : fceau de 1314.

2

ADVISARD, *à Montbrifon* XVIe *f.* :

De gueules au chevron d'argent.

AGNOT DE CHAMPRENARD, *en Roannais* XVIIIe *f.* :

De gueules à deux épées en fautoir d'or & un écu de fable en abîme chargé d'une fafce d'argent.

AGUIRAUD, *Beauregard (Montbrifon) & à Bellegarde,* XVIIIe *f.* :

D'or à une main dextre d'argent vêtue du même périe en barre tenant une couronne de laurier de finople & furmontée de trois étoiles de gueules rangées en chef.

D'AGULHAC DE SOULAGES, *Malmont* XVe *f. ; orig. du Vivarais* :

De gueules à 2 épées d'argent en fautoir, la pointe en haut, au chef coufu d'azur chargé de trois étoiles d'or.

AIGLIER « AIGLERII », *en Forez* XIIIe *f. & en Lyonnais* :

De fable au lion d'or.

D'AIX « D'HAIS », XVe *f., & en Bourbonnais* :

Ecartelé aux 1 & 4 de finople à la croix ancrée d'or, aux 2 & 3 d'azur plein, les écartelures féparées par un filet d'argent en croix (GR).

ALAMARTINE *en Roannais* XVIIe *f. ; orig. du Charolais* :

De gueules à un trèfle d'or entre deux fafces du même.

ALBANEL DE CESSIEX, *Batailloux, St-Marcelin & en Dauphiné* :

D'azur au chevron d'argent, *alias* d'or, accompagné de deux étoiles & d'un croiffant du même.

D'ALBENC « DE ALBENCO », *En Jarez* XIVe *f.*

De Sinople à la bande d'or chargée d'une ancre de fable.

ALBI ou BLANC, *La Lande, Seyſſel, Le Fay,* xiiie & xive ſ.

Ecartelé en ſautoir d'argent & d'azur ? (A S).

* D'ALBON, *St-André-l'Eſpinaſſe, St-Marcel, Ouches, &c., du* xiiie *au* xviiie ſ.

De ſable à la croix d'or, écartelé de Dauphiné-Viennois au xvie ſ.; anciennement : d'azur à une perdrix d'argent (R).

Cimier : une tête de chien.

Alias un lion ailé. Supports : deux lions. Deviſe : A cruce victoria.

> Sur une cloche à Cezay écartelé d... à un lion d... qui eſt Reybe.

ALCANON, *Chaſſereux, La Loche, Vernoilles, du* xve *au* xviie ſ.:

De gueules à un lion d'argent couronné d'or.

D'ALEGRE, *Feudataires du Forez, au* xive ſ.

D... à la croix d...

Sceau de 1257.

Alias de gueules ſemé de fleurs de lys d'or, & pluſtard par alliance avec Tourzel, de gueules à la tour d'argent accoſtée de ſix fleurs de lys d'or..

> Peint ſur un plafond à La Bâtie.

ALEX, *En Roannais & en Lyonnais,* xviiie ſ. :

D'azur au lion d'or.

ALLARD, le SARDON (*Rive de Gier*), xvie ſ. :

D'azur à la bande d'or chargé de trois alerions d'azur, *alias* de ſable.

> Sculpté à Lyon, rue Mandelot, partie de Baraillon.

* D'ALLARY, *V. Gonon.*

* D'ALLARD le MONTEILLE, *Les Tournelles, Le Lac, La*

Pierre, Chazelles-sur-Lavieu, xviie & xviiie ſ.; *orig. du Dauphiné :*

D'or au chevron de ſable accompagné de trois étoiles d'azur en chef & en pointe d'un croiſſant de gueules, écartelé, au xixe ſiècle, d'argent à deux faſces d'azur, pour la branche de Montbriſon.

Sculpté à St-Etienne, rue Roanelle & à Montbriſon.

ALLEMAND, *Grezolles, La Levratière, Palognieu, Vaudragon,* xve ſ. :

D... à quatre aigles d... (ſceau).

De gueules ſemé de fleurs de lys d'or à la bande d'argent ſur le tout.

Cimier : un paon. Deviſe : Altiſſimus nos fundavit. *Alias,* cri : Place, place à ma dame. Deviſe : Tot in corde quod in armis, par alluſion aux fleurs de lys.

ALLEMAND « ÁLLAMAND » de Villeneuve, xive ſ., *noms féodaux, & en Dauphiné :*

D'or au lion de gueules couronné d'argent (R).

D'ALLEMAGNE, *en Forez & en Auvergne,* xviiie ſ. :

De gueules au chevron d'or accompagné de deux mouchetures d'hermine & d'une palme d'argent.

* ALLEON DU LAC, *Les Gouttes,* xviie & xviiie ſ. :

D'argent à cinq alérions de gueules ailés d'azur, trois & deux; *Alias* d'argent à une aigle d'azur becquée & membrée de gueules à l'orle, compoſée de gueules & d'azur (AG); *Alias* d'azur au lion d'or, au chef couſu de gueules, chargé de 3 étoiles d'or (AG). Sur un cachet de 1760 le chef est d'azur & le champ d'argent. Le lion eſt le blaſon véritable de cette famille. Nous l'avons retrouvé avec pluſieurs blaſons d'alliances authentiques. Les aigles ont pû être portées par une branche.

Nombreux cachets.

* D'ALLIER DE LA FRESSANGES, *V. Saignard.*

ALLIOUD, *A Montchal, vers 1600 ; orig. du Dauphiné :*

> D'azur à fix quintes feuilles d'or 3, 2, 5, 1 ; *Alias* de gueules à trois têtes de Licorne coupées d'or (AD).

D'ALLONVILLE, *Sury-le-Comtal, Montfupt, Saint-Romain, Saint-Marcellin, 1609 :*

> D'argent à deux fafces de fable.

D'AMANZÉ, *Arcinges, Ecoches, Noailly,* XVIIᵉ f. ; *Orig. du Mâconnais :*

> De gueules à trois coquilles d'or.
> Supports : deux levrettes. Cimier : une levrette.

AMAT, *Liffac (Uffon)* XVIIᵉ f. ; *& en Dauphiné :*

> De gueules à un feneftrochère armé mouvant d'une nuée d'argent, tenant une épée du même, garnie d'or.

AMIOT, *Bully La Molière,* XVIIᵉ f. :

> D'azur à trois hermines passant l'une fur l'autre d'argent.
> Devife : Mori potius quam fœdari.

D'AMONCOUR « DE AMONCURIA », XVIᵉ f. ; *Orig. de Lorraine, un prieur de Gumières en 1500.*

> De gueules au fautoir d'or.
> Sculpté à Gumières, parti d... à 4 burelles d...

DE SAINT-AMOUR, *Un prieur de St-Maurice en 1464 :*

> D'or à trois rofes d'azur, écartelé de Genoft (AS).

AUDRAULI-LANGERON, *Chevrières, Beaucreffon, St-Haon, Minardière, La Molière,* XVIIIᵉ f. :

> Ecartelé aux 1ʳᵉ & 4ᵉ d'azur à trois étoiles d'argent, au 2ᵉ & 3ᵉ de gueules à 3 fafces vivrées d'argent & une bande ou baudrier de France brochant, qui eft de Gencien.

D'ANDRÉ, *En Roannais*, xviie f. :

D'azur au lion d'or rampant contre un mont d'argent & donnant la patte dextre à une main mouvante d'une nuée du même (AS).

ANGEREZ « ANGERIEUX », *St-Bonnet-les-Oules*, *La Lande (St-Marcellin)*, *du* xiiie *au* xviie f. :

Echiqueté d'or & d'azur de quatre traits.

> Sculpté à Rofiers-Côtes-d'Aurec, à Rivas fur une Croix avec deux évêques pour tenants.

* ANGLES, *A Roanne*, xixe f. ; *Orig. des Hautes-Alpes* :

D'azur au chevron d'or, accompagné en chef de trois étoiles rangées d'argent, & en pointe d'une colombe de même, tenant au bec un rameau d'olivier de sinople.

D'ANLEZY, *Un commandeur de Montbrifon en 1440, orig. de l'Ile-de-France* :

D'hermines à la bordure de gueules.

ANSELMET, *Les Bruneaux, Roche-la-Molière, St-Juft-les-Velay, Le Vernet (St-Germain-Laval)* xviie & xviiie f. :

D'azur au cerf paffant d'or & un huchet du même au canton feneftre du chef ; *Alias* d'or à trois bandes d'azur (A G).

Ce blafon, donné en 1697 à Nicolas Anfelmet, doit être celui de fa femme Louife-Marie Baraille.

D'ANTHOYNE, *à Montbrifon*, xviiie f. :

D'azur au chevron d'argent accompagné de trois rofes d'or (A G).

D'APCHIER, *Feudataires du Forez*, xive f. & *en Auvergne* :

D'argent au château donjonné de deux tours de gueules furmontées de deux haches adoffés en pal d'azur.

D'APCHON, *Surnommés anciennement Comtor & d'Espeleu, Souternon, Montrond, Chenereilles*, XIVᵉ ſ. :

> D'or ſemé de fleurs de lys d'azur. Avant le 14ᵉ ſiècle : D... à une faſce accompagnée de deux jumelles en chef & de 3 en pointe.
>
> *Alias* d... à quatre faſces d...
>
> Sceaux du XIIIᵉ ſ.
>
>> Le premier blaſon ſculpté à Montrond, à Chambles, à Chenereilles, où l'on lit ſur une porte cette deviſe : *Neque Jovem necque fulmen.*

APINAC. *V. St-Prieſt & Flachat.*

APPENSAT, *Teillères (St-Galmier), du XIIIᵉ au XVᵉ ſ.* :

> D.... au lion d.
>
> Sceau de 1320 (AS).

D'AQUIN, *à Argental, XIIᵉ ſ.; orig. du Dauphiné ;*

> D'azur à quatre piles renverſées d'argent appointées en chevron, ancien. 5 A appointés ou A *quint* (AD).

ARBALESTIER, *La Bruyère, XIVᵉ ſ.; Orig. du Dauphiné :*

> De gueules au chevron d'argent chargé de 5 pommes de pin verſées de ſinople accompagné de trois étoiles d'or.
>
> Deviſe : Le coup n'en faut.

ARCELIN, *en Roannais, XVIIIᵉ ſ.; Orig. du Mâconnais :*

> D'azur à une tête de cerf arrachée d'or, ramée de neuf cors, ſurmontée d'une étoile d'argent.
>
> Supports : deux aigles. Deviſe : *Se feriſco ſano.*

ARCELOT, *à Montbriſon, XVIIᵉ ſ. & à Dijon :*

> D'argent à une aigle de ſable eſſorée ſur un textre de ſinople, au chef d'azur chargé de trois étoiles d'or (AG).

D'ARCES, *en Jarez, XVIᵉ ſ.* :

> D'azur au franc quartier d'or.

Devife : Le tronc eft vert, mais les feuilles font arfes (brûlées).

ARCHIMBAUD, *St-Romain, Montfupt, 1545, & en Lyonnais :*

D'azur à une gerbée d'or accompagnée de trois étoiles, du même en chef & d'un croiffant d'argent en pointe (DH).

D'ARCIES, *Nervieu, Miferieu,* XIIIe f. ; *& en Languedoc (noms féodaux)* :

D...... à 6 annelets d... pofés 3, 2, 1.
Sceau du 13e f.

D'ARCON, *Chatelus, La Motte,* XIVe f. :

D'azur au chevron d'or accompagné de trois étoiles du même.

* **D'ARCOLIÈRES**, *Voir Courtois.*

D'ARCY, *Coutouvre, Jarnoffe, Boyé,* XVIIe f. :

D'azur à 6 befans d'or pofés 3, 2, 1.

D'ARCY, *Ailly, Vendranges, Buffières,* XVIe & XVIIe f. :

De gueules à 3 arcs l'un fur l'autre d'argent.

Peint fur un tableau à Marolz.

* **ARDAILLON**, *en Forez & en Auvergne,* XVIIe f. :

D'argent à trois anneaux de gueules (fermaux à ar-dillons ?) (AG Auv.).

ARDOIN, *Coutances, La Curée; arrière-ban, 1689 :*

D'argent au levrier rampant de fable.

D'ARÈNES, *Chaponod (Firminy); orig. de Provence :*

D'azur à une foi d'argent vêtue de pourpre, pofée en bande & mouvante d'une nuée d'argent (DH).

D'ARGENTAL, *La Faye, Mays, Retourtour, &c.,* XIe f. :

D'or au lion d'azur.

Documents...... par M. de Mayol de Lupé.

* D'ARGY, *à Montbrifon*, XIXe *f. ; Orig. de Champagne* :

D'argent au lion de fable couronné & lampaffé de gueules.

* D'ARLOS, *Entremont, L'Etra, St-Victor-fur-Loire, la Barolière, la Fouilloufe*, XVIIIe *f.* :

D'azur au lion d'or armé & lampaffé de gueules.

Cimier : un taureau. Supports : deux taureaux. Devife : *Nobilis & potens*.

ARNAUD DU FIEU, *à Uffon & en Auv.* :

D'azur au chevron d'or, accompagné en chef de deux palmes adoffées & en pointe d'un rocher, le tout d'or (NA).

ARNAUD, *à Chazelles & à Lyon* :

De gueules au moulin à vent d'argent fur un rocher du même, la porte chargée d'un monde d'azur (A G *Fayard*).

ARNAUD, *à Bourg-Argental* XIIIe *f. ; Orig. du Dauphiné* :

D'azur à la bande d'or accompagnée en chef d'une fleur de lys du même & en pointe d'une rofe d'argent ; *Alias* tranché d'azur d'or & de gueules, l'azur chargé d'une fleur de lys d'or & la gueule d'une rofe d'argent (AD).

D'ARNOUX DE CHABANOLES, *à St-Bonnet de Couraux*, XVIIe *f.*

D'or à la fafce de fable chargé de trois mouchetures d'hermines d'argent, accompagnée de trois rofes feuillées de gueules (A G Auv.)

AROD « AROUDI » *de Riverie, la Fay, Senevas, Lay, St-Romain-en-Jarez, du* XIIIe *au* XVIIIe *f.* :

D'or à la fafce échiquetée de gueules & de vair.

Cachet de 1754 accolé de Riverie.

Devife : Sans rien feindre.

ARRIC DE RIVERIE, *à Argental*, XIe *f.; En Jarez du* XIIIe *au* XVe *f. :*

> De vair plein.
> Sceau de 1276 (AS).

ARTAUD, *En Forez-Viennois; Orig. du Dauphiné :*

> De gueules à trois tours d'or (AD).

ARTAUD DE BOULIEU, *à Bourg-Argental, arrière-ban 1545; Orig. du Vivarais :*

> Lofangé d'or & d'azur (AD).

*ARTAUD, *La Ferrière, en Roannais, à St-Médard*, XVIIIe *f. :*

> D'azur à trois tours d'argent maçonnées d'or.

ARTAUD DE NESCHÈRES, *à Chatelus*, XIVe *f. :*

> De gueules au lion d'argent (GR), *Alias* à la fafce de fable brochante.

ARTHAUD, *en Roannais & en Lyonnais*, XVIIe *f. :*

> D'argent à trois bandes de gueules, au chef d'azur chargé d'un foleil d'or (AG).

ARTAUD DE VIRY, *Chantois*, XVIIe *f. :*

> D'azur à trois tours d'argent.
> Cachets des 17e & 18e f.
> Devife : *A virtute viri.*

D'ARTS, *en Jarez*, XVe *f.; Orig. des Dombes :*

> Pallé d'or & d'azur de fix pièces.

D'ARVILLARS, *famille de Savoie fubftituée par celle de Luzy, 1709; des religieufes à l'Argentière :*

> D'or à l'aigle d'azur becquée, membrée & couronnée de gueules.

II

ASSALENC « ASSALENS, ASSALENUS », *à Marthes*, XIᵉ f. :

> D'azur à une étoile à fept rais cometée d'argent foute-
> nue d'un croiffant de même. Armes d'une famille de
> Dauphiné venue de Savoie (A D).

* D'ASSIER, *Valenches, Luriec,* XVIIᵉ *&* XVIIIᵉ f. :

> D'or à trois bandes de gueules.
> Devife : Suis de bonne trempe. Autre : fans rouille.
>> Sculpté à Valenches.

D'ASTORG « AUSTORGE », XIVᵉ *f. ; Noms féodaux ; & en Auvergne :*

> De fable au faucon d'argent longé & habillé de finople
> fur une main gantée d'argent mouvante de l'extrémité
> feneftre, accompagné en chef de deux fleurs de lys d'argent
> & en pointe d'une demi-fleur de lys de même mouvante
> de l'extrémité dextre de l'écu. Une branche fixée en
> Limoufin au 13ᵉ f. portait : de gueules au chef d'argent.

ATHIAUD DE MONTCHANIN, *Chamarande, du Peray, Montchevet, Charnay, Sollicière,* XVIᵉ *&* XVIIᵉ f. :

> D'azur à trois épis d'or; *Alias :* de gueules à trois lions
> paffant l'un fur l'autre d'or.

D'ATHOZE OU DATHOZE, *à Charlieu,* XVIIIᵉ f. ; *Orig. du Mâconnais :*

> D'argent au chêne arraché de finople.

ATTANDU, *à Montbrifon* :

> Parti d.... à trois quintefeuilles d... & d... a trois peup-
> liers d.... au chef d... chargé de trois étoiles; lettres A T
> dans une champagne.
>> Cachet de 1695.

D'AUBARÈDE, *Bellegarde, Maringes, St-André,* XVIIᵉ f. :

> D'azur au chevron d'or accompagné de trois rofes de

gueules tigées de finople, au chef d..... chargé d'un lion iffant d...... (cachets).

Alias d'azur à une aigle à deux têtes d'argent (A G).

D'AUBAYRAC, en Forez, XIVe f. ; Auvergne & Bourbonnais :

D'argent au lion de fable armé & lampaffé de gueules, accompagné en chef de trois couronnes de gueules (G R).

DE L'AUBEPIN, XIVe f. ; noms féodaux :

D'azur au fautoir d'or cantonné de quatre billettes du même.

AUBERT, plufieurs familles de ce nom en Forez & en Lyonnais :

De gueules au chevron d'argent accumpagné en chef de deux étoiles d'or & en pointe d'une montagne d'argent (A G).

AUBERT, à Roanne, XVIIIe f. :

D'azur à la fafce d'or accompagné en chef d... (Indiftinct) & en pointe d'un croiffant d... parti d... au lion d...

Cachet de 1748.

AUBERT, Bouthéon, Entraigues, XIVe f. ; Orig. du Limoufin :

De gueules au lion d'argent & une bande d'azur brochante, ou chef de gueules foutenu d'azur & chargé de trois coquilles d'argent.

D'AUBERCHICOURT, en Forez, XIVe f. par alliance avec Damas ; & en Auvergne ; Orig. de Flandres :

D'hermines à une haméïde de gueules.

Cimier : un lièvre accroupi dans l'herbe.

Une fceau de 1297 porte d... au chef d'hermines à la bordure endentée d... (IS).

*D'AUBIGNEU, V. Souchon.

D'AUBIGNY, *Chalain d'Uzore,* XIIIᵉ ſ. :

> D.... à cinq billettes d.... poſées 3, 2, au chef d...
> Sceau de 1265.

* D'AUBIGNY, *V. Henrys.*

AUBIN, *en Roannais & Lyonnais,* XVIIᵉ ſ. :

> D'argent à trois têtes de maure de ſable bandées & per-
> lées d'argent (A G).

D'AUBUSSON LA FEUILLARDE, *Boiſy, Cervières en 1686,*
Ducs de Roannais :

> D'or à la croix ancrée de gueules.

AUCLERC, *en Roannais,* XVIIIᵉ ſ. *& en Mâconnais :*

> D'azur au chevron d'or accompagné de trois étoiles
> d'argent (A G).

AUDEBERT, *à Montbriſon,* XVᵉ ſ. :

> D'or à la faſce de gueules (V A S).

AUDRAS, *en Roannais,* XVIIᵉ ſ. :

> D'azur à la croix ancrée d'or cantonnée de 4 grenades
> de gueules, pour Audras de Béoſt.

D'AUGEROLLES, *St-Polgue, Contanſon, les Farges, Cornillon*
en Roannais, St-Polgue, Commières, Montarboux, Roche-la-
Molière, du XIIIᵉ *au* XVIIᵉ ſ. :

> D'or au chef de gueules chargé d'un lion iſſant d'or ;
> *Alias* de gueules au lion d'or iſſant d'une champagne
> du même.
>
> Sculpté à Roche-la-Molière, à Feugerolles, etc.
>
> *Alias* d'or à la bande de ſable au chef de gueules
> chargé d'un lion iſſant d'or (G R).
> Cri : St-Polgue. Cimier : une tête de bouc.

AULAS, *en Roannais & Lyonnais* XVIIIe ſ. :

> D'azur au chevron d'or au chef couſu de gueules chargé d'un loſange poſé en faſce d...
>
> Cachet de 1728. Sur d'autres empreintes le chevron eſt accompagné de trois billettes couchées en faſces d...

* D'**AURELLE** « AUREYLIE », *Montarcher, Marendières, la Cha-pelle en Lafaye,* XVIIe ſ. :

> D'azur à une coquille d'or ſurmontée de deux étoiles d'argent.
>
> > Sculpté à Marendières, à Montarcher, ſur une cloche de 1646, à l'Ermitage de la Madeleine près Noirétable, avec 5 mouchetures d'hermines d'argent en pointe, briſure des ſeigneurs de Colombines. *Alias* le blaſon ſuivant.

D'**AURELLE** DU **CROZET**, *Villecheze,* XVIIe ſ. ; *Orig. d'Au-vergne :*

> D'azur au lion d'or armé & lampaſſé de gueules accom-pagné en chef de deux étoiles d'or & en pointe d'un croiſſant du même. Tenants : deux sauvages.
>
> > Cachets de 1715.

D'**AURELLE** OU **DAURELLE**, *Le Fraiſſe, Chaſſagnoles (Uſ-ſon),* XVIIe ſ. :

> D'or au chevron d'azur ſurmonté d'un lambel renverſé dc gueules (A G. Auv.).

D'**AUSSERRE** OU D'**AUXERRE**, *un juge de Forez en 1588 :*

> D... à un ſautoir échiqueté d... & d... cantonné de quatre fleurs de lys d...
>
> Deviſe : D'eſpérer ſervir.
>
> > Cachets.

AUSTREIN, *Jarnoſſe, Morland (Coutouvre) :*

> D'azur au chevron d'or accompagné de deux colombes . d'argent & d'un ſerpent ailé d'or.
>
> > Peinture.

D'AUVERGNE, *à Noirétable,* XVIe & XVIIe *ſ. ; & en Orléanais :*

> D'argent à la faſce de gueules chargée de trois coquilles d'argent & accompagnée de ſix merlettes de ſable (R); *Alias :* faſcé de quatre pièces d'argent & de ſable, l'argent chargé de trois merlettes du ſecond, le ſable chargé de trois coquilles d'or 2 & 1 (R).

D'AUZON DE ALZONIO, *1316; Orig. d'Auvergne :*

> Ecartelé d'argent & d'azur; *Alias* écartelé d... d... Sceau de 1272.
>
> Ecartelé d'argent & d'azur à quatre fleurs de lys de l'un en l'autre.
>
> Sceau de 1276, La Diana. Voir Montravel.

* D'AVAISE, *V. Caquet.*

D'AVRILHON, *Changy, St-Bonnet-des-Carts, 1600. Arrière-ban, 1545, roturiers; & à Lyon :*

> D'azur à la faſce d'or accompagnée de trois larmes d'argent.

AYCELIN « ASCELIN ASSELING » DE MONTAIGU, *à Cervières,* XIV *ſ., noms féodaux :*

> De ſable à trois têtes de lion arrachées d'or, lampaſſées de gueules.

AYMARD DE FRANCHELINS, *Orig. du Mâconnais :*

> D'azur au lion d'or iſſant d'un roc d'argent.

B

BABOIN DE LA **BAROLLIÈRE**, *en Jarez & en Lyonnais*, XVIIIᵉ ſ. :

D'azur à un lys tigé d'argent, terraſſé de ſinople, au chef d'or chargé de trois roſes de gueules.

* DE LA **BACHELERIE**, *à Montbriſon*, XIXᵉ ſ. ; *Orig. d'Auvergne* :

De gueules au lion d'or chargé de trois barres de ſable brochantes (A G Auv.).

BACHOD, *La Foret*, XVIIᵉ ſ. ; *Orig. du Bugey* :

D'azur à un mont de trois pointes d'or ſurmonté d'une étoile du même accoſtée de deux croiſettes d'argent.

BADIER DE **VERSAILLES**, *Famille du Bourbonnais qui a donné des religieuses à Leigneu* :

D'azur au ſautoir formé de quatre rayons de ſoleil d'or & un croiſſant d'argent en chef; *Alias* d'azur au ſautoir dentelé & aléſé d'or ſurmonté d'un croiſſant d'argent.

Sculpté à Leigneux.

BADOL DE **FORCIEUX**, *Rochetaillée, Forges, Plaufoy, l'Evitalière*, XVIIᵉ & XVIIIᵉ ſ. :

D'azur à une tette d'Argus (*force yeux*) d'or poſée de front, ſoutenue de deux maſſues du même, paſſées en fautoir (AG) ; *Alias*, d'azur au chevron d'or, accompagné de deux rofes d'or en chef & d'une vergette d'argent en pointe (TV).

Cimier : Un lion tenant une maffue.

DE BAFFIE, *Crémeaux, Julieu, Villedieu, Précieu, St-Bonnet-les-Oules*, XIIIe f. :

D'or à trois molettes d'éperon de fable.

Sceau.

BAGLION DE LA SALLE, *Dargoire*, XVIe f. & à Lyon ; *Orig. d'Italie* :

D'azur à un lion foutenant de la patte dextre un tronc écoté, furmonté de trois fleurs de lys & d'un lambel de quatre pendants, le tout d'or.

Devife : *Omne folum forti patria eft.*

DE BAGNOLS, *Les Places (Perreux)*, XIIIe & XIVe f. :

D'argent à trois bandes lofangées d'or & d'azur.

BAILLARD DU PINEY, *St-Méras*, XVIIe & XVIIIe f. ; *Orig. du Vivarais* :

D'or à trois palmes réunies fur une feule tige de finople.
Testament myftique de 1650.

DE BAIS DU COLOMBIER, *Comières, Cornillon en Roannais*, XVIIe f. ; *Orig. de Saint-Symphorien-le-Château* :

D'azur à la fafce d'or chargée de trois yeux de faucon de fable cerclés & allumés d'argent.

Sculpté dans l'églife de Saint-Symphorien-le-Château, écartelé de Charles de Marroli.

DU BAL DE LA JARRIGE, *en Jarez*, XVIIIe f. :

D... au paon rouant d... chargé d'un écuffon coupé au 1 d'azur à trois étoiles d'argent, au 2 d'argent à deux épées en fautoir d...

BALLAND, *La Corée*, xviiie f. ; *Orig. de Breffe :*

> D'azur à la bande d'or chargé d'une lance de gueules armée d'argent.

BALARIN de FOUDRAS, *Rontalon, du* xve *au* xviie f. :

> D'azur au chevron d'argent, au chef d'or, parti de Foudras.

BALFOR, *à Chazelles,* xvie f., *alliance de Pupier ; Orig. d'Ecoffe :*

> D'argent au chevron de fable, accompagné de trois têtes de coutre. Il exiſte en Ecoffe une douzaine de familles du nom de Balfour qui portent ces armes avec des variantes (R).

BALME, *Alliance de Duguet :*

> D'azur à trois roſes tigées mouvantes d'un cœur, accompagné en chef d'une étoile en pointe d'un croiſſant, le tout d'argent (A S).

de la BALME, *la Forêt,* xvie f. ; *Orig. du Bugey :*

> De gueules à la bande d'argent bordée d'or, accompagnée de ſix beſants d'argent en orle.

BALMES, *en Jarez,* xvie f. & *en Lyonnais :*

> D'or à la faſce de gueules chargée de trois étoiles d'or, accompagnée en chef d'un lion paſſant de ſable & en pointe d'un chevron d'azur (A S).

de BALZAC d'ENTRAIGUES, *Laval (St-Bonnet-le-Château),* xive f. :

> D'azur à trois flanchis d'argent, au chef chargé de trois flanchis d'azur.
>
> Sculpté à Ecotay ; Vitraux à Ambierle, &c.

BANAYAT, *V. Pelletier.*

DE BANNES, *la Garde (St-Thomas) 1647 ; Orig. du Dauphiné :*

> D'azur à trois croiſſants adoſſés & mal ordonnés d'argent.

DE BAR, *à Montbriſon*, XIIIᵉ ſ. :

> D'azur au bar d'argent accoſté de ſix étoiles d'or rangées en pal 3 & 3, parti de gueules au croiſſant tourné d'argent accompagné de huit étoiles de même en orle, au 2ᵉ d'or au chevron d'azur, chargé de trois étoiles du champ.
>
> Deviſe : *Inter Sidera creſcet.*
>
> On voit dans la friſe de la Diana un écuſſon : d'or au croiſſant tourné de gueules, accompagné de ſix étoiles du même. On y trouve auſſi le blaſon du comté de Bar.

BARAILLE, *La Beynodière, Paulat*, XVIIᵉ & XVIIIᵉ ſ. :

> D'or à trois bandes (peut être trois barres) d'azur. Les Barral du Dauphiné portent : de gueules à trois bandes d'argent, V. Anſelmet.

BARAILHON, *Muſſieu*, XVIIᵉ ſ. :

> D'argent au lion de gueules & une bande d'or brochante ; *Alias* d'argent au lion contourné de gueules, chargé d'une barre d'or brochante (*Barre à lion*).

BARAILLIER, *à St-Etienne*, XVIIᵉ ſ.

> D'azur à la barre d'or, accompagnée en chef de la lettre A du même & en pointe d'un lys tigé & feuillé d'argent (A O).

BARAILLON, *Nantas* XVIIᵉ & XVIIIᵉ ſ. :

> D'argent au lion de gueules & une cotice d'azur brochante.
>
> Cachet de 1721 ; ſculpté à Nantas.

* BARBAN, *à Montbriſon & en Roannais :*

> De gueules à une barre d'argent & une barre d'or paſſée en ſautoir (A G).

* BARBIER DE CHARLY, *en Roannais*, XVIIIe *f.* :

D'azur au chevron d'or accompagné de trois croifettes du même, au chef d'or chargé d'une étoile d'azur.

BARBIER DE LA BARGE, *à Virieu*, XVIIe *f. ; & en Dauphiné* :

D'or au chevron de gueules accompagné en pointe d'un croiffant d'azur, au chef du même, chargé de trois étoiles d'or (A D).

BARD, *Prieuré :*

D'argent femé de croifettes de gueules à un bar d'azur pofé en bande (A G).

BARDONENCHE, *à St-Etienne*, XVIIe *f.* :

D'argent à un cheval de gueules bardé d'or & une bordure engrelée d'azur (A G).

DE LA BARGE, *la Pra, en Forez*, XIVe *f., & en Auvergne* :

D'argent à la bande de gueules, *Alias* de fable. On ajoute quelquefois trois étoiles d'argent fur la bande.

Cimier : Une tête d'aigle de fable.

Anciennement : de gueules à la fafce échiquetée d'or & d'azur de deux tires, au chef d'or chargé d'un lion léopardé de fable (NA)

DE BARGES, *Ste-Agathe, Merlieu, du* XIIIe *au* XVe *f.* :

Écartelé aux 1er & 4e pallé d'or & de gueules, aux 2e & 3e d'azur.

Cimier : Une tête de lion. La branche de Merlieu portait fimplement : Parti pallé d'or & de gueules & d'azur.

La Diana; fceaux; peintures à St-Héand, &c.

BARJOT, *La Varenne*, XVIIIe *f., & en Beaujolais* :

D'azur *alias* de fable au griffon d'or, accompagné d'une étoile du même au franc-canton.

Supports : Deux lions. Cimier : Une tête de licorne.

BARLET, *le Coin*, XVIIIe f., & à *Lyon* :

D'azur au lion d'or & une fafce de gueules brochantes, chargée de trois befants d'argent (A S).

BARNIER, *en Roannais*, XVIIe f. :

D'azur au chevron d'or, accompagné en chef de deux étoiles d'argent & en pointe d'une rofe du même (A G).

BARNIER, *en Forez & en Lyonnais*, XVIIe f. :

Coupé d'or à la bande d'azur et d'azur à un bufte de femme de carnation, accoftée de deux befants d'argent.

Ex libris du XVIIIe f.

BARO BALTHASARD, *Dauphinois, fecrétaire d'Honoré d'Urfé, & continuateur de l'Aftrée* :

D'or à trois colombes d'azur.

BARONNAT, *Jas, Teillieres, le Vernet (St-Galmier)*, XVIe & XVIIe f. :

D'or à trois bannières rangées d'azur, au chef de gueules chargé d'un lion paffant d'argent.

Devife : Vertu à l'honneur guide.

BAROU, *à St-Bonnet-le-Château*, XVIIe f. :

Écartelé aux 1 & 4 d'azur à trois quinte-feuilles d…, aux 2 & 3 d'argent à un quinte-feuille d…..

Cachet de 1748. Supports : deux levriers.

LA BARRE DE LA FAY :

Écartelé d'argent & d'azur, à la cotice de gueules brochante.

DE BARRES, *en Roannais*, XIVe f. :

D'argent à la croix ancrée d'or furmontée de deux merlettes d'or.

BARRIEU DE PRANDIERES, *Arrière-ban de 1689 :*

De gueules au chevron d'or, accompagné de trois molettes du même.

Cachet de 1746.

Alias de gueules au chevron d'argent, accofté de deux molettes & accompagné en pointe d'un croiffant d..., au chef coufu d'azur, chargé de trois rofes d...

Cachet de 1770.

BARRIEU, *à Montbrifon & à Pouilly-les-Feurs,* XVIIᵉ f. :

D'argent à l'arbre de finople terraffé du même, accofté de deux étoiles d'azur (A G); *Alias* de fable à l'arbre d'or terraffé du même, accofté de deux pigeons d'argent becqués & membrés de gueules (A G).

BARTHELOT, *en Roannais & en Mâconnais :*

D'azur au chevron d'or, accompagné de trois trèfles du même.

DE BARTHOLY, *St-Bonnet-les-Oules, Chatelus, Trocéfar,* XVIIᵉ f. :

Tranché crénelé d'or & de gueules de huit pièces à deux étoiles de l'un en l'autre.

Supports : Deux lions. Cimier : Une aigle iffante. Devife : *Nel Cielo mia fpéranza.*

* LE BAS DU PLESSIS, *à Montbrifon,* XIXᵉ f. :

D'or au lion de gueules accompagné de trois arbres ou peupliers, arrachés de finople.

Cachets.

* BASSET BARON DE CHATEAUBOURG, *1812, & en Roannais :*

D'azur à la fafce breteffée d'or & un lambel de trois pendants d'argent en chef, pour la branche lyonnaife.

BASSET, *en Forez & en Lyonnais :*

> D'azur à la bande d'or, accompagnée en chef d'un croissant d'argent, au chef cousu de gueules, chargé d'un chevron d'or. Cachet du XVIIe s., avec un blason d'alliance : d...à trois losanges d.... au chef bandé d... & d....

BASSET, *à St-Bonnet-le-Château & en Lyonnais,* XVIIe s. :

> D'or à trois fasces ondées d'azur accompagnées en chef d'une tête de lion arrachée de sable.

BASSET, *autre famille :*

> D'azur à trois chiens bassets passant l'un sur l'autre, celui du milieu d'or, les deux autres d'argent (A G).

BASSET, *Alliance de Perrin :*

> D'azur au chevron d'or, accompagné en pointe d'un chien basset passant du même (A G).

* DE BASTARD, *à Montbrison,* XIXe s. :

> D'or à l'aigle d'Empire, mi-parti d'azur à la fleur de lys d'or. Devise : *Cunctis nota fides.*

BASTET DE CRUSSOL, *Cornillon, St-Germain-Laval, Fontanez, Valfleury, du* XIIIe *au* XVIIe *s. :*

> Fascé d'or & de sinople.

* BASTIDE, *à St-Etienne,* XVIIe *s., & Roche-la-Molière (Rôles de 1760) :*

> D'azur à une bastide ou tour pavillonnée d'or (A G).

* BATAILLON, *en Forez,* XIXe *s. :*

> D'azur à l'ancre & à la croix de gueules en sautoir, surmontées d'une couronne d'étoiles d'argent; armes de Mgr Bataillon, né à Saint-Cyr-les-Vignes.
>
> Devise : *Spes nostra.*
>
> Galerie de portraits foréziens.

DE BATAILLY ou BATAILLEU, *en Roannais & en Beaujolais :*

D'argent à trois flammes de gueules mouvantes de la pointe de l'écu. Devife : *Ex bello pax.*

DE LA BATIE, *V. Verchère.*

DE LA BATIE, *V. L'Héretier.*

* DE LA BATIE, *V. Puy.*

* DE LA BATIE ou BASTIE, *V. Royer.*

DE LA BATIE, *Lavieu, Magneu–Hauterive, la Conche, Piney, St-Jodard, Bellegarde, le Rouffet, du* XIIIᵉ *au* XVIIᵉ *f. :*

D'or à la croix ancrée de fable.

La Diana. Sculpté à Chandieu, à Magneu, &c.

* BATTANT, *Pommerol, la Goutte (St-Maurice en Gourgois),* XVIIIᵉ *f. :*

D'argent à trois fafces de gueules, au chef d'azur chargé de trois befants d'or.

Cachet du XVIIIᵉ f.

* BAUDE, *Baron de l'Empire, à Firminy,* XIXᵉ *f. :*

D'argent à la bande de gueules cotoyée de fix mouchetures d'hermines (Jouffroy d'Efchavannes).

BAUDIN, *Monteille,* XVIIIᵉ *f. :*

D'or au chevron d'azur chargé de trois cœurs d'or; au chef de gueules abaiffé fous un autre chef d'argent dentelé de fable.

Sculpté fur une cheminée à Monteille.

BAUDINOT DE LA SALLE, *Tourzie, Crozet,* XVIIIᵉ *f. :*

De gueules à trois fafces d'or, furmontées de trois croifettes d'argent rangées en chef.

BAUDRAND DE LA COMBE, *en Jarez, du* XIVe *au* XVIIe *f. :*

> D'argent (d'azur?) à la bande écartelée d'argent & de fable (A S).

BAUDRAND, *à Montbrifon,* XVIIe *f. :*

> D... à un duc ou chouette d... fur un tronc d'arbre d... & un foleil d... en chef.
>
> Cachet de 1775.

BAULAT, *en Roannais,* XVIIe *f. :*

> D'azur au chevron d'or, accompagné de trois befants en argent (A G).

LA BAUME-PLUVINEL, *la Bâtie-Chavagneu ; Orig. du du Dauphiné :*

> D'or à la bande vivrée d'azur, accompagnée en chef d'une moucheture d'hermines.
>
> Devife : L'honneur guide mes pas. Supports : Deux griffons. Cimier : Un cygne.

DE LA BAUME DE SUZE, *Lupé, St-Jullien-Molin-Molette,* XVIIe *f. :*

> D'or à trois chevrons de fable, au chef d'azur, chargé d'un lion iffant d'argent, couronné d'or.
>
> Devife : *Dulce & decorum eft.*

DE LA BAUME, *V. Beaume.*

BAUZAC, *Luriec, Laval, Valenches, du* XIIIe *au* XVe *f. :*

> De fable au fautoir d'or, cantonné de quatre étoiles d'argent (G R).

BAYARD, *à Boën,* XVIIIe *f.*

> D... à trois boutons de rofe tigés & feuillés d... & un quinte-feuille d... en abîme. En patois on nomme Bayard le fruit du rofier.
>
> Cachet de 1763.

BAYLE DE LA VILLATTE, *en Jarez*, XIVᵉ *ſ.* ; *Noms féodaux, & en Auvergne :*

> De gueules au lion rampant d'argent.

BAYLE DE CHANTEMULE, *à Firminy*, XVIᵉ *ſ. ; Orig. du Velay :*

> D'azur au lévrier courant d'argent.

* BAYLE, *Bonneville*, XVIIᵉ *ſ. ; Orig. du Velay :*

> D'azur à la faſce d'or accompagné en chef d'un lévrier paſſant d'argent colleté de gueules, & en pointe d'un croiſſant d'argent, *Alias* d'or.
>
> Deſſin colorié.

BAZIN DE BEZONS, *Roannais, Mably, Comières*, XVIIIᵉ *ſ. :*

> D'azur à trois couronnes d'or.

LA BEAU-BERARD, *Maclas*, XVIIᵉ & XVIIIᵉ *ſ., arrière-ban de 1689 ; Orig. de Provence :*

> Ecartelé aux 1 & 4 d'azur à la bande d'argent chargée de trois billettes de ſable, au 2 de gueules au bouclier d'or chargé d'une fleur de lys de ſable, au 3 d'azur à 3 molettes d'argent, ſur le tout d'azur à la licorne d'argent ; *Alias* écartelé aux 1 & 4 d'azur à la bande d'hermines, aux 2 & 3 de gueules à 3 étoiles d'or ; *Alias :* de gueules ; *etc.*, au 2ᵉ d'azur au beſant d'or chargé d'une fleur de lys d'azur, au 3ᵉ d'azur à 3 molettes d'or, & ſur le tout de gueules à un mouton ſaillant d'argent accorné d'or (A. G., etc.)

BEAUDINER « DE BELLOPRANDIO », *Cornillon, Le Fayn, St-Germain-Laval*, XIIIᵉ & XIVᵉ *ſ. :*

> D... au chef d... chargé de 3 fleurs de lys d...
>
> Sceau de 1314 (A S).

BEAUFRANCHER DE MARCIEU, *à Montarcher*, XIVe *f.*;
Orig. d'Auvergne:

De fable au chevron d'or accompagné de 3 molettes
de même; *Alias* de 3 étoiles d'argent.
Devife: *Bello francus*.

Sculpté à Beaufranchet.

BEAUJEU, *ancienne famille éteinte vers 1250 dans les comtes*
de Forez;

D... à la bordure crenelée d... (fceau de   ). D'or
au lion de fable chargé d'un lambel de 5 pendants de
gueules.
Devife: *Fort fort!*
Cri de guerre: *Flandres*.

Peint à la Diana; fceaux.

BEAULIEU, *Prieuré en Roannais*:

D'argent à la croix longue de gueules, le croifillon
portant une couronne d'épines de finople, pofée fur
une terraffe de gueules & accoftée des lettres I à
dextre & M à feneftre de fable (A G).

DE LA BEAUME D'HOSTUN, *V. Hostun*.

DE BEAUMONT, *en Forez*, XIVe *f.; Orig. du Dauphiné*:

De gueules à une fafce d'argent chargée de 3 fleurs de
lys d'azur.

DE BEAUNE, *Chambarange (St-Sulpice)*, XIIIe *f.; Noms féodaux,*
& en Auvergne:

Ecartelé en fautoir d'argent & de gueules (R).

DE BEAUPOIL, *Arcinges, Ecoches*, XVIe *f.*:

De gueules à 3 couples de chien d'argent pofées
en pal (D H).

DE BEAUVOIR, *branche des Rochefort :*

D'argent à la bande de gueules chargée de 3 coquilles d'or.

Sculpté fur une croix du xvᵉ f., à Beauvoir près Verrières.

DE BEAUVOIR, *Miribel, Pouilly*, xivᵉ f. :

Ecartelé d'or & de gueules.

BEC ou BECH, *Rilly, Lay, La Garde, Goutelas, La Motte, St-Vincent, St-Hilaire, Le Crozet, etc., du* xiiiᵉ *au* xviiiᵉ f. :

De fable à la bande d'argent chargée de 3 mouchetures d'hermines de gueules (G R), pour les Seigneurs de Goutelas. *Alias* d'argent à l'aigle à 2 têtes de fable becquée & membrée d'or. L'AG change l'aigle tantôt en bécaffe, tantôt en pélican.

* DE BEC DE LIÈVRE, *en Forez*, xixᵉ f.; *Orig. de Bretagne :*

De fable à la coquille d'argent furmontée de deux croix trêflées au pied fiché du même.
Supports : Deux lions.
Devife : *Hoc tegmine tutus.*

BÉGET DE FLACHAT, xviiᵉ f. :

D'azur au dauphin d'argent accompagné de 3 étoiles d'or. *Alias* d'argent ; *Alias* d'or au chien rampant de gueules accolé d'azur.

Deffin colorié.

BELLACLAT, *à St-Etienne*, xviiᵉ f. :

D... à un dextrochère vêtu d'or tenant une clef d'argent en pal (A G).

BELLE DE MAULEVRIER, *en Forez; rôle de 1545 :*

De gueules au lion d'argent.

Même famille que Bayle de la Villatte.

DE BELLEFOURIÈRE, *héritiers des Pelletier de Saint-Haon vers 1594* (A S) :

De fable femé de fleurs de lys d'or (A M).

DE BELLEPERCHE, *à Montbrison*, XIXᵉ f. ; *Orig. du Mâconnais :*

D'argent au lion de fable armé de gueules.

* BELLET DE ST-TRIVIER, *Argental*, XVIIIᵉ f. :

D'azur à la bande d'or, *alias* d'argent chargée d'une aigle de fable ; en 1664 on ajouta une étoile & un croiffant de gueules fur la bande.

BÉNÉON DE RIVERIE, *Chatelus*, *St-Denis-fur-Coife*, XVIIᵉ f. ; & *à Lyon :*

D'argent au phénix d'azur fur fon immortalité de gueules, au chef d'azur chargé d'un foleil d'or. Après l'échevinage, ce blafon fut abandonné pour le fuivant : D'azur à la fafce d'argent accompagnée de trois étoiles d'or.

Sculpté à Saint-Symphorien-le-Château.

BENOIST, *à Montbrison*, XVIIIᵉ f. :

D'azur au chevron d'or accompagné en pointe d'une dextre béniffante de carnation pofée en fafce, au chef de gueules chargé d'un croiffant entre deux étoiles d...

Cachet de 1774.

BENOIT DE LA CHASSAGNE, *à Montbrison*, XVIIᵉ f. :

D'azur au lion d'or.

BERARD DE CHARPINEL, *V. Charpinel.*

BERARDIER, *Grézieu*, *La Chazotte*, XVIIᵉ & XVIIIᵉ f. :

De gueules au chevron d'argent accompagné de 3 têtes de léopard d'or ; *Alias :* D'argent à la fafce de gueules chargée de 3 trèfles d'or (A G).

LA BERARDIÈRE, *La Vaure, Soleymieu*, XVIᵉ ſ. :

    D'azur à la bande d'or.

BERAUD, *Reſſins, La Gilière, Pierreſite, Nandax*, XVIIᵉ ſ. :

    D'azur à 3 molettes d'or au chef couſu de gueules chargé d'un lion paſſant d'argent (A G).

BERAUD, *Beauregard, Montbriſon, La Jarlette, La Pinée, du* XVIᵉ *au* XVIIIᵉ ſ. :

    D'argent à un arbre de ſinople ſur une terraſſe du même, au chef d'azur chargé de 3 étoiles d'or.

        Cachets.

BERERD ou BERARD DE LOME, *à St-Bonnet-des-Carts & Charlieu; arrière-ban 1689* :

    De gueules à deux faſces d'argent au chef du même chargé d'un lion iſſant d'or. Plus anciennement : d'azur à trois faſces d'argent, au chef couſu de gueules (V. A S).

* DE BERCHOUX, *à St-Symphorien-de-Lay*, XVIIᵉ ſ. :

    D'azur à une grue d'argent, au chef d'argent chargé de trois étoiles d'azur, à la bordure de gueules chargée de huit beſants d'argent.

        Cachets.

BERGER DU SABLON, *Orig. du Beaujolais* :

    D'azur à un chevron accompagné en chef d'un ſoleil et en pointe d'un léopard, le tout d'or.

BERGER, *à St-Julien-en-Jarez, rôles de 1760; & à Lyon* :

    D'azur au mouton d... ſur une roche d..., ſurmonté de deux houlettes en ſautoir d... (A S).

BERGIER, *à St-Etienne*, XVIIᵉ ſ. :

    D'or au chevron d'azur (A G).

BERMOND, *en Forez-Viennois*, XIIIᵉ ſ.; *& en Languedoc :*

D'or à l'ours rampant de gueules accolé d'une épée d'argent avec la ceinture de même (A M).

BERNAY DU COUDRAY , *La Motte* , *Le Fournel* , XVIᵉ ſ. :

D'azur à un phénix ſur ſon bûcher d'or regardant un ſoleil d'or au premier canton (A G).

BERNIER DE MANIVIEU , *à Saint-Romain-en-Gier* , XVIIIᵉ ſ. :

D'azur à 3 pals d'argent, à l'écuſſon en comble de gueules chargé d'un lion rampant auſſi d'argent lampaſſé de gueules.

* BERNOU, *La Bernarie, Les Farges, Rochetaillée, Nantas* ; XVIIᵉ *&* XVIIIᵉ ſ. :

D'azur au chevron d'or accompagné de deux étoiles du même & d'une ancre d'argent ; *Alias :* d'or au chevron de gueules accompagné en pointe d'une ancre de ſable (A G). *Alias :* écartelé aux 1 & 4 d'or à trois faſces de gueules, aux 2 & 3 de gueules à la croix d'or cantonnée de 12 merlettes du même en bande.

BERTH, *St-Germain-Laval, Amions, Nollieu, St-Julien-d'Oddes,* XVIIᵉ ſ. :

Écartelé aux 1ᵉʳ & 4ᵉ d'azur à la bande d'or, aux 2ᵉ & 3ᵉ d'or à la bande d'azur chargée de 3 glands verſés d'or tigés & couverts du même, pour Berth en Dauphiné.

BERTHAUD, *Rongefer, à Charlieu 1720; Noms féodaux :*

D'azur au lion d'or à la faſce de gueules chargée de trois étoiles d'or brochante.

Sur un cachet de 1721 ces armes ſont accolées d'azur à une tour d'où nait une tête de chèvre d... (A S).

BERTHAUD, *La Chapelle, Tortorel, La Faye*, xviie f. :

Ecartelé aux 1er & 4e échiqueté d'argent & d'azur à la bande d'or brochante, aux 2e & 3e de gueules à l'aigle d'or.

BERTHELAS, *Arfeuillette*, xviie f. :

D'azur à un lion léopardé d'argent, *Alias* à un tigre au naturel.

BERTHELON, *à St-Etienne* :

D'azur au chevron d'or accompagné de trois étoiles du même (A G Art. Dumarais).

BERTHELOT, *Bonvert, en 1774* :

D'azur au chevron d'or accompagné de trois trèfles du même.

BERTHET, *à Charlieu*, xvie f. :

D'azur à trois épis d'or rangés ; *Alias* de finople, à la gerbe d'or pour les Berthet de Chazelles. *Alias* d'or à trois rofes de gueules (A G).

BERTHON, *à Saint-Bonnet-le-Château*, xvie & xviie f. :

D... à trois peupliers d..., celui du milieu foutenu d'un croiffant.

Tombe à l'Hôpital fous-Rochefort.

BERTRAND, *en Roannais*, xive f.; *Noms féodaux; et en Bourbonnais* :

Lofangé d'hermines & et de gueules.
Cimier : un vol de fable.
Supports : deux lions.
Devife : *Potius mori quam fœdari.*

DU BERTRAND, *Essalois, 1580; Orig. du Vivarais* :

D'argent au chevron d'azur chargé de trois fleurs de lys d'or & accompagné de trois rofes de gueules.

BESSE DE **VOLORE**, *Fief relevant du Forez en 1350; Orig. d'Auvergne :*

> D'azur au chevron d'or.

BESSE, *Saint-Pal-en-Chalancon (ancien Forez) :*

> Écartelé aux 1er & 4e d'azur au lion d'or; *Alias* d'argent armé lampaffé & couronné de gueules, aux 2e & 3e de gueules à la bande d'argent, chargé de trois étoiles de fable, *Alias* d'azur, qui eft la Richardie.

LA **BESSÉE**, *à Saint-Etienne,* XVIe f.; *& en Beaujolais :*

> Fafcé de gueules & d'argent de huit pièces, au lion d'argent brochant.

BESSET, *La Valette, Montchaud, Villebœuf, Le Coin,* XVIIe f.; *Orig. de Rofiers-Côtes-d'Aurec :*

> D'or à l'aigle de fable au chef d'azur chargé de trois étoiles d'or ; *Alias* d'or au chevron d'azur accompagné en pointe d'un arbre de finople terraffé du même, au chef de gueules chargé de deux étoiles d'argent (A G).

DU **BESSET**, *Fougerolles, à St-Bonnet-le-Château,* XVIIe f. :

> D'azur à onze billettes d'argent pofées 4, 4 & 3 (A G).

* DU **BESSET**, *V. Palluat.*

* DU **BESSEY**, *Contenfon, Villechaize, Praix, Malleval,* XVIIe & XVIIIe f. :

> D'azur à la croix d'argent, chargée de cinq lofanges d'azur.

> Sculpté à Contenfon; Cachet de 1777 avec lambel.

> *Alias* d'argent à la croix de gueules chargée de cinq lofanges d'or. Quelquefois la croix cantonnée de quatre lions.

> Cachet.

4

BESSIER du PELOU, *en Roannais*, xviie *ſ.* :

D'azur à la bande d'argent chargée de trois étoiles de ſable (A G).

BESSON de la ROCHETTE, *à Firminy; Rôle de 1691; Orig. du Velay* :

Gironé d'or & de ſinople.

BESSON, *en Roannais*, xviie *ſ.* :

D'or à deux enfants (*jumeaux*, en patois *beſſons*) de carnation, affrontés & ſe tenant d'une main & portant de l'autre chacun un rameau d'azur (A G).

DE BETHUNE, *Roche-la-Molière, de 1765 à 1772* :

D'azur à cinq cotices d'or.

DE BIGNY, *V. Thoynet*.

BIGOT, *à Chazelles*, xve *ſ.; & en Berry* :

De ſable à trois têtes de léopard d'or lampaſſé de gueules (R).

Deviſe : Tout de par Dieu.

BIGOT de LAVAL, xviie *ſ.* :

D'azur au dextrochère d'or mouvant d'une nuée d'argent & tenant une épée d'argent & accompagné en pointe d'un croiſſant du même (A G).

BISSUEL, *A Boën*, xviie *ſ.* :

D'azur à une roue d'or (A G).

*BISSUEL, *Saint-Victor, Farges (Combres)*, xviiie *ſ.* :

D'argent à deux chevrons de ſable accompagnés en pointe d'un croiſſant du même, au chef d'azur chargé de trois étoiles d'or (A G) ; *Alias* : d'argent à un mont de trois pointes de ſinople, ſurmonté d'une canette de ſable, au chef d'azur chargé de trois étoiles d'or.

BIZOTON DE LA TORRELIÈRE, *Alliance de Papon,* XVIᵉ ſ. ; *Orig. de Paris :*

D'argent au dragon ailé de ſable.

> Ancienne généalogie de Papon. La Mure dit que cet écuſſon qu'il ne décrit pas était ſculpté à Notre-Dame de Montbriſon, contre-parti à celui de Papon, & parti d'azur au lion d'or armé & lampaſſé de gueules, & une fleur de lys d'argent en pointe, blaſon d'une famille Bourgeois, de l'Ile-de-France, à laquelle appartenait la mère de Marie Bizoton, femme de Jean Papon.

BLACHON, *Villebœuf, à Saint-Étienne,* XVIIᵉ ſ. :

D'azur à un dextrochère de carnation vêtu d'argent & d'or tenant trois épées d'or paſſées en pal & en ſautoir (A G).

> Sculpté dans l'égliſe de Notre-Dame, à St-Étienne, 1669.

BLANC, *V. Albi.*

BLANC, *à Saint-Étienne,* XVIIᵉ ſ. :

D'azur à une faſce d'argent accompagnée de trois ballots du même liés de gueules en croix (A G).

DU BLANC, *en Forez,* XVIIᵉ ſ. :

D.... à deux chevrons d... au chef d.... chargé de trois cœurs ſurmontés de cinq étoiles rangées d...

> Tombe à Saint-Médard.

LE BLANC DE GENOUILLY, *Bornac, à Charlieu,* XVIIᵉ ſ. ; *& en Bourbonnais :*

Coupé de gueules & d'or au lion léopardé, coupé d'argent et de gueules (D H).

LE BLANC DE PELLISSAC, *Alliance de Luzy-Couſan, de Parchas, de Vertamy,* XVIIᵉ ſ. :

D'azur à la colombe d'argent poſée ſur un croiſſant de même ; *Alias* d'or tenant en ſon bec un rameau de ſinople, au chef de gueules chargé de trois étoiles d'argent.

> Deſſin colorié.

BLANCHARD, *à Montbrifon*, XVIIe *f.; Orig. de Condrieu :*

> De gueules au chevron d'argent accompagné de trois papillons du même.

* DE LA BLANCHE, *V. Hue.*

BLANCHET, *La Chambre, Le Carret (Charlieu), arrière-ban, 1689 :*

> D'azur à trois blanchets (*poiffons*) l'un fur l'autre d'argent, parti d'or à trois fafces de gueules ; *Alias :* De gueules à une croix à huit pointes d'or, cantonnée de 4 étoiles du même.

BLANCHET DE PRAVIEUX, *en Roannais :*

> D'azur à la bande d'argent accoftée de deux lys tigés en bande du même (A S).

DE BLENOST OU BLANOSC, XIVe *f. :*

> D... au chef chargé de trois rofes d...
>
> Sceau de 1272 (I S).

DE BLETTERANS, *en Roannais,* XVe *f. & en Mâconnais :*

> D'azur à trois molettes d'or.

DE BLOT, *La Rey, Boiffet,* XIVe & XVIe *f. :*

> De fable au lion d'or armé & lampaffé de gueules.

BLUMENSTEIN DE LA GOUTTE, *V. Kayr.*

BOCHARD DE MESSIMIER, *à Crozet,* XIIIe *f. ; & en Bourgogne :*

> D'azur au croiffant d'or abaiffé fous une étoile du même.

BOCHARD OU BOUCHARD, *à Bourg-Argental,* XIIIe *f. en Auvergne & en Vivarais :*

> D'azur à trois fafces ondées d'argent au chef coufu de finople chargé d'un lion léopardé d'or (N A).
>
> *Alias* de gueules à trois léopards paffant l'un fur l'autre d'argent, pour Bouchard en Vivarais.

BOCHU, *Mays, le Colombier,* XVIIe & XVIIIe f. :

D'azur à un tiercelet efforant d'or (A G).

BOCSOZEL, *en Forez,* XIVe f. ; & *en Dauphiné :*

D'or au chef échiqueté d'argent & d'azur de deux traits.
Devife : Quoiqu'il en advienne.

BOERAT DE LA VARENNE, XVIIe f. :

D'or à une forêt de finople fur une terraffe du même
(A G).

BŒUF DE NESCHERS, *à Crozet,* XIVe f. :

D'or au bœuf de gueules (G R).

DU BOIS, *Alliance de Drée :*

D'azur au lion d'argent accompagné de trois rofes de
gueules.

Preuves de nobleffe.

BOISSE, *La Thenaudière (la Rajaffe),* XVIIIe f. :

D'or à l'arbre fec terraffé de fable , au chef de gueules
chargé d'un croiffant d'argent entre deux befants d'or ;
Alias : d'argent à un arbre arraché de finople au chef de
gueules chargé de trois befants d'or (A G).

* DE BOISSIEU, *à Saint-Germain-Laval,* XVIIe f.; & *en Auvergne :*

D'azur au chevron d'or chargé d'un trèfle d'azur (A G),
Alias d'azur à l'aigle d'or becquée et membrée de fable ,
à trois rofes d'argent; *Alias* de gueules fur une même tige
feuillée d'argent en pointe de l'écu.

DE BOISSONNELLE, *Paladuc, en Forez,* XIIIe f.; & *en Auvergne :*

D'argent au lion d'or; *Alias* d'azur (G R).

BOISVAIR, *Pelluffieu*, XIIIe f. :

Coupé d'or & de gueules à un arbre de finople brochant.

Guichenon cite un Boivert en Forez avec ce blafon : D'or à la bande d'azur.

DE **BOISY**, *Pierrefitte*, XIVe & XVe f. :

Cinq points d'azur équipolés à quatre d'argent.

BOLLIOUD , *Saint-Julien-Molin-Molette* , *Bourg-Argental* , *Montchal, La Cour, Les Granges, &c.*, XVIIe & XVIIIe f. :

D'azur au chevron d'or , au chef coufu de gueules chargé de trois befants d'or.

Cachet de 1746.

Alias : D'argent à la bande d'azur accompagnée en chef d'un lion de gueules & en pointe de trois rofes du même, pour les Bollioud-Mermet.

Devife : *Felix qui forte contentus.*

BONATIER, *à Saint-Bonnet-le-Château*, XVIIe f. :

D... à une colombe tenant un rameau, pofée fur une trangle accompagnée en pointe de trois étoiles mal ordonnées d....

Antoine Bonatier de la fociété de Jéfus 16., fur un livre à St-Bonnet-le-Château.

BONAND, *Le Sardon (Rive-de-Gier)*, XVIIIe f. :

De gueules au chevron d'argent, accompagné de trois palmes d'or au chef coufu d'azur, chargé d'un foleil d'or.

Cachet de 1714.

BONEZAT, *en Roannais*, XVIIe f. :

D'or à la montagne de finople accompagnée de deux étoiles de fable, furmontées d'un croiffant du même (AG).

BONIFACE, *à Cornillon*, XIVe *f.*; *& en Dauphiné* :

D'azur à la croix d'or, cantonnée de quatre molettes de même (AD).

BONNEFOND DE **VARINAY**, *Arrière-ban, 1689* :

D'azur à trois faſces breteſſées & contre-breteſſées d'argent, accompagnées en pointe d'un filet du même.

BONNEFONT, *à Saint-Bonnet-le-Château*, XVIIe *f.* :

D... à une fontaine d... jailliſſant dans un baſſin, accoſté d'un roſier d.... au chef chargé de trois étoiles.

Deſſin ſur un livre : Pierre Bonnefond, diacre, 1645.

DE SAINT-**BONNET**-LE-**CHATEAU**, *Miribel, St-Maurice en Gourgois*, XIIIe *f.* :

D... à trois fleurs de lys d... au chef d...
Alias d.... à une fleur de lys d.... (LM).

Sceau de 1270 (AS).

SAINT-**BONNET**-LE-**CHATEAU**, *Ville* :

Mi coupé parti, au 1er d... à une fleur de lys florencée d..., au 2e d..., à l'aigle d..., au 3e d... au griffon d...

Sceau de 1589.

DE SAINT-**BONNET**, *Les Carts, Buſſières, St-Riran*, XIVe *f.* :

D'argent à 3 fers de cheval de gueules, cloués d'argent.

DE **BONNEVAL**, *en Forez*, XIVe *f.*; *Orig. du Limouſin* :

D'azur au lion d'or armé et lampaſſé de gueules.

* **BONNEVIE**, *Montagnac, du* XIIIe *au* XVe *f.* :

D'argent à trois faſces ondées de gueules accompagnées en chef de quatre fleurs de lys rangées du même. Au XVIIe f. un chef de France remplaça les fleurs de lys.

Cimier : Buſte de femme vêtue de rouge (GR).
Cri : Montaignat.

Anciennement peint dans l'égliſe de Notre-Dame, de Montbriſon.

*BONNOT, *Mably, le Soleillant*, xviiie *f.; Orig. de Briançon :*

> D'azur au chevron d'or au chef d'argent chargé de trois rofes de gueules.

BONVOISIN, *La Fay*, xviie *f.; & en Lyonnais :*

> D'azur à un cygne d'argent au chef d'or chargé de trois fers à cheval de fable.

DE LA BORIE DE LA DURETIÈRE, xviie *f. :*

> D'azur au chevron d'argent accompagné de trois étoiles d'or (N A).

BORNE DE GAGÈRES, *La Vaure,* xviiie *f. :*

> De gueules au foleil d'or au chef coufu d'azur chargé de deux croifettes pattées d'argent.

DU BOST LA BLANCHE, xviie *f. :*

> D'or à trois écuffons de gueules ; *Alias* de gueules à trois écuffons d'or.

DU BOST OU DU BOS, *Villechaize, Le Boft (Neulize),* xive *& xve f. :*

> D'argent au chêne de finople glandé d'or.
> Cimier : Une tête de cerf (G R).

DU BOST DU MOULIN, *Boifvert, Peffelai, arrière-ban, 1689 :*

> D'argent au chêne arraché de finople glandé d'or à une tête de loup de fable iffant du pied de l'arbre.
> Cachet de 1708 accolé d... à deux bandes de fable ; *Alias* d'azur au chêne au naturel glandé d'or foutenu d'un tertre de finople, & un fanglier de fable gifant derrière le chêne.

DU BOST, *La Fufte, Le Boft (Saint-Jean-la-Vêtre),* xve *f. :*

> D'azur au chevron d... accompagné de trois étoiles d...
> Sculpté dans l'églife de Saint-Jean-la-Vêtre.

DU BOST, *Alliance de Du Saix :*

> D'azur à trois chevrons d'or (A G).

DU BOST DE CODIGNAC, *Magneu-Hauterive,* XVIᵉ *&*
XVIIᵉ *ſ. :*

> D'azur à la bande d'or accompagnée de deux étoiles
> d'argent.

BOTTU DE LIMAS, *Malfaras,* XVIIIᵉ *ſ.; en Roannais &*
Beaujolais :

> D'azur au chevron d'or accompagné en pointe d'un
> lion du même au chef d'or.
> Cimier : Une tête de léopard ſurmontée d'une roſe.
> Deviſe : *Servabit odorem.*
>
> > On trouve leur blaſon en abîme ſur des écartelures de Fyot,
> > d'Heſſeler, &c. (Ancienne généalogie.)

* DE BOUBÉE, *La Bâtie, Le Pontet,* XVIIᵉ *& XVIIIᵉ ſ.; Orig.*
de Lectoure.

> D'argent à deux palmes adoſſées de ſinople au chef de
> gueules chargé de trois étoiles d'or.

BOUCHANT, XVIIᵉ ſ. :

> D'azur au chevron briſé d'or accompagné de trois
> trèfles d'argent.

BOUCHET, *à Montbriſon,* XVIIIᵉ ſ. :

> D... à la coquille renverſée d.... accompagné de trois
> étoiles d... rangées en chef.
>
> > Cachet d'un vice-conſul de France à Minorque, né à Mont-
> > briſon.

* BOUCHETAL, *La Roche, La Chomette,* XVIIᵉ ſ.; *Orig.*
de Saint-Bonnet-le-Château :

> D'azur à l'aigle couronnée d'or (A G).

* BOULARD DE GATELIER, *Le Mont, Genouilly, Mars,* XVIIIe *f.; en Roannais & en Beaujolais :*

D'azur à une branche à trois rameaux de bouleau d'argent feuillé d'or, au chef coufu de gueules chargé de trois boules d'or.

Supports : Deux lévriers.

BOUILLET DE LA FAYE :

D'azur au chevron d'or accompagné de trois befants du même, au chef de gueules foutenu d'une fafce d'or & chargé d'un croiffant entre deux étoiles d'argent.

BOULIER DU CHARIOL, *en Forez et en Auvergne,* XIVe *f. :*

De gueules à la croix ancrée d'argent (NA).

* BOUQUET D'ESPAGNY, *La Grye, Linières, Les Pins, La Bruyère,* XVIIIe *f. :*

D'azur au chevron d'or accompagné de trois rofes d'argent.

* DE BOURBON, *illuftre famille à laquelle appartenait la troifième race des comtes de Forez :*

De France à la cotice de gueules.

On trouve ces armes dans beaucoup d'églifes de la province.

* BOURBOULON, *à Montbrifon,* XVIIe & XVIIIe *f.; Orig. d'Auvergne :*

D'azur à un bourg d'argent terraffé de finople fommé d'un clocher dont la flèche eft furmontée d'une boule chargée des lettres LON.

Armes parlantes ; cachet de 1780.

BOURDON, *Malleval, Saint-Victor-fur-Loire, La Fouilloufe, La Chazotte, Meures, Reveux, La Mothe,* XVIe & XVIIe *f. :*

D'azur à trois coquilles d'or au chef du même.

Sculpté à Montbrifon avec un lambel.

DU BOURG, *Saint-Polgues ; La Roue, Paillerez, Saint-Hilaire, Chantois, Cherchant, Saint-Bonnet,* XVIIIe ſ.; *Orig. du Languedoc :*

D'azur à trois tiges d'épines d'argent.

Deviſe : Du Bourg en la Cité. Autre : *Lilium inter ſpinas :*

BOURG-ARGENTAL :

D'or au lion d'azur accompagné d'une couronne et de trois fleurs de lys d'or.

Ce blaſon nous paraît avoir été forgé vers 1830.

BOURG, *La Faverge (La Rajaſſe), Noms féodaux,* XVIIe ſ. :

Ecartelé en ſautoir d'or et de gueules à quatre tourteaux beſants de l'un en l'autre.

DE BOURG DE TREZETTES, *en Beaujolais,* XVIe ſ. :

De gueules à la bande d'or accompagnée de deux beſants du même.

BOURGEAT, *à Saint-Germain-Laval,* XVIIe ſ. :

D'azur à trois tours d'argent (A G) ; *Alias* d'argent à une faſce de gueules accompagnée en chef de trois mouchetures d'hermines de ſable et en pointe d'un lion léopardé de gueules (à Lyon, A G).

* BOURLIER, *Ailly, Saint-Hilaire, Parigny,* XVIIIe ſ. :

D'argent au chevron de gueules accompagné en pointe d'un chien paſſant de ſable, au chef d'azur chargé d'un ſoleil d'or.

BOURUEL, *Le Chevalard,* XVe ſ. :

D'argent à l'écuſſon de gueules à l'orle de huit perroquets de ſinople.

DE BOUTHEON, *Maſſon, Fraiſſinet, La Vort, Unias, Cha-vannes, Sonmeriée, du* XIIIᵉ *au* XVᵉ *ſ.:*

Ecartelé au 1ᵉʳ & 4ᵉ de gueules, aux 2ᵉ & 3ᵉ d'argent à trois faſces vivrées ondées d'azur. Une branche fixée en Auvergne portait ſimplement en 1450, d'argent à trois faſces ondées d'azur (N A).

Cimier : Un faucon.

Sculpté à Roziers-Côtes-d'Aurec, St-Thomas, St-Romain-le-Puy, &c,

BOYER, *Arcon,* XVIIIᵉ *ſ. et en Mâconnais :*

D'or au chevron d'azur accompagné de trois larmes de gueules (A S).

* BOYER, *Le Moncel, Reriec, Batailloux, La Lande,* XVIIᵉ & XVIIIᵉ *ſ. :*

D'argent à deux faſces ondées d'azur au chef de gueules chargé de trois croix pattées d'or ; *Alias* de gueules ou bœuf d'or ; *Alias* d'argent à trois faſces de ſable (A G). Le bœuf pourrait être le blaſon primitif de cette famille.

Cachets.

BOYER, *Montorcier, Sugny, La Salle,* XVIIᵉ & XVIIIᵉ *ſ. :*

D'argent au caſque couronné de gueules accompagné de trois étoiles et de trois roſes en orle d'azur ; *Alias :* D'azur au caſque couronné d'argent accompagné de trois roſes d'or en pointe.

Cachet de 1760.

Alias : D'azur à une tour d'argent & une faſce d'or brochante au chef de gueules chargé de trois étoiles d'or.

BOYRON, *à Feurs,* XVIIᵉ *ſ. & à Lyon :*

D'azur au chevron d'or accompagné de trois abeilles de même.

BOYRON ou BOYRONNET, *à St-Galmier*, XIVe *f.* :

> D'azur à une balance d'argent.

BOYS, *Merlieu, arrière-ban, 1689* :

> D'argent à trois arbres de finople fur une terraffe du même, au chef d'azur chargé de trois étoiles d'or.
>
> Cachet de 1717.

* BRAC DE LA PERRIÈRE, *en Roannais* (A G) :

> D'argent à trois bandes d'azur.

DE BRANCION, *en Roannais*, XIIIe *f. & en Bourgogne* :

> D'azur à trois fafces ondées d'or.

* BRAVARD, *à Uſſon*, XIXe *f.* :

> De finople à la croix trèflée d'or fur un écuffon parti d'Avranches & de Coutances.
>
> Devife perfonnelle de Mgr Bravard : *Difcipulus quem diligebat Jefus.*
>
> Galerie de portraits foréziens.

BRENON, *à Chazelles*, XIVe *f.* :

> D'argent à la fafce d'azur frettée d'or (A S).

BRESCHARD DE BRESSOLES, XIVe *f.* :

> D'argent à trois bandes d'azur ; *Alias* bandé d'argent & d'azur (G R).
>
> Anciennement fculpté à Montbrifon; églife de Notre-Dame.

DE BRESSIEU, XIVe *f., Noms féodaux; & en Dauphiné* :

> De gueules à trois fafces de vair.

DE BRESSOLES DE LA TOUR, *Arrière-ban, 1545, & en Auvergne ; Orig. du Bourbonnais* :

> De fable au lion d'argent.

DE BRETTEVILLE, *Rongefer*, XVIIᵉ ſ.:

> D'or au lion de gueules dans un trêcheur de ſable au chef échiqueté d'azur et d'argent de trois traits (A G).

BRETONNIER, *Commentateur de Henrys, en Lyonnais*, XVIIIᵉ ſ.:

> D'or au chevron de gueules accompagné en pointe d'une tête d'aigle de ſable au chef de gueules ſoutenu d'une faſce d...... chargée de deux étoiles d.... (A S).

DE LA BRETONNIÈRE, *Goutelas, Aix*, XVIᵉ ſ. :

> De gueules à cinq fuſées d'or accolées en bande (R).

DU BREUIL DE CHARGÈRES, *Alliance de Damas-Couſan*, XVIIIᵉ ſ.; *un prieur de Sail* :

> D... au lion paſſant d'or ſurmonté de 3 croiſettes d...
>
> Cachet accolé de Damas.
>
> *Alias* d'azur au lion d'or au chef couſu de gueules chargé de trois trèfles d'argent (R).

DU BREUIL, *à Marols*, XVIIᵉ ſ. :

> De ſinople au chevron d'argent chargé de trois ruſtres de ſable (A G).

BREYMAND, *à Saint-Bonnet-le-Château & en Velay*, XVIIIᵉ ſ. :

> D... à la bande d... chargé de trois quintefeuilles d...
> Supports : Deux lévriers.
>
> Cachet de 1744.

DE BRION, *à Argental*, XVᵉ ſ.; *Orig. du Dauphiné* :

> De gueules à l'aigle éployée ou à deux têtes d'argent ; *Alias* d... à trois têtes de léopard de gueules, au chef d'or chargé d'un lion naiſſant d'azur couronné de gueules, tenant une épée d...
>
> Sculpté à Bourg-Argental. (Documents..., par M. de Mayol de Lupé).

* DE BRIOUDE, *V. Pupier*.

DE BRON, *La Liègue, Riverie*, XVIᵉ *&* XVIIᵉ *ſ. :*

> D'or au chevron de gueules, accompagné de trois per-
> roquets de ſinople ; *Alias :* D'azur à la croix d'argent
> frettée de gueules (A D). On leur donne communément le
> blaſon ſuivant : D'or à la faſce de gueules & un lion iſſant
> de ſable en chef.

> > Sculpté à La Liègue, 1530, parti de Marconnay.

* BRONAC DE VAZELHES, *La Terraſſe, arrière-ban, 1689;*
Orig. du Velay :

> De gueules au griffon d'or.

* DE BROSSES DE CHASSEREUX, *Les Plaines*, XVIIᵉ *ſ.;*
Orig. du Beaujolais :

> De gueules au cerf courant d'or ; *Alias* d'argent au cerf
> franchiſſant de gueules, écartelé d'azur à trois gerbes ou
> broſſes d'or liées de gueules ; qui eſt de Broſſe ancien.
> Supports : Deux cerfs.
> Deviſe : *Quo fata ſequor*.

BROSSIER DE LA ROUILLÈRE :

> D'azur à un mont d'or ſommé d'une tour d'argent, au
> chef d'or chargé de trois trèfles de ſinople.

> > Sculpté à Montbriſon.

BRUERAS, *à Roanne*, XVIIᵉ *ſ. :*

> D'or à la montagne de ſinople, au naturel, chargée de
> fleurs de gueules tigées de ſinople (*des bruyères*), au chef
> de gueules chargé de deux étoiles d'argent (A G).

* BRUGIÈRE DE MONS, *à Montbriſon*, XVIIᵉ, *ſ. ; Orig. de*
Thiers :

> Ecartelé aux 1ᵉʳ et 4ᵉ d'or, à quatre bruyères ſur une ter-
> raſſe de ſinople au chef d'azur chargé d'un ſoleil d'argent,
> aux 2ᵉ et 3ᵉ d'azur à la croix pattée d'argent.
> Supports : Deux lévriers.

LE BRUN, *Maſſon*, xive f. :

Coupé d'argent et d'azur à une croix ancrée d'argent
ſur l'azur et de gueules ſur l'argent (G R).

BRUN, *à Montbriſon*, xvie & xviie f. :

D'azur à un ſautoir d'argent accompagné en pointe d'un
croiſſant d'or (A G).

BRUNICARD, *à Saint-Galmier*, xve f. & à Lyon :

D'argent à une tête de maure de ſable (A S).

BRUNIER, *Magneu-Hauterive*, xvie f. :

D'azur à la bande d'or au chef du même.

BRUNON, *à Saint-Étienne*, xviie f. :

De ſinople au ſautoir d'or accompagné de quatre poires
d'argent tigées de gueules (A G); *Alias* de gueules au
chevron d'or ſurmonté d'un croiſſant d'argent accompagné
en chef de deux étoiles d'or et en pointe d'une colombe
d'argent (A G).

* BRUYAS, *à Chevrières, dès le* xve f. :

D'or à trois pins de ſinople ; *Alias* d'azur à trois pals
d'or, retraits de la pointe.

BUATIER, *en Roannais, & en Dombes* :

D'or au ſanglier de ſable colleté d'un limier de gueules.
Deviſe : *Immundus cedit honeſto.*

BUER, *Prelager*, xviie & xviiie f. :

D.... au chevron d.... accompagné de trois roſes (ou
étoiles) d....

Cachet de 1713.

DE BUFFEVEN, *à Montbriſon*, xvie f. :

D'azur à la croix clichée & pommetée d'argent.

* BUHET, *à Saint-Bonnet-le-Château, du* XVIe *au* XVIIIe *f. :*

D.... au chevron d.... accompagné de deux croifettes, quelquefois ancrées, d.... en pointe d'un cœur d....

Cachet de 1730.

DU BUISSON, *Saint-Pulgent, en Forez, du* XIVe *au* XVIIe *f.; Orig. d'Auvergne :*

D'or au buiffon de finople au XVe f., & plus tard d'or à trois arbres arrachés de finople. Une branche en Bourbonnais portait : D'azur à une épée d'argent garnie d'or, accompagné de trois molettes mal ordonnées d'or (D H.)

DU BUISSON, XVIIe *f. :*

D'argent au buiffon de finople terraffé du même, accompagné de deux couronnes de laurier du même, grénées de gueules (A G).

DU BUISSON OU DUBUISSON, *à Montbrifon, Rôles de 1691 :*

D'azur au lion d'argent couronné d'or (A G).

DE BULHON DE LA FOREST, XIVe *f.; Orig. d'Auvergne :*

D'or au chef d'azur chargé de trois molettes d'argent ; *Alias :* Trois étoiles d'or; *Alias* écartelé aux 1 & 4 d'azur à trois fafces ondées d'argent & un lion d'or iffant en chef, aux 2 & 3 d'argent à la bande de gueules accompagnée de fix coquilles du même (N A), qui eft Vincent, pour les Bullion du Mâconnais.

DE BULLIEU OU BULLY, *famille du Forez felon Le Laboureur, du Lyonnais felon A S :*

Lofangé d'or & d'azur.

5

BULLIOD, *la Corée*, XVIIIe *f.* :

D'argent à une cible de fable pofée fur une mer de finople au chef d... chargé d...

Ex libris incomplet.

BURET DE LA FOREST, XIVe *f.*, *en Charollais & en Breffe ; Orig. de Normandie :*

D'argent à trois tourteaux de fable.

DE BULLY, *Marzé*, XIVe *f.* :

Ecartelé 1 & 4 d'or, à la fafce ondée d'azur furmontée d'un annelet de même, aux 2 & 3 de Marzé.

BURON, *la Pinée, la Verpillière*, XVIIIe *f.* :

D'azur au chevron d'or accompagné de trois colombes d'argent.

Cachet du XVIIIe f.

*DE BURONNE DE LA BOURGONNIÈRE, XVIIe & XVIIIe *f.*:

Tiercé en fafce au 1er d'or à l'aigle de fable, au 2e d'azur à trois fleurs de lys d'or, au 3e de gueules (A S).

DE BUSSEUIL, *en Roannais; Orig. de Bourgogne :*

Fafcé d'or & de fable ; *Alias* de gueules.

DE BUSSIÈRE, *Laye (Saint-Vincent-de-Boiffet)*, XVIIe *f.* :

D'azur au chevron d'or, accompagné de deux étoiles du même & d'un croiffant d'argent.

DE LA BUSSIÈRE, *en Roannais & en Beaujolais :*

De finople au chef d'argent chargé d'un lion iffant de gueules.

BUSSIÈRES DE LA SALLE, *à Montbrifon, à Perreux*, XVIIᵉ & XVIIIᵉ *f.* :

> D'azur à trois croix fleuronnées d'or (A G) ; *Alias* d'azur à la bande d'or chargée de trois étoiles de fable.
> Cachet.

BUSSILLET DE BARONNAT, XVIIᵉ *f.* :

> Ecartelé d'argent & de fable au chef d'or (A G).

BUY, *à Montbrifon*, XVIIᵉ *f.* :

> D'argent au buis taillé de finople, terraffé du même.
> Cachet de 1777.

BUYET, *à Saint-Chamond*, XVIIᵉ *f.* :

> De gueules au chevron d'argent, accompagné en pointe d'un arbre arraché d'or, foutenu d'un croiffant d'argent, au chef coufu d'azur chargé de trois étoiles d'or (A G).

BUYNAND DES ÉCHELLES, *à Charlieu*, XVIIIᵉ *f.*, & *en Lyonnais* :

> D'azur à l'arc d'argent pofé en fafce, furmonté d'un coq d'or & accompagné de trois annelets d'argent.

CABRESPINE, *à Montbrison,* XVIIe *f. & en Auvergne :*

D'or à une chèvre d'azur (AG Auv.)

* **CALLEMARD**, *à St-Jean Soleymieu, Montbrison, Rive-de-Gier,* XVIIe *&* XVIIIe *f. :*

D'azur au chevron d'or, accompagné de trois croiſſants d'argent, celui de la pointe ſommé d'une étoile du même ; *Alias :* pour la branche de Geneſtoux en Auvergne : d'azur au chevron d'or, accompagné de trois pommes de pin d'argent, celle de la pointe ſoutenue d'un croiſſant du même.

D'Hozier : Supplément.

DE CAMBEFORT, *La Boſt (St-Jean-la-Vêtre), 1603 ; Orig. d'Auvergne :*

De gueules au lévrier rampant d'argent, colleté de gueules.

Sculpté dans l'égliſe de St-Jean-la-Vêtre.

CAMUS, *St-Bonnet-le-Château, Boën, Arthun, Montarboux, Palogneux, Grammond, Trocéſar, Fontanès, La-Bâtie-Chavagneux, du* XVIe *au* XVIIIe *f.*

D'azur à trois croiſſants d'argent & une étoile d'or en abîme.

DE CANNAYE, *St-Héand, Malleval, Rifois*, xviie & xviiie *f.* ;
Orig. de Paris :

D'azur au chevron d'argent, accompagné en chef de
trois étoiles mal ordonnées d'argent; *Alias* d'or, & en
pointe d'une rofe tigée du même.

CAPPONI, *Feugerolles, Roche-la-Molière, Le Chambon, Jon-*
zieux, St-Romain, xvie & xviie *f.* ; *Orig. de Florence :*

Tranché d'argent & de fable.

Cimier : une tête de coq entre un vol tranché de fable
fur argent. Devife : *Poft Tenebras lux.* Supports : Deux
griffons ou deux chapons.

Sculpté à Feugerolles, preuves de nobleffe.

* CAQUET D'AVAIZE, *à Ambierle*, xviiie *f.* & *en Beaujolais :*

D'argent au chevron d'azur, accompagné en chef de
deux pommes de pin de fable & en pointe d'un perroquet
de gueules, becqué & membré de fable.

CARON, *à St-Etienne*, xviie *f.* :

D'azur à la fafce d'or, accompagné en chef de trois
lofanges mal ordonnés d'argent & en pointe d'un croiffant
du même, accofté de deux trèfles d'or (A G) ; *Alias* d'a-
zur à trois lofanges d'or (A G).

CARRÉ D'ALIGNY, *à Marcoux*, xviiie *f.* , *par alliance* ; *Orig.*
de Bourgogne :

Échiqueté d'argent & d'azur au chef d'or, chargé d'un
lion léopardé de fable.

Cachets.

CARRIER, *à St-Etienne*, xviie *f.* :

D'azur au chevron d'or, chargé fur la pointe d'une rofe
de gueules & accompagné de trois lofanges d'argent (A G).

CARRIER, *Monthieu, Le Vernet, Le Buiſſon*, xviiᵉ & xviiiᵉ ſ. :

> Écartelé d'or & d'azur, à quatre loſanges de l'un en l'autre (A G).

CARRIER, *à St-Etienne*, xviiᵉ ſ. :

> D'argent au lion de ſable rampant contre un arbre de ſinople au chef de gueules chargé d'un croiſſant d'argent, accoſté de deux étoiles d'or (A G art. Dignaron).

CARRIGE, *Alliance de Gayot & en Beaujolais :*

> De gueules à trois roſes d'argent (A G).

* CARTELIER, *à Charlieu*, xviiiᵉ ſ. :

> De gueules à un jeu de cartes lié d..., accompagné de deux jetons d'argent & d'un croiſſant d... (A S : *ex libris* de 1741).

CARTIER DE **BOISCURTIL**, *à Roanne*, xviiiᵉ ſ. :

> D'argent au trèfle de gueules, accompagné en chef de deux étoiles & en pointe d'un croiſſant, le tout de gueules, pour Cartier de Sermezy en Beaujolais : *Alias :* écartelé d... & d... à deux étoiles & deux croiſſants de l'un en l'autre (A S).

CARTON, *Fougerolles, Les Eſtivaux, Merauge*, xviiᵉ & xviiiᵉ ſ. :

> D'azur au chevron d'or, accompagné en chef de deux étoiles du même & en pointe d'une tour d'argent.
>
> Sculpté à Boën, parti de Chazellet.
>
> *Alias :* Écartelé d'argent & de ſable à quatre boules de l'un en l'autre (A G).

DE CASTERAS LA RIVIÈRE, *à Cervières, 1600 ; Orig. de Paris :*

> Écartelé aux 1 & 4 de gueules à une tour d'argent, aux 2 & 3 d'or à trois maſſues d'argent (R). *Alias :* Trois maillets d'or.

* LA CATONNIÈRE, *V. Dugas.*

* CAZE, *Cherchant, à Montbrifon, du* XVIe *au* XVIIIe *f. ; Orig. de Provence :*

D'azur au chevron d'or, accompagné de deux lofanges & d'un lion du même.

Cachet, XVIIIe f. ; Meubles fculptés.

CELLE DU BY, *L'Ollagnier (Riotort),* XVIIIe f. :

D'argent à un croiffant comété de gueules au chef d'azur, chargé de trois étoiles d'or (AS).

CERVIÈRES, *ancienne petite ville :*

D'azur au cerf d'or.

CHABANNES, *à Périgneux,* XVIIe f. :

D'azur à trois tours crenelées d'argent, maçonnées de fable, terraffées de finople, celle du milieu ajourée d'une porte & fommée d'une autre tour auffi d'argent, toutes trois pavillonnées & fommées chacune d'une croix d'argent (A G).

* DE CHABANNES, *Le Chevallard, Civens, Le Mazoyer, Le Palais, Jas,* XVIIIe f. :

De gueules au lion d'hermine, armé & lampaffé & couronné d'or.

Supports : Deux lévriers. Devife : Je ne te cède à nul autre.

On trouve leur blafon avec diverfes écartelures, entre autres : d... au gonfanon d... au chef d... parti de gueules au lion d... au chef d...

Sur une cloche, à Lezigneu.

* DE CHABERT DE BOEN, XIXe f. :

D'azur à la bande d'argent, chargée de trois rocs

d'échiquier de fable à la bordure potencée d'argent ; *Alias :* A l'orle de potences tournées d'argent.

DE CHABEU, *Alliance des Bouthéon ,* xvᵉ *f. ; Orig. de Breſſe :*

D'or à la bande de gueules.

> Sculpté dans l'églife de St-Thomas-la-Garde ; Supports : Un bœuf & un chat.

CHABRIER, *à Charlieu,* xviiᵉ *f. :*

D'argent à la faſce de gueules, accompagné de trois trèfles de fable (A G).

CHABRIER, *en Forez & en Auvergne :*

De gueules à la faſce ondée d'argent, accompagnée d'une étoile d'or entre deux croiſſants du même, & en pointe de trois larmes d'argent (A G Auv.).

CHAILLEU ou CHALLEU, *Le Crozet, 1350 :*

D'argent au fautoir de gueules (L M Hiſtoire des ducs de Bourbon).

LA CHAINE, *V. Enchaîné.*

DE LA CHAIZE, *La Mure, Chamarel, Ducros, du* xviᵉ *au* xviiiᵉ *f. :*

D'azur à trois pommes de pin d'or rangées en chef & une ferre d'argent ajourée de fable en pointe (A G).

DE LA CHAIZE, *Aix, Saint-Martin, Les Perrichons, Pelouzat, La Trémoline, Saint-Juſt-en-Chevalet, Malorge, Souternon, &c., du* xviᵉ *au* xviiiᵉ *f. :*

De fable au lion d'argent, armé, lampaſſé & couronné de gueules ; *Alias :* d'or.

CHAL ou CHAUX, xivᵉ *f. :*

D'azur au chevron d'argent accompagné de trois cigognes eſſorées du même (A S).

DE CHALAMONT, *Chazay*, XIVe *f. ; Orig. de Breffe* :

D'or à trois fafces d'azur, *Alias* : de gueules.

CHALENCON, *St-Pal, Rochebaron, Boiffet, Tiranges, Montar-cher, du* XIIIe *au* XVIIe *f.* :

Ecartelé d'or & de gueules, à la bordure de fable char-gée de huit fleurs de lys d'or.

La Diana, au XVe f. Cri de guerre : Chaffignoles.

CHALENCON LA ROCHE; *Orig. du Vivarais* :

D..... à trois têtes de lion d...

Sceau de 1325 (I S).

* CHALAYE, *Coguière (Roche), La Valette, à Montbrifon*, XVIIe *&* XVIIIe *f. ; Orig. de Paillaret* :

D'argent à une main tenant trois rameaux de fou-gères.

(*Challaie* en patois) au naturel, au chef d'azur chargé d'un chat d'argent langué de gueules. L'A G. ajoute un foleil de gueules au flanc feneftre, & remplace le chat par un lion léopardé. *Alias* : mi-coupé parti au 1er de gueules au chat paffant d..., au 2e d'or à la laie de fable fur une terraffe d..., au 3e d'azur à la fafce d'argent, accompagnée de trois rofes d..., qui eft Chappuis.

Cachet de 1752. On n'aperçoit qu'une rofe en chef.

Armes modernes : Ecartelé aux 1er & 4e lofangé d'azur & d'argent en barre à une fafce de gueules chargée de trois étoiles d'or, aux 2e & 3e d'or à deux lions affrontés de gueu-les ; fur le tout : d'argent à un bras de carnation paré de gueules, mouvant du flanc dextre de l'écu & tenant une branche de fougère feuillée de trois feuilles de finople, accom-pagné en chef d'un soleil de gueules mouvant du flanc fenef-tre & un chef d'azur chargé d'un lion léopardé d'argent, lam-paffé, armé & vilené de gueules.

CHALMAZEL, *V. Marcilly & Talaru*.

CHALOM, *La Goutte, Les Sarrots (Les Salles), à Cervières, du* XVe *au* XVIIe *f. :*

> D'azur à une pyramide d'argent.
>
> D....., à la croix d..... (A G).

DE **CHALONS,** *Roanne,* XIIIe *f. :*

> De gueules à la bande d'or.

DE **CHALUS,** *Coufan, St-Prieft,* XVIIIe *f. :*

> D'azur femé d'étoiles d'or à un brochet (*lus*) péri en bande du même ; *Alias :* d'azur au brochet d'or en bande ; *Alias :* en pal accompagné de cinq étoiles de même, trois en chef, deux en pointe.
>
> Tenants : deux fauvages, homme & femme. Cimier : une aigle. Devife : *Doce me facere voluntatem tuam.*

DE **CHALUS,** *Entraigues, Bouthéon, Saint-Bonnet-les-Oules,* XIVe *f. :* .

> D'or à la croix engrêlée d'azur.
>
> D'autres Chalus portaient un dauphin au XIIIe f.

CHALVET DE **ROCHEMONTEIX,** *Arrière-ban de 1689 ; Orig. du Velay.*

> De gueules au lévrier paffant d'argent colleté de gueules (N A).

CHAMARIN, *Noms féodaux,* XIIIe *f., & à Lyon :*

> De gueules au lion de vair (A S).

DE **CHAMAROUX,** *La Chal, Balbigny,* XVIe *f. :*

> D'azur à trois chevrons d'or.

DE **CHAMBARAN,** *La Guillanche, La Goutte, Pommiers ;* XVIIe & XVIIIe *f. ; Orig. du Dauphiné :*

> D'or à la bande de gueules chargée de trois cloches d'argent. La branche du Dauphiné portait les bandes

d'azur. Les Chambaran, La Bernadière, portaient trois étoiles d'argent sur la bande.

* DE CHAMBARLHAC, *à Firminy*, XIXᵉ ſ. ; *Orig. du Vivarais* :

D'azur au chevron d'or accompagné de trois colombes d'argent.

* DE CHAMBAUD, *Marlhes*, XVIIIᵉ ſ. ; *Orig. du Languedoc* :

Tiercé en faſce au 1ᵉʳ d'argent au chevron aliſé d'azur, accompagné de trois coquilles de profil de gueules, au 2ᵉ d'azur à trois étoiles d'or rangées en faſce, au 3ᵉ d'argent au lévrier courant d'azur colleté de gueules (R) ; *Alias* : d'azur au lévrier d'argent colleté de gueules, au chef d'or chargé de trois étoiles de ſable.

* CHAMBODUC, *St-Pulgent, La Garde, Magnieu*, XVIIIᵉ ſ :

Ecartelé au 1ᵉʳ d'azur à une molette d'or, aux 2ᵉ & 3ᵉ de gueules au chevron d'or, au 4ᵉ d'azur à une roſe d'argent.

Ce ſont les armes des anciens St-Pulgent ; celles des Chamboduc nous ſont inconnues.

DE CHAMBŒUF, XIVᵉ, ſ., & *en Auvergne*.

D..... au lion d.....

Sceau du XIVᵉ ſ.

DU CHAMBON ou CHAMBONNET, XIVᵉ ſ. ; *Noms féodaux, & en Poitou* :

D'azur à la tour d'argent maçonnée de ſable.

DE CHAMBON-TALLAYAT, *La Rey*, XVIIᵉ ſ., & *en Auvergne* :

De gueules au ſautoir d'or ; *Alias* : faſcé d'or & de gueules.

* DE CHAMBOST, *V. Riverieulx.*

LA CHAMBRE, *en Roannais, du* XIIIᵉ *au* XVIᵉ *ſ. :*

> De gueules au château d'or, ſommé de trois tours ajou-
> rées & maçonnées de ſable.

> > Ces armes, qui ſe trouvent dans les écartelures des Roſtaing,
> > ſont attribuées, ſous forme dubitative, aux La Chambre, du
> > Roannais, dans la Galerie des portraits foréſiens.

DE CHAMEYANT, *à Vougy & Aiguilly,* XVIᵉ *ſ. :*

> D'or à la croix ancrée ou nillée de ſable.

SAINT-CHAMOND, *Ville :*

> Armes de Jarez.

* DE CHAMPAGNY, *V. Nompère.*

CHAMPAGNY, *La Rivolière, à Saint-Germain-Laval,* XVIIᵉ
*& * XVIIIᵉ *ſ. :*

> D'argent au chevron de gueules, accompagné en chef
> de deux carrés de ſable & en pointe d'un lion du même
> (A G).

CHAMPERON, *Cucurieux :*

> De ſable au lion d'or & huit étoiles de même en orle
> (A S).

CHAMPIER, *à Sury-le-Bois,* XVᵉ *ſ., L'Aubépin,* XVIIᵉ *ſ. ; Orig.*
de St Symphorien-le-Château :

> D... à un chevron d... accompagné de trois flanchis
> d..., au chef d'azur chargé d'une étoile à huit raies d'or,
> & plus tard d'azur à une étoile à huit raies d'or.

> Deviſe de Symphorien-Champier : *Tu ne cede malis, ſed*
> *contra audentior eſto.*

CHAMPHENAY, *Preſle (Cordelles),* XVᵉ *ſ. :*

> De gueules à trois molettes d'or.

CHANAINS DE LAYE, XVᵉ *ſ. :*

> De ſable à la bande d'or.

DE CHANALEILLES DE RETOURTOUR, *à Pailleret,*
Arrière-ban 1689 :

D'or à trois lévriers de fable courant l'un fur l'autre
d'argent colletés de fable (A M).

Cimier : une tête de cheval. Tenants : deux anges.
Devife : *Fideliter & alacriter ;* autre : *Canes ligati.*

DE CHANDIEU DE PROPIÈRES, *La Thuillière,* XVIᵉ f.,
& en Beaujolais ; Orig. du Dauphiné, XVᵉ f. :

De gueules au lion d'or armé & lampaffé d'azur : *Alias*
de fable.

Devife : Pour l'éternité.

CHANDON DE BRIAILLES, *Orig. de Charlieu,* XVᵉ f. :

D'or à la fafce engrêlée de gueules accompagnée de trois
trèfles d'azur : *Alias* de fable. *Alias* d'argent à la fafce de
gueules, accompagnée de trois trèfles de fable.

CHANET, *à Montbrifon,* XVIIᵉ f., *& à Lyon,* XVIᵉ f. :

De gueules au chevron d'argent accompagné de deux
trèfles d'or et d'une coquille d'argent.

DE CHANLON, *en Forez* :

Coupé endenté de gueules à une étoile d'or & d'argent
(A S).

* CHANTELAUZE, *à Montbrifon,* XVIIᵉ f. ; *Orig. d'Au-*
vergne :

De finople au chevron d'argent chargé d'un lofange de
gueules (A G).

Le véritable blafon, s'il en exifte un, eft inconnu.

DE CHANTEMERLE, *Vougy,* XVᵉ f. ; *rôle de 1545* :

D'or à deux fafces de gueules, accompagnées de neuf
merlettes du même, rangées en orle, quelquefois écartelées

aux 2ᵉ & 3ᵉ d'azur, au fautoir d'argent, qui peut être de Moles.

DE LA CHAPELLE, *Vaudragon*, XIVᵉ f. :
> De gueules à la croix d'argent ;
> *Alias :* d... au lion d...
>> Sceau d'un archevêque de Vienne.

CHAPELLON, *à St-Etienne*, XVIIᵉ f. :
> D'azur à un foleil d'or accompagné de trois chapelets couchés du même (A G).

DE CHAPPES, *en Roannais*, XIVᵉ f. ; *Orig. de Bourgogne :*
> D'azur à la croix fleurdelifée d'or.

* DE CHAPPONAY, *en Forez*, XVIIᵉ f. ; *Orig. de Lyon :*
> D'azur à trois coqs d'or crêtés & barbés de gueules.
> Reliquaires & candélabres à l'Hôpital-sur-Rochefort.
> Devife : *Gallo canente fpes reddit.*

* CHAPPUIS, *Foris, Paniffières, Vilette, Trezettes, La Goutte, La Salle-Nervieu, Maubou, Gregnieu, La Bruyère, Charlieu, Chantereine, Clérimbert, Roche-la-Molière, &c.,* XVIIᵉ & XVIIIᵉ f. :
> D'azur à la face d'or accompagnée de trois rofes du même.
> Ch. de la Goutte, peinture 1660.
> *Alias :* d'or à la fafce de gueules & trois étoiles en chef. Supp. : deux lions.
> Ch. de la Salle 1783, cachet.
> *Alias :* d'azur à la fafce d'or, à deux rofes en chef & une étoile d'or en pointe.
> Ch. de Foris, fculpture à Montbrifon.

CHAPPUIS DE POMMIERS, *La Fay (La Rajaffe), l'Aubépin,* XVIIᵉ & XVIIIᵉ f. :
> D'azur au chevron d'argent accompagné de deux rofes & d'un lion d'or.

CHAPPUYS, *à St-Etienne*, xviie *f.* :

D'azur à la fafce d'or accompagnée en chef de trois étoiles du même, & en pointe d'un chevron auffi d'or foutenu d'un croiffant d'argent (A G).

* DE CHARBONNEL DE CUZIEU (ou COISE ?), *La Chazotte-de-Bas, Pelouzat, Le Crozet, à St-Maurice-en-Gourgois ; Arrière-ban, 1689.*

D'azur à trois étoiles ou molettes d'or, au croiffant d'argent en cœur.

Devife : *In corde decus & honor*.

CHARBONNIER, *à St-Bonnet-le-Château*, xvie *f.*, *& à Lyon* :

De fable au fautoir d'or couronné de quatre étoiles d'argent ; *Alias :* accompagné d'une étoile en chef & d'un croiffant en pointe.

DE CHARDONNAY DE LAYE, xviie *f.* :

Ecartelé aux 1er & 4e d'argent à trois fafces vivrées d'azur, aux 2e & 3e coupé de fable au lion d'or armé & lampaffé de gueules, & de gueules plein ; *Alias :* coupé d'argent au lion de fable, & de fable.

CHARESIEU DE LA CRISTINIÈRE, xviie & xviiie *f.*, *& en Lyonnais :*

De gueules au lion d'or, quelquefois avec un chef coufu d'azur chargé de deux croiffants d'argent.

DE CHARLIEU, *famille orig. de cette ville*, xive *f.* :

Ecartelé d'argent & de fable.

Sceaux de 1310.

* DE CHARLY, *V. Barbier*.

CHARMETTE, *Le Montet (Cublize)*, XVIIe *f.* :

D'argent au charme arraché de finople accompagné en chef de deux foucis de gueules & en pointe d'une ancolie d'azur.

DE CHARNAY, *en Roannais, du* XIIIe *au* XVe *f.* :

D'azur à trois bandes d'argent.

CHARPINEL, *La Tour-Charette, Civens,* XIVe *f., Alliance de Talaru* :

Fafcé d'or & d'azur. *Alias :* d'argent à trois fleurs de lys d'azur (A S).

Peint & fculpté à Chalmazel, il y a quelques années.

* DE CHARPIN, *Feugerolles, Roche-la-Molière, Le Chambon, St-Romain-les-Atheux, Janzieu, Les Bruneaux, Genetines, La Forêt-des-Halles, Lefpinaffe, &c., du* XVe *au* XVIIIe *f.* :

D'argent à la croix ancrée de gueules, au franc canton d'azur chargé d'une étoile ; *Alias :* d'une molette d'or. *Alias :* de trois molettes ou trois étoiles d'or.

Devife : *In hoc figno vinces.*

CHARRETIER ou CHARTIER, XVIIIe *f.* :

D'azur à la fafce d'argent accompagnée de trois étoiles d'or (A G).

CHARRETIER, *Ste-Foy-l'Argentière, Virigneu,* 1645 :

D'argent à trois croix pattées de gueules.

* CHARRIN, *à St-Chamond,* XVIIIe *f., & à Lyon.*

D'argent à la fafce de fable chargée de deux anneaux enlacés d'argent, au chef d'azur chargé de trois befants d'argent.

CHARTRES, *Changy (Cordelle)*, XVIIᵉ ſ. :

De gueules à la croix ancrée de vair & une bordure engrelée d'argent (A G).

* **CHASSAIN**, *Chabet, Marcilly, La Vernade*, XVIIᵉ & XVIIIᵉ ſ. :

D'argent au ſautoir godronné d'azur, au chef du même, chargé de trois billettes d'argent.

> Cachet de 1780, accolé de... à la croix d... cantonnée aux 1ᵉʳ & 4ᵉ d'un quinte-feuille, aux 2ᵉ & 3ᵉ d'un ſoleil, le tout d.....

CHASSAIN, *La Plaſſe, Le Crozet, Raymond, Ecrevaut, Les Broſ-ſes*, XVIIᵉ & XVIIIᵉ ſ. :

Même blaſon que plus haut.
Alias : D'or à trois pals de ſinople (A G).

ʟᴀ **CHASSAIGNE**, XVIIᵉ ſ. :

D'azur au caducée d'or en barre, accompagné en chef d'un ſoleil d'or & en pointe d'une plante de joubarbe d'argent (A G).

ᴅᴇ ʟᴀ **CHASSAIGNE**, XIVᵉ ſ., *Noms féodaux ; Orig. d'Au-vergne.*

Parti d'azur au chêne feuillé d'or, au 2ᵉ de ſable fretté d'or (D H).

CHASSAING, *à Roanne*, XVIIᵉ ſ. :

De gueules à deux lévriers courant l'un ſur l'autre, d'argent (A G).

CHASSEBRAS ᴅᴜ **BRÉAU**, *en Roannais*, XVᵉ ſ. :

De pourpre à trois ſoleils d'or ; *Alias :* coupé de pourpre & d'or, à trois ſoleils de l'un en l'autre.

DE CHASTE, branche des De Clermont, *Lupé, La Faye, Saint-Julien-Molin-Molette,* XVIIᵉ *f.* :

De gueules à la clef d'argent en bande.

CHASTEL, XVIIᵉ *f.* :

D'azur au château d'argent (A G). *V. d'autres Chaftel dans A S.*

DU CHASTELARD, *à Cornillon, 1300 ; Orig. du Dauphiné* :

D'or à trois chevrons d'azur.

DE CHATEAUMORAND, *branche des Châtelus, Pierrefitte, du* XIIIᵉ *au* XVᵉ *f.* :

De gueules à trois lions d'argent armés, lampaffés & couronnés d'or.

Meubles fculptés, &c.

* DE CHATEAUBOURG, *V. Baffet.*

DE CHATEAUNEUF-ROCHEBONNE, *Leniec, Saint-Hilaire, Montarcher, Chazelet, du* XIVᵉ *au* XVIIIᵉ *f.* :

De gueules à trois tours crénelées d'or.

Alias à trois châteaux donjonnés chacun de trois tours d'or.

Sculpté à Leniec.

CHATELARD, *à St-Etienne,* XVIIᵉ *f.* :

D'azur à un château couvert en dôme d'or, maçonné de fable, flanqué de deux tours couvertes du même, & un chef coufu de gueules, chargé d'un arc fans corde d'argent (A G).

DE CHATEAUVIEUX, *en Roannais* :

D'argent à un écuffon de gueules chargé d'une coquille d'or (D H).

CHATELAIN, *Effertines, Montagny, Belleroche*, xviiie f. :

> D'azur au château à trois tours pavillonnées & girouet-
> tées d'argent.

du CHATELET, ou CHASTELET, *Urfé, La Bâtie*,
xviiie f. :

> D'or à la bande de gueules chargée de trois fleurs de
> lys d'argent, pofées dans le fens de la bande.

de CHATELPERRON de CHATEL-MONTAGNE,
Montagny, Roanne en partie, xiiie f. :

> Ecartelé d'or & de gueules.
>
> La Diana.

* de CHATELUS, *V. Guillet*.

de CHATELUS, *Châteaumorand, Chambon, Mauvernet, Pangus,
Le Vergier, Boifvair*, xiiie & xive f. :

> De gueules au lion d'argent.

* de CHATELUS, *Lentigny, Praix, Les Effarts, en Roannais*,
xviie f. :

> De gueules au chevron d'or, accompagné de trois têtes
> d'aigle arrachées du même.

de CHATILLON ou CHASTILLON-en-BASOIS,
St-Bonnet, Montarcher, Leniec, xiiie f. :

> Lofangé d'or & d'azur.
>
> Sceau de 1290 ; contre-fceau : un château.

de CHATILLON, *Le Soleillant, Montarboux, Palogneu, Chori-
gneu*, xvie f. :

> D'azur au lion couronné d'or & une bande de gueules
> chargée de trois croiffants d'argent brochante.
>
> Peint au Soleillant, fculpté à Montbrifon.

CHAUDERON, *Ecotay.*

D'or au chaudron de fable.

Sceau du xiiie f.

CHAUDERON DE LA **FERTÉ**, *Eflaing, Piney, Roanne en partie;* xiiie & xive f. :

D'or au chef de fable ; *Alias* d'argent au chef emmanché de trois pointes de fable.

DE **CHAUGY** DE **ROUSSILLON**, xve f. :

Ecartelé d'or & de gueules, contre-écartelé de finople, à une croix d'or cantonnée de vingt croifettes du même, qui eft Rouffillon. Cimier : une tête de léopard. Supports : un lion & un fauvage.

Devife : Vous m'avés, vous m'avés.

Peint fur le tryptique d'Ambierle.

CHAULCE, *Sommerice, Faverges, Chazelles,* xviiie f. :

D'or à la bande d'azur chargée de trois croiffants d'argent (A G).

LA **CHAULM** OU LA **CHAUX**, xiiie f. ; *Noms féodaux, à St-Anthême :*

D'or au chevron d'azur accompagné de trois étoiles de même, à l'engrêlure auffi d'azur (G R).

DE **CHAUMEJAN** OU **CHAULME-JEHAN**, *à Charlieu,* xvie f., *& en Touraine :*

D'or à la croix ancrée de gueules.

CHAUSSE, *V. Chaulce :*

De gueules au chêne (*chauffe* en patois), à trois branches d'or, terraffé de finople, au chef d'azur foutenu d'argent & chargé de trois étoiles d'or ; *Alias* d'or au chêne de finople, accofté de deux étoiles d'azur, au chef de gueules, &c. (A G).

DE CHAUSSECOURTE, *Le Boft*, XVIIe *f.* ; *Orig. de Combraille* :

Parti enfaché d'azur & d'argent de trois pièces.

Alias échiqueté d'or & de gueules (A G), ce qui doit être une alliance.

LE CHAUVE (CALVI), *Salt-en-Donzy*, *Le Palais*, du Xe au XVe *f.* :

D... à l'aigle d...

Sceau du XIIIe f.

CHAUVET, *La Bruyère*, XVIe *f.* :

D'or à trois têtes de fable tortillées d'argent.

Une famille du Languedoc porte dans R d'or à trois têtes humaines de carnation.

DE LA CHAUX (DE CALCE), *en Roannais*, XIIIe *f.* ; *Noms féodaux, & en Bourgogne* :

D'azur au lion léopardé d'or, à la bordure engrêlée du même, au chef d'or chargé d'une aigle naiffante de fable (D H).

DE CHAVANNES DE RANCÉ, *en Roannais*, XVIIe *f.* :

De gueules au fautoir d'or ; *Alias* d'azur au croiffant d'argent, armes de Rancé.

Devife : *Crefcentis virtus augetur.*

DE CHAVANNES, *Alliance de Valence*, XVe *f.* :

D'argent à deux croiffants adoffés de fable.

CHAVANNES, *à Charlieu*, XVIIe *f.* :

D'azur au fautoir d'or accompagné de quatre croix ancrées du même (A G).

DE CHAVANNES, XIIIe & XIVe *f.* ; *Orig. de Givors, & en Dauphiné* :

D'azur à la bande d'or accompagnée de trois étoiles du même.

> Sculpté à la Tour-en-Jarez.

* DE CHAVAGNAC, *St-Marcellin, Le Vernet, La Molière, Greffière,* XVIIᵉ & XVIIIᵉ *f. :*

D'argent à trois faſces de ſable, ſurmontées de trois roſes du même ; *Alias* de ſable à deux faſces d'or, ſurmontées de trois roſes du même ; *Alias* d'argent à deux faſces de ſable au chef d'azur chargé de trois roſes d'or.

* CHAVASSIEU, *Audebert, à Montbriſon,* XVIIᵉ *f. :*

D'azur à la bande de gueules, chargée de deux roſes tigées & feuillées d... & accompagnée de deux colombes d'argent.

> Cachet du XVIIᵉ f.
>
> Un autre cachet de 1783 porte : d'azur à la barre d..., accompagnée de deux colombes d'argent.

CHAVIGNOL, *à St-Chamond,* XVIIᵉ *f. :*

D'or à la faſce d'azur accompagnée de trois croiſſants de gueules (A G).

CHAZELET, *La Rivoire, St-Julien, La Vaurette, du* XVᵉ *au* XVIIIᵉ *f. :*

De ſinople à la bande d'or, chargée d'un lion de gueules.

CHAZELLES, *Colombette, Lijay,* XVIIᵉ *f. :*

D'argent ſemé de trèfles de ſable.

CHAZELLES, *à St-Thurin,* XVIIᵉ *f. :*

D'azur à un chat accroupi d'or, ailé du même, au chef couſu de gueules, chargé de trois étoiles d'argent (A G).

DE CHAZELLES, *à St-Etienne et Lyon,* XVIIᵉ *f. :*

D'azur au chevron d'or, accompagné en chef de trois trèfles d'argent & en pointe d'un croiſſant du même (A G).

CHAZELLES, *Vilette, Mirabel, la Broſſe, Tallière, Verſanne, à Cervières,* XVIIᵉ & XVIIIᵉ ſ. :

D'azur à la faſce d'or, accompagnée en chef d'un vol & en pointe d'un demi-vol d'argent.

> Panneaux du XVIIIᵉ ſ. ſculptés et peints à Boën ; cachets du XVIIIᵉ ſ.

CHAZERON, *Pellucieu, La Pra (Montagny),* XVᵉ ſ. :

D'or *alias* d'argent au chef denché ; *Alias* emmanché de trois pointes d'azur ; *Alias* de gueules *ou* d'or au chef emmanché d'or *ou* de gueules. Dans une généalogie des D'Urfé : d'or au chef emmanché de trois pointes d'azur.

LA CHAZOTTE, XIIIᵉ ſ. ; *Une famille de ce nom en Vivarais portait :*

D'azur à la croix d'or bordée de ſable, cantonnée de quatre étoiles d'argent (R).

DU CHEF, *Gregnieu,* XVᵉ ſ. :

Ecartelé aux 1ᵉʳ & 4ᵉ de gueules, à la bande d'hermine, aux 2ᵉ & 3ᵉ pallés d'or et de gueules, au chef d'azur chargé de trois beſants d'argent.

DE CHEMEZY, *La Varenne (Coutouvre),* XVIᵉ ſ. :

D'azur à la bande d'or accompagnée d'une étoile du même & d'une roſe d'argent.

DE CHENEVOUX, *en Roannais,* XIVᵉ & XVᵉ ſ. :

D'or à une tige de chanvre ſec de ſinople ; *Alias* d'or au chêne touffu de ſinople (L M mss).

Alias : d'azur à une tige de chanvre d'or nervée de ſable.

Cimier : une tête de chien colletée d'une couronne (G R).

DE CHERCHANT, XIVᵉ ſ. :

>   D... à la bande d... chargée de trois coquilles d...
>   Cimier : deux cornes ſoutenant une coquille.
>
>   >   Sceau de Durant de Cyerchan, lieutenant du bailli d'Au-
>   >   vergne en 1356, qui pouvait être du Forez.

CHERCOT ou CHARCOT, à Chambéon, XVIIᵉ ſ. ; & en Lyonnais :

>   D'azur à l'épée en pal d'argent, garnie d'or (A S).

CHERSALA ou CHAIRSALA « CARO SALITA », Monteux, St–Prieſt–la–Roche, XIIIᵉ & XIVᵉ ſ. :

>   D.... au chevron d...., accompagné de trois coquil-
>   les d....

CHESNARD, à Montbriſon, 1600, & en Roannais; Orig. de Bourgogne :

>   D'argent au chêne de ſinople, glanté d'or ardent de
>   gueules, au chef d'azur chargé de trois coquilles d'argent ;
>   Alias d'or.
>
>   >   Les émaux ont varié ſelon les branches.

CHESNEL ou CHEINEL, La Noerie, XVIIᵉ ſ. :

>   D'azur au chêne d'or, englanté de ſinople, & ſoutenu
>   d'un vol d'argent (A G) (chêne ailé).

DU CHEVALARD, XIIIᵉ & XIVᵉ ſ. :

>   Loſangé d'or & d'azur au chef de gueules.
>
>   >   Sculpté à Eſſertines, St-Romain, Roſiers-Côtes-d'Aurec.

* DU CHEVALARD, V. Souchon.

* DU CHEVALARD, V. Lattard.

CHEVALIER, XVIIᵉ ſ. :

>   D'or au cheval de ſable, attaché par ſon licol de gueules
>   à un arbre de ſinople, poſé à dextre ſur une terraſſe du
>   même (A G).

CHEVRIERS DE SAINT-MAURIS, *Changy*, XVIIIe ſ. :

D'argent à trois chevrons de gueules & une filière engrelée du même ; *Alias* d'azur.

Cimier : Un ange iſſant tenant une épée. Tenants : Deux anges. Deviſe : *Angelis ſuis mandavit de te.*

DE CHIEL, *en Forez*, XVe ſ., *& en Bugey :*

D'or à la bande de gueules, & un lambel de cinq pendants d'azur en chef. Deviſe : Ny toſt ny tard.

Reliure en vélin.

* CHIRAT, *Montrouge, La Pomière, Belair*, XVIIe & XVIIIe ſ. :

D'azur à trois roſes d'or, au chef couſu de gueules, chargé de trois étoiles d'argent.

Sculpté à Montbriſon dans l'égliſe de Notre-Dame, et dans une maiſon, Grande-Rue, à Montrouge, etc.

Deviſe : Ni le temps, ni le feu, l'or ne conſummeront,
Sous ces beaux aſtres d'or, nos roſes dureront.

CHIRAT DE SOUZY, *autre famille, & en Lyonnais :*

D'azur au lion d'or grimpant contre un *chirat* ou tas de pierres d'argent.

CHOL DE CLERCY, *Néronde*, XVIIIe ſ. :

Faſcé d'or & de gueules, au chef couſu d'argent, chargé d'un lion iſſant de gueules.

Cachet, XVIIIe ſ.

Alias de gueules à deux faſces d'argent, au chef d'argent chargé d'une tête de lion de gueules, parti d'azur à la bande d'argent chargée de trois merlettes de ſable & accompagnée d'une étoile d'or & d'un croiſſant d'argent ; ſur le tout d'azur à une fleur de lys d'or & un lambel de trois pendants d'argent, qui eſt Clercy.

CHOLET ou **CHAULET**, *Genetines, 1315 :*

> D'argent au créquier ou *cholet* de fable à cinq branches & une bordure du même ; *Alias* d'or ou *cholet* de finople, à la bordure du même.

CHOMAT, *à St-Etienne*, xviie f. :

> D'or à un pal d'azur chargé de trois merlettes d'argent & accofté de deux palmes adoffées de finople (A G).

CHOMEL, *à St-Bonnet-le-Château & en Auvergne*, xviiie f. :

> D'or à la fafce d'azur chargée de trois carreaux d'argent.
> Cachet de 1767.

* DE LA **CHOMETTE**, *V. Favier.*

DU **CHOUL**, *La Jurary, Torrepane, du* xive *au* xviiie *f. :*

> De gueules à deux fafces d'argent, accompagné en chef d'une tête de lion arrachée du même.

/*a* DE **CHØUVIGNY** DE **BLOT**, *Salles, Durbife ; Noms féodaux ; du* xive *au* xviiie *f. :*

> De fable au lion d'or armé & lampaffé de gueules, écartelé d'or à trois bandes de gueules.
>
> > Sur le fceau d'une prieure de Noirétable, en 1742, l'écartelure ne porte que deux bandes & fur le tout de Sennecterre.

* **CHOVET** DE LA **CHANCE**, *La Faye, Marlhes, Saint-Geneft*, xviie & xviiie f. ; *Barons, 25 mars 1810 :*

> D'argent à deux arbres terraffés de finople, au chef d'azur chargé d'un foleil d'or.
>
> > Sculpté à Vallenfauges.
>
> *Alias* écartelé au 1er d'azur au foleil d'or, aux 2e & 3e d'argent, à la croix ancrée de gueules, au 4e d'argent à deux arbres terraffés de finople.

* **CISTERNES**, *La Cofte, à St-Bonnet-le-Château*, xviiie f. ; *Orig. d'Auvergne :*

D'argent à un puits ou *citerne* de fable chargée en cœur d'une étoile de même.

Cachet du XVIIIe f.

CIZERON, *à St-Etienne*, XVIIe *f.* :

D'argent à fix hérons de gueules pofés 3 & 3 (A G).

CHAPEYRON DU BUISSON, XVIIe *f.* ; *Orig. de St-Cha-mond* :

D'azur à la fafce d'or, chargée de trois croix potencées de gueules & accompagnées de trois rofes d'or.

CHAPEYRON, *à Montbrifon*, XVIIe *f.*, & *à Lyon* :

De gueules à une montagne de fix coupeaux d'argent (A S).

CLAPISSON, *à St-Etienne*, XVIIe *f.* :

D'argent à trois lapins de gueules (A G).

CLAPISSON, *Orig. de Dargoire; à Lyon*, XVIIe *f.* :

D'argent au lion de fable, accompagné de deux tiges de perfil de finople, l'une dans fa queue & l'autre dans fes pattes (A S).

DE CLAVEYZON, XIVe *f.* ; *Noms féodaux, & en Dauphiné* :

De gueules à la bande d'or, chargée de trois clefs de fable en pals.

DE CLAVIÈRES, XIVe *f.* ; *Noms féodaux, & en Auvergne* :

De gueules au fautoir d'argent, cantonné de quatre clefs du même (R). *Alias* d..., au chevron d..., accompagné de trois clefs d...

Sceau de Brun de Clavières 1284 (I S).

CLEPIER, *Chezieu ; Orig. de Crozet, à Montbrifon, du xvᵉ au xixᵉ f :*

> D... à une croix longue, la cime & les croifillons fleuronnés, la hampe garnie à dextre d'un guidon, le pied fiché dans un croiffant.
>
> Cachet de 1696.

LE CLERC, *en Jarez ; rôles 1760, & à Lyon :*

> D'azur au chevron d'or accompagné de trois croiffants d'argent.

LE CLERC, *à Montbrifon, xviiiᵉ f. ; Orig. de Picardie :*

> D'argent au chevron d'azur accompagné de trois rofes de gueules (R).

LE CLERC, *La Verpillière, xviiiᵉ f. :*

> D'argent au chevron de gueules accompagné de trois annelets de fable ; *Alias :* trois bagues, le chaton en haut.

DE CLERCY, *Alliance de du Chol :*

> D'azur à une fleur de lys d'argent furmontée d'un lambel à trois pendants d'or (A G); *Alias* de finople à la fleur de lys d'or (R).

DE CLERIEU ou CLAIRIEU, *xivᵉ f., et en Dauphiné :*
> Parti d..., à deux clefs d... et échiquetée d...
>
> Sceau de Robert de C. (1 S).
>
> *Alias* d..., à une bande d..., chargée de trois clefs d...
> *Alias* d'azur à deux clefs adoffées d'or (R).

DE CLERMONT DE CHASTE, *La Faye, St-Juft-les-Velay, St-Julien-Molin-Molette, Lupé, xviiᵉ & xviiiᵉ f. :*

> De gueules à deux clefs d'argent en fautoir & une fleur de lys d'or en chef, pour brifure, remplacée quelquefois par un écu d'azur à la fleur de lys d'or. Plus anciennement : de gueules à la clef d'argent en bande ; *Alias* écar-

telé de la 2ᵉ brifure et de l'ancien blafon.

Les Clermont-Tonnerre avaient pour devife : *Si omnes*, *ego non*.

* DU CLOS DE L'ESTOILE, xixᵉ f., & *en Bourgogne* :

D'azur à la fafce d'argent accompagnée en chef de deux coquilles du même et en pointe d'une aigle d'or (R).

DU CLOS, *à Montbrifon* ; *V. Duclos*.

D'or à un arbre de finople terraffé du même, accofté de deux étoiles de gueules (A G).

CLOZEL, *à St-Chamond*, xviiᵉ f. :

D'argent à un demi-vol d'azur femé de befants d'or & une orle auffi d'azur chargée de huit befants d'or (A G).

DE CLUSEL, *à Fontanès*, xivᵉ f., & *en Beaujolais* :

De gueules à la bande d'argent.

COCHARD, *en Jarez & en Dauphiné*, xviiᵉ f. :

D'azur au chevron d..., accompagné en pointe d'un mont de trois coupeaux d..., au chef de gueules chargé de trois étoiles d...

Cachet de 1784.

COCHARD DE GRANDVAL, *à Montbrifon*, xviiiᵉ f. :

D'azur à un char d..., fur une terraffe de finople entre deux montagnes d... & fommé d'un coq d...

Cachet de 1777, armes parlantes.

COCHARDET, *à Cervières & à Lyon*, xviiᵉ & xviiiᵉ f. :

D'azur au coq d'or becqué & membré de gueules.

COEFFIER DE LA PIERRE, *à St-Etienne*, xviiᵉ f. *Branche des Coeffier du Bourbonnais fuivant T V, ce qui paraît fort douteux, le nom de Coiffier étant affez commun en Forez* :

D'azur à trois coquilles d'or.

CŒUR, *Boify, La Motte, Villeneuve, St-Haon, Roanne, L'Aubépin*, xvᵉ f. ; *Orig. de Bourges* :

D'azur à la fafce d'argent, chargé de trois coquilles de fable & accompagné de trois cœurs de gueules.

Devife : A cœurs vaillans rien impoffible.

Anciennement fculpté à Boify.

* COGNET, *Les Gouttes, La Maifonfort, de Marclop, Poncins, Jas*, xviiᵉ & xviiiᵉ f. :

De gueules au fautoir d'or, ordinairement écartelé d'argent à la croix de gueules.

Sculpté à Marclop fur la porte du prefbytère, vaiffelle d'étain, cachets, &c.

COHADE, *Villeneuve, à St-Bonnet-le-Château ; Rôles des gentilfhommes*, xviiᵉ & xviiiᵉ f. :

D'or au lion de finople armé, lampaffé & couronné de gueules ; *Alias* d'or à trois rofes de gueules (A G).

COGNAT, *La Vaure*, xviiᵉ f. :

Ecartelé de gueules à une tête d'aigle arrachée d'argent & de gueules, à une tête de lion arrachée d'or; contr'écartelé, au xviiᵉ f. : d'azur au lion d... (qui eft la Vaure ?).

COIGNET, *à St-Etienne*, xviiᵉ f. :

D'argent à une ruche de gueules accompagnée de huit abeilles rangées en fautoir d'azur (A G).

DU COIN, *en Roannais*, xviiᵉ f. :

D'argent au chevron de gueules accompagné de deux étoiles & d'un tourteau d'azur (A S).

DU COIN, *à St-Etienne*, xviiiᵉ f. :

D'argent au coignaffier de finople.

Portrait.

DU COIN, *au Chambon*, xviie ſ. :

> D'or à un coignaſſier de deux branches en double ſautoir de ſinople, fruité d'or, au chef d'azur (A G).

DE COLIGNY, xviie ſ. ; *Orig. de Breſſe :*

> De gueules à l'aigle d'argent couronnée, becquée & membrée d'azur.
>
> Deviſe : Je les éprouve toutes.
>
> .Peint à St-Thomas-la-Garde.

COLOMB, *Ecotay, Hauteville, Chambaud, L'Eſpinaſſe*, xviie & xviiie ſ. :

> D'azur *alias* de gueules à trois colombes d'argent, celles du chef affrontées.
>
> Cachet de 1750.

DE LA COLOMBE, *à Uſſon*, xviie ſ. ; *Orig. du Velay :*

> D'azur à la colombe d'argent ſurmontée de deux étoiles du même.

* DE SAINTE-COLOMBE, *St-Prieſt, L'Aubépin, Fourneaux, Le Poyet, &c., du* xive *au* xixe ſ. :

> Ecartelé d'argent & d'azur.
>
> Supports : Deux léopards en 1400, puis deux lévriers ; Cimier : Une colombe ; Deviſe : ανευ χολης, c'eſt-à-dire : ſans fiel ; Autre : *Spes mea Deus ;* Cri : Cherſala.
>
> Briſures variées ſuivant les branches (V. Le Laboureur).
>
> Sceaux : meubles ſculptés, &c.

COLOMBET, *en Forez & en Lyonnais*, xviie & xviiie ſ. :

> D'azur au chevron d'or, accompagné en pointe d'une colombe d'argent tenant au bec un rameau d'or, au chef couſu de gueules, chargé de trois trèfles d'or (A S).

COLOMBIER-LAVAGNE, *à Roanne*, xviie *f.* :

De gueules à une colombe efforant d'argent, becquée & membrée de gueules (A G).

COLOMBY, *Alliance de Madières* :

D'azur à la fafce d'or accompagnée de trois colombes d'argent (A G).

DE COLONGES, *Charbonnières, Arrière-ban ; Orig. de Thiers* :

De fable à trois bandes d'or & un lion couronné de même, brochant au chef coufu d'azur & chargé de trois étoiles d'or (D H).

DE COMBRES, xive *f.* ; *Noms féodaux, & en Auvergne* :

De finople au chevron d'or, accompagné de trois étoiles du même (D H).

COMMARMOND, *à Chazelles*, xviiie *f.* :

D'azur au foleil d'or mouvant du chef & deux croiffants d'argent, au chef coufu de gueules, chargé de trois étoiles d'or ; quelquefois un cœur enflammé d'or entre les croif-fants ; *Alias* d'azur à la bande d'or accoftée de deux étoiles du même.

COMPAIN, *en Roannais*, xviie *f.* :

D'azur au maffacre de cerf d'or, au chef coufu de gueules, chargé de trois molettes d'argent (A G).

Imité de Compaing de l'Orléanais.

* LE COMPASSEUR DE COURTIVRON, *héritiers des Talaru*, xixe *f.* :

Coupé au 1er parti d'azur, à trois compas ouverts d'or & d'or au créquier de gueules, au 2e d'azur, à trois bandes d'or.

Cimier : Un lion iffant ; Supports : Deux lions ; De-vife : *Cuncta ad amuffim.*

CONCHON, *La Chaudie, à St-Bonnet-le-Château,* XVIIᵉ ſ. :
D'azur à trois canettes d'argent (A G Auv.).

CONFALON, *Confrérie religieuſe des Pénitents, établie en Forez à la fin du* XVIᵉ ſ. :
D'azur à la croix pattée, écartelée en ſautoir de gueules & d'argent ; *Alias* d'argent à la croix écartelée en ſautoir de gueules & d'azur.

> Sculpté & peint à Montbriſon, à Saint-Bonnet-le-Château, &c.

LE CONTE, *à Montbriſon,* XVIIᵉ & XVIIIᵉ ſ. :
D'argent à trois canettes de ſable au chef d'azur, chargé d'un lion paſſant d'or.

COPIN, XVIIᵉ ſ. :
D'azur au pin d'argent, ſommé d'un coq d'or (A G).

COPPIER DE LA MURETTE, XVIIᵉ ſ. ; & *en Vivarais* :
De ſable à trois coupes d'argent.

DE CORBEAU, *à St-Bonnet-le-Château,* XVIIᵉ ſ. :
D'or à trois têtes de corbeaux, arrachées de ſable (A G).

DE CORBEAU, *St-Héand, Fontenelle, Montverdun, St-Bonnet-les-Oules,* XVIIᵉ & XVIIIᵉ ſ. :
D'or à trois faſces de ſable ; *Alias* faſcé d'argent & de ſable.

LE CORDELIER DE LA GRANGE, *à St-Etienne,* XVIIᵉ ſ. ; *Orig. de l'Artois* :
D'azur à trois gerbes d'or, au franc quartier d'argent, chargé d'un lion de ſable.

DE CORDES, *à Firminy,* XVᵉ & XVIᵉ ſ. :
D'or à cinq faſces ondées d'azur.

> Ce blaſon, qui forme le ſecond parti de celui des d'Aboin, nous paraît avoir été, dans l'origine, un blaſon parlant, repréſentant des *cordes,* mais ce n'eſt qu'une conjecture.

DE CORNILLON, XIVᵉ ſ. :

> D... au chef d..., chargé de deux léopards affrontés d...

Sceau du XIIIᵉ ſ. (A S).

CORNON ou COURNON, *Rochefort*, XVᵉ ſ. ; *Alliance de Lavieu & d'Urfé ; Orig. d'Auvergne* :

> D'azur à la croix ancrée d'or.

Sceau de R. de C. 1274 (I S).

* COROMPT, *en Forez*, XVIIᵉ ſ., *& en Lyonnais* :

> De ſable à un cor de chaſſe arrondi d'or, accompagné en chef de deux pièces de monnaie d'argent (A G). Le cor eſt quelquefois remplacé par un coq (A S).

COSTAING DE PUSIGNAN, *Arrière-ban, 1689* :

> D'azur à la faſſée hauſſée d'argent, accompagnée de dix loſanges d'or, quatre rangées en chef et ſix en pointe, poſés 4 & 2.
>
> Deviſe : Proſpérité.

DE COSTARD, *Ronzière (St-Forgeux)*, XVIIIᵉ ſ. :

> D'azur à l'agneau paſcal d'argent.

COSTE, *à St-Paul-en-Jarez (rôles 1760) & à Lyon* :

> D'argent au coq de gueules, ſur une cotte d'armes de ſable, au chef d'azur, chargé de trois étoiles d'or, pour la branche lyonnaiſe. Les Coſte de St-Paul & de St-Chamond portaient d... au chevron d..., accompagné de trois étoiles.

Peint dans leur maiſon à St-Chamond.

* COSTE, *à St-Germain-Laval*, XVIIᵉ *&* XVIIIᵉ ſ. :

> D'azur au chevron d'argent chargé d'un trèfle de ſinople.

Cachet de 1786.

Alias d... à deux côtes humaines d... furmonté d'un coq d...

Argenterie.

Alias d... à trois épées d..., 2 & 1.

Cachet de la fin du xviie f.

* COTON, *Chenevoux,* xvie & xviie f. :

D'azur à la croix d'argent, cantonnée de quatre étoiles d'or.

Sculpté à Chenevoux, mais la croix eft aléfée.

Alias d'azur au chevron d'or, accompagné de deux rofes & d'un croiffant d'argent, pour la branche lyonnaife.

Cimier : Un lion iffant tenant un écuffon aux premières armes. Devife : *Dulcetudine vel fortitudine.*

COUCHONNEAU DE CERNY, *à Montbrifon,* xviiie f. :

D'argent au porc rampant de fable.

Cachet & argenterie. On trouve ce blafon écartelé d.... à deux gerbes terraffées d.... au foleil d.... en chef.

COULAND, *à St-Galmier,* xviie f. :

D'azur au coq d'or fur un mont du même, accompagné en chef de trois étoiles d'or (A G).

* COUPAT, *La Palla, le Cher,* xviie f. :

* COURBON, *St-Geneft, Les Gaux, Faubert, Mont-Viol, La Faye, Marlhes,* xviie & xviiie f. :

D'azur à la fafce d'or, chargée de trois étoiles de gueules, accompagnée de quatre croiffants d'or, trois en chef un en pointe. *Alias* d'azur au chevron d'or, accompagné en chef de deux étoiles du même & en pointe d'un croiffant d'argent, au chef d'or chargé d'une étoile de gueules.

Argenterie ; cachets.

DE COURS, *La Chambre*, xvᵉ ſ. :

Parti au 1ᵉʳ d'argent, au pin de ſinople & un lion de gueules, rampant contre l'arbre, au 2ᵉ d'argent à trois bandes de gueules (D H).

LE COURT, *La Garde, St-Pierre-la-Noaille*, xvɪɪɪᵉ ſ. :

Coupé de gueules au cheval iſſant d'argent & d'or ; *Alias :* Parti d'argent, à la faſce engrêlée d'azur, chargée de deux fleurs de lys d'or, & d'or au palmier de ſinople.

Supports : Deux palmiers.

Cachet de 1783 (A S).

LA COURT DE MORVILLIERS, *à Bourg-Argental*, xvɪɪᵉ ſ.; *Orig. du Dauphiné :*

D'azur au pal d'argent, chargé de trois chevrons ren-verſés de ſable.

* COURTIN DE NEUFBOURG, *La Motte, Boiſſet, La Cour, Rilly, St-Vincent, Villechèze, Changy, Riorges*, xvɪɪᵉ & xvɪɪɪᵉ ſ. :

D'azur à trois croiſſants d'or, quelquefois écartelé de gueules à un lion d'or, accompagné de trois roſes d'argent.

Cachet de 1768 avec l'écartelure, peint à Charlieu.

* COURTOIS D'ARCOLLIÈRES, *Le Soleillant (Ver-rières)*, xvɪɪᵉ ſ. ; *Orig. de Savoie :*

Un d'Arcolières releva deux fois, à la bataille de Pavie, le roi François Iᵉʳ, tombé de cheval, & en obtint la conceſſion des armes ſuivantes :

De gueules à une épée en pal d'argent, accoſtée de deux fleurs de lys d'or.

Deviſe : *Obſervatum quandoque lilium.*

Peint & ſculpté au Soleillant.

Les armes anciennes étaient d'or au griffon de gueules.

DE COUTANCE, *La Curée, rôles de 1691* :

> D'azur à deux faſces d'argent, accompagnées de trois beſants d'or (D H) entre les faſces.
> Deviſe : *Conſtantia, juſtitia & fidelitas.*

DE COUVISSON, *Alliance de Papon,* XVIIᵉ ſ. :

> D'or à un arbre terraſſé de ſinople du même (A G).

COZON, *Bayard, Le Cluzel,* XVIIᵉ & XVIIIᵉ ſ. :

> De gueules au chevron d'or, accompagné de trois hures de ſable.

DE CREMEAUX, *V. Vernin* :

DU CREULX, *La Merlée, La Roche,* XVIIᵉ ſ. :

> De gueules à trois coupes d'or.

DU CROC, *St-Polgue, La Goutte, la Bouterefſe, du* XVIᵉ *au* XVIIIᵉ ſ. :

> D'or à deux faſces de ſinople.

SAINTE-CROIX, *Ancienne Chartreuſe, près Pavezin* :

> D'azur à la croix dentelée d'argent, cantonnée aux 1ᵉʳ & 4ᵉ d'une fleur de lys d'or, aux 2ᵉ & 3ᵉ d'une étoile d'or.
>
> Sculpté à Ste-Croix.

CROPPET, *St-Romain, Bagnols, Marzé,* XVIIIᵉ ſ. ; *à Montbriſon,* XVIIᵉ ſ. :

> D'or au chevron de gueules, accompagné de trois quintes-feuilles d'azur, au chef d'azur, chargé de trois croiſettes de ſable.
> *Alias* d'or à trois quintes-feuilles d'azur.

DE CROS, *Currèze, Le Fornel, Grezieu, du* XIVᵉ *au* XVIIᵉ *ſ. :*

D'azur à trois chevrons d'or, accompagnés de trois coquilles du même.

> Géraud de Cros, en Auvergne, portait un ſceau chevronné en 1280 (I S).

DU CROS-MONTMARS, *Goutelas, Marcoux,* XVIIIᵉ *ſ. :*

D'argent à la roſe de gueules tigée & feuillée de ſinople. *Alias* écartelé au 1ᵉʳ comme ci-deſſus ; *Alias* de ſinople à une levrette courante d'argent, ſurmontée d'un croiſſant du même, au 2ᵉ d'azur à une couronne à l'antique d'or, au 3ᵉ d'azur, au croiſſant d'argent ſurmonté d'un cœur du même, au chef d'argent ; *Alias* d... au cœur d..., au chef d..., chargé d'un croiſſant d..., au 4ᵉ d'azur au ſautoir aléſé d'or, & ſur le premier blaſon ou celui de Papon.

Supports : Une aigle & un Hercule.

> Cachets ; Argenterie.

DU CROZET, *à Cezay,* XIVᵉ *ſ. :*

D'azur à une vache paſſant d'or & un lambel de trois pendants de gueules (A S).

DU CROZET, *Grenieu,* XVᵉ *ſ. :*

Echiqueté d'or & d'azur.

> Anciennement ſur un vitrail de l'égliſe Notre-Dame de Montbriſon.

DE CRUÈS OU CRUEL, *Guill. de Cruel, du diocèſe de Belley, prévôt de Néronde & de Balbigny, 1347 :*

D'or au pal de gueules chargé de trois croiſettes d'argent (D H).

DE CUBLIZE, *en Forez & en Velay,* XIVᵉ *ſ. :*

De gueules à une tour d'argent adextrée d'une fleur de lys d'or & feneſtrée d'une étoile du même, à la bordure de ſable ſemée de fleurs de lys d'or & liſerée d'argent (R).

De CUCURIEUX, *Monthermé, Peſſelay,* xive & xve ſ. :

D'or au chef de gueules chargé d'une onde d'or ; *Alias* de gueules au chef d'argent chargé d'une onde d'azur.
Supports : Une aigle & un lion.

Anciennement fculpté à Cucurieux.

De CURNIEU, *V. Mathevon.*

* De CURRÈZE ou CURRAIZE, *V. Goulard.*

De CURRÈZE, *La Broſſe,* xiiie & xive ſ. :

D'or à trois marmites de fable.

Sculpté fur une tombe à Chandieu, avec une bordure den-telée dans les écartelures des Lévis-Coufan.

Du CURTIAL, *à la Tour-en-Jarez,* xviie ſ. :

D'azur à un cœur d'or, accompagné de trois croiſſants d'argent (A G, art. *St-Prieſt.*)

De CUSSAC, *à Cervières,* xive ſ. ; *Noms féodaux, & en Auvergne* :

D... à l'écuſſon d...
Sceau de 1282 (I S).

De CUZIEU, *V. Denis.*

De CYBÉRAND, *Boyé, Jarnoſſe,* xvie & xviie ſ. :

D'azur à trois fallots d'or allumés de gueules ; *Alias* d'or à trois fallots d'azur (R).

Sculpté à Boyé.

* De SAINT-CYR, *V. Thomé.*

DAGONNEAU, *à Charlieu,* XVIIe *f., & en Bourgogne :*

D'azur au chevron d'argent, accompagné de trois rofes du même (R).

DAGUES :

D... à deux dagues ou épées croifées, cantonnées de trois grenades d... tigées d... une de chaque côté et une en pointe.

Sceau du XVe f. trouvé en Forez.

DALLIER, *à Bourg-Argental,* XVIIe *f. :*

D'azur à trois molettes d'or (A G) ; *Alias* d'argent au lion de fable (A G) ou de gueules (A S).

DALLIER DE BELLECROIX, *Un prévôt général de la province, au* XVIIe *f. :*

Ecartelé d'azur à la croix ancrée d'or, & de gueules au lion d'argent (A S).

DALMAIS, *Chazelles-fur-Lavieu, Curnieu,* XVIe *&* XVIIe *f. :*

D'azur au chevron d'or, accompagné en chef de deux étoiles du même & en pointe d'un croiffant d'argent, au chef coufu de gueules, chargé de deux rofes d'argent tigées du même (A G).

* DAMAS « DALMATII », *Couzan, Sauvain, Durbize, Boën, Beaucreſſon, Le Rouſſet, Aiguilly, St-Bonnet-des-Carts, Saint-Riran, Colombettes, Nervieu, St-Haon en partie, Lavieu, Gumières, Rontalon, St-Héand, Roanne, les deux Chalain, &c., du* XIᵉ *au* XVIIIᵉ *ſ.* :

> D'or à la croix ancrée de gueules.
>
> > Sculpté à Couzan, Sauvain, Chalain, Montbriſon, &c. ; ſceau équeſtre, ſceaux armoriés.
>
> Supports : Deux lions, deux griffons, deux ſauvages.
> Deviſe : *Et fortis & fidelis.*
> Cimier : Une tête de taureau dans un vol banneret, une tête de loup, &c.
> Les briſures ont varié ſuivant les branches.

DARD, *à St-Etienne,* XVIIᵉ *ſ.* :

> D'argent à trois œillets de gueules, au franc canton d'azur chargé de deux faſces ondées & abaiſſées d'or (A G).

* DARESTE, *Aveize, Chazelles-ſur-Lyon, La Chapelle, Le Blanc, Le Mas, Pitaval, La Chèvre, La Chavanne,* XVIIIᵉ *ſ.* :

> D'azur à un chevron accompagné en pointe d'un phénix regardant un ſoleil mouvant du franc-canton, le tout d'or.
>
> > L'A G donne le champ de gueules & le chevron d'argent.

DARNEZIN ᴅᴜ ROUSSET, *à Roanne,* XVIIIᵉ *ſ.* :

> D'azur au cep de vigne d'or, appuyé du même ſur une terraſſe de ſinople, & accoſté de deux fers de lance d'argent (A G).
> *Alias* d'azur à deux maſſes d'armes d'argent en ſautoir, accompagnées d'une étoile d'or en chef & de trois croiſſants, 2 & 1.

DAUDIEU, *Chambœuf*, xviiᵉ & xviiiᵉ ſ. :

    D'azur à trois étoiles d'or, au chef couſu de gueules, chargé d'un ſoleil d'or (A G).

DAUPHIN DE VERNAS, *Orig. du Dauphiné* :

    D'azur à la bande d'or, chargée d'un dauphin ſurmonté d'une étoile de gueules.

DAURELLE, *V. D'Aurelle.*

DAVID, *La Maiſon-Fort de Marclopt, Pravieux*, xviiiᵉ ſ. ; *Orig. de St-Rambert* :

    D'azur à une harpe d'argent, au chef couſu de gueules, chargé de trois étoiles d'or (A G). *Alias* d'argent à une harpe de gueules, au chef d'azur, &c. (La Tour-Varan).

DEBOURG, *en Roannais*, xviiiᵉ ſ. :

    D'argent au chevron d'azur, accompagné de trois cignes d...

    Cachet du xviiiᵉ ſ. (A S).

LE DÉCHAUX, *La Boironne (Malleval)*, xivᵉ ſ. ; *Orig. de Breſſe* :

    Faſcé d'or & de gueules (A S).

DEGRAIX, *à St-Chamond*, xviiᵉ & xviiiᵉ ſ. :

    D'argent à une tour de ſable, accoſtée de deux boute-roues du même, & terraſſée de ſinople, au chef d'azur chargé d'un ſoleil d'or.

DELANDINE DE SAINT-ESPRIT, *à Néronde*, xviiᵉ & xviiiᵉ ſ. :

    De gueules au chevron d'argent, accompagné de trois roſes du même ; *Alias* d'azur au chevron d'or accompagné en chef de deux étoiles d'argent (A G, *art. Landine*).

* DELAROA, *Du Poyet, Du Buiſſon,* xviie & xviiie ſ. ; *Orig. de St-Victor-ſur-Loire :*

> D'argent à une roue de ſable ſurmontée de trois étoiles rangées du même, quelquefois accompagnée en pointe d'un croiſſant d...

DELORME, *All. Bouchetal,* xviiie ſ. :

> D'argent au chevron de gueules, accompagné en chef de trois étoiles d'azur & en pointe d'un arbre de ſinople.
> Argenterie.

DELOSME, *à Sury-le-Comtal,* xviie & xviiie ſ. :

> D... au ſautoir d..., chargé de neuf beſants d...
> Cachet du xviie ſ.

DELOSME, *à Roanne,* xviie ſ. :

> De gueules à deux chevrons d'or, accompagnés de trois roſes d'argent, celle de la pointe tigée (A G).

DENYS DE CAZENEUVE, *à St-Germain-Laval, Alliance de Chambaran ; Orig. du Dauphiné :*

> D'azur à la bande d'argent chargée de trois cœurs de gueules (A D).

DENYS, *Cuzieu, Unias,* xviiie ſ. ; & *en Lyonnais :*

> D'azur à la bande d'argent chargée de trois écreviſſes de gueules, le champ ſemé en chef d'étoiles d'or & en pointe de beſants d'argent.
> Sculpté à Unias ; *ex libris* du xviiie ſ.

DERVIEU DE VILLIEU :

> D'azur à l'aigle d'argent, au chef de même, chargé de trois mouchetures d'hermines.
> Cachet de 1735.

DERVIEU, *La Chance,* xviiie ſ. :

> D'argent au chevron de ſable, enlacé en chef d'un croiſ-ſant du même, accompagné en pointe de trois étoiles mal ordonnées d'azur, au chef de gueules.

DESCHAL, *à Noirétable*, XVIIe f. :

> D'argent à un oifeau de paradis volant en fafce, accompagné de trois aigles s'efforant de gueules (A G).

DESCHAMPS, *Gaudinière, à Crozet ; Arrière-ban, 1689* :

> D'azur à trois bourdons rangés en pal d'or, chargés chacun d'une coquille de gueules.

* DESCRIVIEUX, *au Chambon*, XVIIe f. ; *Orig. de Breffe* :

> D'argent au chevron de fable.

DESHAYES, *à St-Etienne* :

> D'azur au chevron d'or, au chef coufu de gueules, chargé d'une étoile d'argent (A G, *art. Duon*).

DESGOUTTES, *V. Cognet.*

DESGRANDS, *à St-Chamond*, XVIIe & XVIIIe f. :

> D'azur au chevron d'or, accompagné en chef de deux étoiles du même & un pin arraché de finople, brochant fur le tout (A G, *au mot des Grands*).
>
> *Alias* d'or à un chardon au naturel, tigé & feuillé de finople, accompagné en chef de deux dauphins adoffés d'azur & en pointe d'un croiffant de gueules (A G).

DESGRANGES, *à St-Chamond (rôles 1760), & à Lyon* :

> D'azur à trois épis de blé d'or, furmontés d'un foleil de même (A G).

DESPORTES, *En Jarez (rôles 1760), & à Lyon* :

> D'azur à une porte de ville ouverte d'argent, maçonnée de gueules & foutenue de trois dés d'argent, marqués de fable, rangés en pointe (A G).

* DESVERNAYS, *Viricelles, Montgaland*, XVIIIe f. :

> D'argent au verne (*aulne*), arraché de finople.

DESVERNEYS, *à St-Etienne :*

> D'or au bélier faillant de fable, onglé & accorné d'argent, accompagné de deux mouches de même (A G).

DEVILLE, *à St-Etienne :*

> D'azur à une ville d'or, maçonnée de fable.
> Devife : Et laiffez dire.

DEXTRE, *En Roannais,* xviie f. :

> D'or femé de rofes de gueules, au lion de fable ; *Alias* d'azur brochant.

DE SAINT-DIDIER, *du* xiiie *au* xve *f. ; Orig. de St-Didier-la-Seauve :*

> D'azur au lion d'argent, à la bordure de gueules, femé d'étoiles ; *Alias* de fleurs de lys d'or.
>
> Sceau de 1314 (A S, *Armorial de Berry*).

DIGNARON, *à St-Etienne :*

> D'argent au cerifier de finople fruité de gueules, fommé de deux oifeaux au naturel, affrontés, becquetant une *guigne* ou cerife du même (A G).

DE DIGOINE, *Le Palais, Bonvert, Aiguilly,* xviie *f. ; Orig. du Charollais :*

> Echiqueté d'argent & de fable.
> Tenants : Deux anges.

DIGON DE LERET, *Arrière-ban, 1545 :*

> D'azur femé d'étoiles d'argent, au guidon échancré d'or, mouvant d'une lance de même mife en pal (A A). Et plus anciennement : d'azur à trois étoiles d'or, à la bordure de gueules (G R).

DILBERT, *La Valencière*, XVIIᵉ f. :

D'azur au pélican d'or, au chef de gueules, chargé de trois befants d'argent (A G), & mieux : d'azur au phénix fur fon immortalité d'or, &c.

Sculpté à La Valencière, parti de Henri, 1651.

DODIEU, *Epercieu, Rivas*, XVIᵉ & XVIIᵉ f. ; *Orig. du Lyonnais* :

D'azur à la bande d'argent, accoftée de deux lions du même.

L'A G blafonne le champ de finople.

Sculpté à Epercieu, fur un grand écuffon écartelé de Talaru-Chalmazel & de Sève.

DOMINGON :

D'azur à une tour d'argent, furmontée à féneftre d'une tourelle pavillonnée du même.

Cachet du XVIIIᵉ f.

DONGUY D'ORIGNY, *Marchangy, Mably, Dinechin, La Douze, Malfaras, en Roannais*, XVIIᵉ & XVIIIᵉ f. :

De gueules à la fafce d'or, chargée de trois étoiles d'azur. *Alias* de gueules, à la fafce d'or accompagnée de trois aiglettes d'argent, celles du chef affrontées, celle de la pointe foutenue d'un croiffant d'argent (A G).

DONNET, *à Peluffin & Bourg-Argental*, XVIIᵉ f. :

D'azur à la bande d'or, accoftée en chef d'une rofe tigée & feuillée d'argent & en pointe d'une tour du même.

Devife perfonnelle de Mgr Donnet : *Ad finem fortiter, omnia fuaviter.*

DONZY, *à Roanne, 1697 ; de Néronde* :

De gueules à une colombe volant de front d'argent, becquée et membrée de gueules, au chef d'or chargé de trois étoiles de gueules (A G).

DORMANT, *à St-Etienne, 1697 :*

D'azur à une main d'or en fafce, accompagnée en chef de trois fautoirs fleuronnés & rangés du même (A G).

DORON, *à St-Bonnet-le-Château, XVIᵉ f. :*

D... à un cœur d..., furmonté de deux befants d... & une étoile d... en chef.

> Sculpté fur une tombe du XVIᵉ f., dans l'églife de Saint-Bonnet-le-Château.

DE DRÉE, *en Roannais, XIXᵉ f. ; Orig. de Bourgogne :*

De gueules à cinq merlettes d'argent, pofées en fautoir, anciennement 2, 2 & 1. Supports : Deux griffons.

DE DREUX, *Perreux, Roanne, XIIIᵉ f. ; Orig. de Bretagne :*

Echiqueté d'or & d'azur, à la bordure de gueules, au franc quartier d'hermines.

DRIVON, *La Boari, la Bruyère, à Montbrifon, XVIIᵉ f., & à Lyon :*

De gueules au chevron d'or, accompagné de deux étoiles & d'un croiffant d'argent (A S).

DROGUE, *à St-Bonnet-le-Château, XVIIᵉ f. :*

D... à une palme d..., foutenue d'un croiffant d... & accoftée en chef de deux étoiles d... & en pointe des lettres A D.

> Tombe de 1625 environ, dans l'églife de Grézieu-le-Fromental.

DROSSANGES DU FIEU, *à Tiranges & Bas-en-Baffet, du XVᵉ au XVIIᵉ f. :*

De gueules à la tour crénelée d'argent, maçonnée de fable, accoftée de fix fleurs de lys d'or. *Alias* d'or à la tour de fable, femée de fleurs de lys d'or.

DROUET, *en Roannais :*

De finople au pal d'argent (A G).

DROULLIN DE MENILGLAIZE, *Malleval*, xviiie f. ; *Orig. de Normandie :*

> D'argent au chevron de gueules, accompagné de trois quintes-feuilles de finople.

DUBOIS, *en Roannais & Beaujolais :*

> D'azur au chevron d'argent, accompagné de trois trèfles d'or (A G).

DUBOIS, *à St-Etienne*, xviie f. :

> D'argent à une forêt de finople (A G, *au mot Joannard*).

DUBOST, *V. Du Boft.*

DUBUY, *à Charlieu*, xviie f. :

> D'azur à un arbre de buis d'or (A G).

DUBY, *à Montbrifon*, xviie & xviiie f. :

> D'or à trois buis de finople, terraffés du même, au chef de gueules, chargé de trois étoiles d'or (A G).

DUCHON, *à St-Etienne*, xviie & xviiie f. :

> D'azur au chevron d'or, accompagné en pointe d'un croiffant d'argent, pour une famille dauphinoife du même nom.

DUFAUX, xviie f. :

> D'azur à la faux d'argent (A G).

DUFOURNEL, *Peiffelay :*

> D'azur à la fafce d'argent, accompagnée de trois merlettes de même en chef, & d'un croiffant auffi d'argent en pointe.

* DUGAS, *la Catonnière, La Rey*, xviiie f. :

> Coupé au 1er de gueules, à deux épées en fautoir d'or, au 2e d'azur, à un arbre d'or, quelquefois terraffé de fable.

* DUGAS, *à St-Chamond*, XVIIe *f. ; même famille :*

D'azur à fix befants d'argent pofés 3, 2 & 1 (A G).

DUGAS DE BOIS-SAINT-JUST :

D'azur au fautoir ondé d'or, accompagné de quatre befants du même.

Supports : Deux lions.

* DUGUET, *Le Buillon (Chambéon)*, XVIIe & XVIIIe *f. :*

D'or au fautoir de fable, *alias* de gueules, chargé de cinq rofes d'argent.

Cachets du XVIIe f.

* DUGUET ou DUGUEYT, *en Jarez (rôles 1760) & en Lyonnais :*

Coupé au 1er d'argent à un geai au naturel, au 2e de fable à trois befants d'or (A G).

DULIEU, *Chenevoux, Néronde, Genouilly, Pravieux,* XVIIe & XVIIIe *f. :*

De fable à la fafce d'or accompagnée en chef d'un lion paffant & en pointe de trois rofes tigées du même. Ils écartelaient aux 1er et 4e, contr'écartelé aux 1er & 4e d'or au lion de gueules. *Alias* d'azur, au lion d'or, aux 2e et 3e pallé d'argent & d'azur de huit pièces. *Alias* de gueules à trois palmes d'or.

Ces variantes font indiquées d'après des monuments dans l'A S & dans la *Galerie de portraits foréziens.*

Supports : Deux lions.

DUMAREST DE LA VERNOUSE, XVIIe *f. :*

D'azur à un cygne fur un marais d'argent au chef du même. *Alias* d'or chargé de trois mouchetures d'hermines (A G).

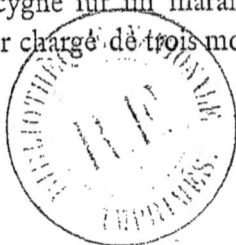

DUMAS DE L'ISLE, *en Roannais & Beaujolais,* xve *f. :*

>De finople à trois canettes d'or.

DUMONDÉ, *à Sury-le-Comtal,* xviie *& xviiie f. :*

>D'or à trois croix pattées d'azur, accompagnées en cœur d'une hirondelle au naturel, au chef de gueules, chargé de trois coquilles d'argent (A G, *article Mondey*).

DUMONT, *à Montbrifon,* xviie *& xviiie f. :*

>D'azur à un mont d'argent, furmonté de trois étoiles d'or.
>Cachet de 1746.

DUMONT, *à Chamelet :*

>D'argent à un mont de fable, accompagné de trois merlettes du même (A G).

DUMONTET-CERBUÉ, xviie *f. :*

>D'azur à une colombe d'argent fur un mont d'or (A G).

DUMOULIN DU BOST, *V. Du Boft.*

DUMYRAT DE VERT-PRÉ, *Bonvert, La Salle, Genouilly, Chanlon,* xviiie *f. :*

>D'argent à un arbre terraffé de finople, à un lion couché, la tête contournée d'or au chef d... chargé de trois étoiles.

DUON, *Roche-la-Molière,* xviie *f. :*

>D'argent à la bande de gueules (A G). *Alias* de gueules à la fafce d'or, accompagnée de trois cailloux d'argent.

DUPIN, *à Montarcher :*

>D'or à un pin arraché de finople, accofté de deux étoiles d'azur & foutenu d'un croiffant de même (A G).

DUPLEIX, *en Roannais,* xviiie *f. :*

>Ecartelé aux 1er & 4e d'azur, au chevron d'or, accompagné en chef de deux poiffons affrontés en fafce & en

pointe d'une étoile, le tout d'argent ; aux 2ᵉ & 3ᵉ de gueules, femé de carreaux d'or, chargés chacun d'une étoile d'azur (R).

DUPONT DE **DINESCHIN**, *Bonnefond, Liefme, Efgrivay à Charlieu, du* XIIIᵉ *au* XIXᵉ *f. :*

D'azur au pont d'or maçonné de fable, fur une rivière d..., furmonté d'un lion tenant une hache tournée vers un foleil mouvant du franc-canton, auffi d'or.

Sculpté à Charlieu.

Alias d'azur au pont d'argent, fur une rivière du même, furmonté d'un foleil d'or (A G).

DUPONT, *à St-Etienne (rôles 1760) & à Lyon :*

Pallé, contrepallé d'azur & d'or de dix pièces.

DUPRAT OU **DU PRAT** DE **BRABANÇON**, *La Garde,* XVIIIᵉ *f. :*

D'or à la fafce de fable, accompagnée de trois trèfles de finople.

DUPRÉ, *à St-Etienne,* XVIIᵉ *f. :*

De finople à quatre vaches d'or, cantonnées, & une molette du même, en abîme (A G).

DUPUIS « *de Puteo* », *à St-Bonnet-le-Château,* XVIᵉ *f. :*

D'azur au cœur d'argent, couronné d'or & trois befants d'argent rangés en pointe.

Sculpté dans l'églife de St-Bonnet, peint fur une cheminée.

DUPUY, *Les Claines ou Eclène.*

D'azur au chevron d'or, accompagné de deux molettes & d'un *puy* ou montagne du même.

DUPUY DE LA **MOTTE**, *Virigneu,* XVIᵉ *f. Suivant Guichenon, orig. de St-Galmier :*

D'azur au lion couronné d'or (R).

* DUPUY « *de Podio* », *de Quérézieu, L'Olme, Bullieu, Ronzières, Le Pontet*, XVIIᵉ & XVIIIᵉ ſ. :

D'argent à la bande de gueules (A G). — D'azur à deux plumes à écrire d'argent, poſées en faſce l'une ſur l'autre, au chef d... chargé d'un beſant entre deux croiſettes d...

> Cachet de 1682.

> Ce blaſon fut remplacé au XVIIIᵉ ſiècle par celui de l'article qui ſuit.

Supports : Deux anges.
Alias d... au puits d..., pour Dupuy de Ronzières.

> Argenterie.

DUPUY de FARGE, *Le Chatelard, La Magnière*, XVIIᵉ & XVIIIᵉ ſ. :

D'or à la bande de ſable chargée de trois roſes d'argent, au chef d'azur chargé de trois étoiles du champ ; *Alias* d'azur à la bande d'or chargée de trois roſes de gueules, au chef couſu d'azur à trois étoiles d'argent (A G).

> Sur un portrait de P. Dupuy, garde de la bibliothèque du Roi, on voit ſimplement une bande chargée de trois beſants, ſans chef. Aymard Du Puy, grand prieur d'Auvergne, en 1450, portait d'or à la bande de ſable chargée de trois roſes d'argent.

> Suivant La Mure, les Dupuy, du Roannais, portaient d... à trois étoiles à ſix rais flamboyants d... au chef d...

> Sculpté rue Fontenille, à Roanne.

DURAND, *Peſſelai* :

D'azur au cerf paſſant d'or, au chef couſu de gueules.

* DURAND, *Orig. de Chalmazel*, XVIᵉ ſ., & *à Montbriſon*, XVIIIᵉ ſ. :

D'azur à une montagne d'argent, d'où ſort à dextre un arbre d...

> Cachet de 1782 accolé de Chazellet.

DURAND :

D'azur à un rocher d'or, furmonté de trois étoiles du même & un chef coufu de gueules, chargé d'un foleil d'or (A G).

DURET, *en Roannais*, XVIᵉ *f.*, *& en Bourbonnais :*

D'azur au rocher d'or.

DURFORT, *en Forez, 1314* (*Noms féodaux*) :

D'argent à la bande d'azur. *Alias :* d'azur au lion d'argent (A M).

DURY, *à St-Etienne*, XVIIᵉ *f. :*

D'argent à une gerbe de riz de finople, furmontée d'un duc de fable becqué & membré d'or.

DURY DE BEAUPRÉ, *à Charlieu*, XVIIIᵉ *f. :*

D'azur au chevron d'argent, accompagné de trois croiffants du même (R).

DUSSER, *à Montbrifon*, XVIIIᵉ *f. ; Orig. de Chalmazel :*

D'argent à deux ferres d'aigle de fable.

Cachet moderne.

DUTREUIL, *Alliance de Blachon :*

D'argent à une fafce vivrée d'azur, remplie d'or & accompagnée de trois croiffants tournés d'azur (A G).

DUTREUIL ou DUTREUIL DE RHINS :

D'azur au chevron d'argent, accompagné en chef d'un foleil d'or mouvant, du canton dextre & en pointe d'une aigle du même, tenant fon aiglon & tournée du côté du foleil.

L'ENCHAINÉ « *Incatenatus* », *à Chazelles-ſur-Lyon*, XIIIe ſ. :

> D... à l'aigle d... (Guichenon).

D'ENTRAIGUES, *La Pacaudière*, XIIIe ſ. :

> D'or au lion de gueules.

L'ESCALLE, *à St-Rambert*, XVIIe ſ. :

> De gueules à deux lévriers d'argent, affrontés & rampants contre une échelle d'or.
>
> Cachet de 1740.

ESCALIER, *la Vaurette*, XVIIIe ſ. :

> De ſable à un ſinge d'argent (A G. *Auv.*).

L'ESCHALLIER, *Vernoilles*, XVe ſ. :

> D'or au ſautoir de gueules.

D'ESCOTAY ou ECOTAY, *Précieu, Beauvoir, La Salle, du* XIIIe *au* XVe ſ. :

> D'argent au chef emmanché de trois pointes de ſable.
>
> V. Chauderon.

ESCOTAY ou ECOTAY, *la Pommière*, XVIIe ſ. :

> De ſinople au chef emmanché d'argent, à la bordure de gueules; *Alias* de ſable, au chef emmanché de trois pièces d'argent (A G).

D'ESCOUBLEAU DE SOURDIS, *Sury-le-Comtal,* XVIIᵉ ſ. :

Parti d'azur & de gueules, à une cotice d'or brochante.
Cimier : Un lévrier. Supports : Un lion & une licorne.

Cachets.

DES ESCURES, *à Montbriſon,* XVIIᵉ *&* XVIIIᵉ ſ. :

De ſinople à la croix ancrée d'argent, chargée en cœur
d'une étoile de ſable.

D'ESPINASSE, *Sury-le-Bois,* XVIIIᵉ ſ. :

D'or au lion couronné d'azur, écartelé au 2ᵉ d... à la
tour donjonnée de trois pièces d..., au 3ᵉ de gueules, à la
faſce d'argent accompagnée en pointe d'un loſange du
même, au 4ᵉ d... à trois molettes d... au chef d... chargé
d'un lévrier paſſant d...

Cachet de 1733. Ils écartelaient auſſi de Mortara.

DE L'ESPINASSE, *Saint-André, Saint-Léger, Villeret, Pouilly,
Riorges, Comières, Changy, &c., du* XIIIᵉ *au* XVIᵉ ſ. :

De gueules à la bande d'argent, pour les ſeigneurs de
Changy.

D'argent à la bande de ſable (G R), pour les ſeigneurs
de Thoury.

D... à une faſce papelonnée d... & d..., pour les ſeigneurs de St-André.

On leur donne ſouvent le blaſon faſcé des Thélis-Les-
pinaſſe.

ESPINCHAL, *St-Marcellin, Le Verney, La Roue, Villeneuve.
(Rôles de 1691)* :

D'azur au griffon d'or, accompagné de trois épis de blé
du même.

D'ESSERTINES, *en Roannais & en Beaujolais* :

D'azur à la bande d'argent.

D'ESSERTINES DE CRAINTILLIEU, *La Vaurette,*
Charbonnières :

> D... au faucon empiétant une colombe d...
>
> Sceau de 1267, (A S).

D'ESTAING, *Poncins,* xve f. :

> De France au chef d'or.

ESTIVAL, *La Garde,* xviiie f., & à *Lyon :*

> De gueules à deux rameaux en fautoir d'argent, au chef
> du même, chargé de trois moucheures d'hermines ; *Alias*
> d'argent, à deux branches de finople paffées en fautoir
> & furmontées de trois étoiles d'azur rangées en chef ; *Alias*
> de trois moucheures d'hermines (A G) ; *Alias* d'argent
> au chevron d'azur, au chef du même, chargé de deux
> étoiles d'argent.
>
> Cachet de 1719.

DE L'ESTOUF, *Pradines, Naux,* xvie f. :

> D'or à deux chevrons de fable & un lambel de trois
> pendants de gueules, écartelé de Pradines.

SAINT-ÉTIENNE, *Ville :*

> D'azur à deux palmes en fautoir d'or, cantonnées d'une
> couronne fermée & de trois croifettes du même.

Id.   *Corporation des Maîtres-Chirurgiens :*

> D'azur à un St Côme & un St Damien d'or (A G).
>
> Autre : D'or à l'aigle éployée, ou à deux têtes, d...
> accompagnée en chef de deux boîtes fermées d... & en
> pointe d'une (mouche ?) d...
>
> Devife dans une banderolle : *Confilio manuque.* Exer-
> gue : *Sigillum chirurgicorum fancti Stephani.*
>
> Sceau au mufée du Puy-en-Velay.

Id.   *Corporation des Hôteliers :*

> D'azur à l'hôtellerie d'argent (A G).

SAINT-ÉTIENNE, *Couvent des Minimes :*

>D'azur au mot *charitas* d'or, en trois lignes, entouré d'un cercle rayonnant du même (A G).

Id. *Couvent des Urſulines :*

>D'azur à un lys au naturel, mouvant d'une touffe d'épines d'or (A G).

FALCONNET, *Saint-Gervais*, XVIIᵉ ſ. :

D'azur au pal d'argent, accoſté de quatre beſants de même.

Deviſe : *Dirigit & firmat* (A G, *article Quinſon*).

DE **FALETZ**, *à St-Martin-la-Plaine*, XIIIᵉ ſ. :

De gueules au ſautoir d'or.

DE LA **FARGE** OU LA **FORGE**, *un prieur de Montverdun en 1410* :

D.... à deux faſces d....

Tombe à Montverdun.

LA **FARGE** OU LA **FORGE**, *La Chaſſagne, Genetines*, XVᵉ & XVIᵉ ſ. :

D'argent à trois marteaux d'azur, à la bordure de gueules.

FARGES, *Montchervet*, XVIIᵉ ſ. :

Écartelé au 1ᵉʳ d'or à un if de ſinople, au 2ᵉ d'azur à un agneau d'argent, attaché à une colonne du même, au 3ᵉ d'azur au lion d'argent, au 4ᵉ de gueules à la cloche d'argent.

FAURE, *La Beynodière*, XVIIᵉ ſ. :

D'azur au chevron d'or, accompagné en pointe d'une tour d'argent maçonnée de ſable, au chef de gueules, chargé d'un léopard d'argent (A G 152).

FAURE, *à St-Etienne*, XVIIᵉ ſ. :

D'azur à une bande d'argent, enfilée de trois couronnes d'or.

> Ce ſont les armes d'une famille chevalereſque du Dauphiné.

FAURE, *à Montbriſon*, XVIIᵉ ſ. :

D'azur au chevron d'or, accompagné de trois pommes de pin renverſées du même.

FAURE, *à St-Etienne*, XVIIᵉ ſ. :

D'azur à un chameau d'or, portant deux ballots d'argent, liés de gueules & paſſant ſur une terraſſe de ſinople.

FAURE, *à St-Bonnet-le-Château*, XVIᵉ & XVIIᵉ ſ. :

D... à trois croiſettes d...

> Cachet avec les lettres : FAVRE... O. ARI.

LE FAURE, *à Noirétable*, XVIᵉ ſ. :

D'azur au chevron d'or, accompagné de trois étoiles du même.

DU FAURE OU DU FAVRÈS DE PRUNERIE, *Arrière-ban*, *1689* :

D'azur à trois chênes arrachés & rangés d'or ; *Alias* d'argent à trois pins rangés de ſinople.

FAURE, *Arrière-ban*, *1545*, *Roturiers ; Orig. de St-Didier-la-Seauve :*

D'azur au ſautoir d'argent.

DE FAUTRIÈRES, *en Forez,* XVIIe f. ; *Orig. du Charollais :*

D'argent au fautoir de fable, chargé de cinq coquilles d'or.

Supports : Deux lions. Cimier : Un lion iffant, tenant
une épée. Devife : Tendre & féal.

DE FAVERGES, *Chenevoux,* XVIe f. :

De gueules à trois chevrons d'argent.

FAVIER, *à Lezigneu,* XVIIe & XVIIIe f. :

D... à une fafce d..., accompagnée en chef de trois
rofes d... & en pointe de deux étoiles & d'un croiffant,
2 & 1.

Cachet de 1737.

FAVIER, *à Montbrifon,* XVIIe f. :

D'azur au chevron d'or, accompagné de trois coquilles
du même (A G 807).

FAVRE DE BERLIZE, *en Beaujolais :*

D'azur à la bande d'argent, chargée de trois croiffants
de gueules & accompagnée de deux lions d'argent (A S).

FAVRE, *à St-Paul-en-Jarez & Izieux (rôles de 1760) & à Lyon :*

De gueules au chevron furmonté d'une trangle d'or,
accompagné en pointe d'une colombe fur une terraffe
d'argent au chef du même, chargé de trois trèfles de
gueules (A S). *Alias* d'azur à la colombe d'argent fixant
à dextre une étoile d'or.

Cachets & deffins.

* DE FAY, *Virieu, Montchal, La Garde, Chavanay,* XVIe & XVIIe f.:

De gueules à la bande d'or, chargée d'une fouine
(*fayna* en patois) d'azur. Devife : Par toute voie chemine.

Cachet de 1719.

Les Fay-Virieu portaient : écartelé d'azur à la croix d'argent
& fafcé d'argent & d'azur au lion de gueules brochant ; fur le
tout de Fay.

DU FAY, *Bouthéon* :

> D'azur au chef pallé d'or & de gueules.
>

FAYARD, *à Lyon* :

> D'azur au hêtre ou fayard d'or, à dextre d'un croiffant d'argent & feneftré d'une étoile du même (A G).

*FAYE D'ESPEISSES, *Gatelier 1600, en Forez & en Lyonnais* :

> D'argent à la bande d'azur, chargée de trois têtes de licorne d'or.

FAYE-POLLIN DE CORNILLON, XVIIᵉ ſ. :

> Parti de gueules à trois fleurs de lis d'or & échiqueté d'argent & de fable.

DE LA FAYE, *V. l'Hermite.*

FAYET, *alliance de Tréméoles, 1661* :

> D.... au fayard d.... au chef d...., chargé d'une étoile d....

DU FAYET D'AUVERGNE, *un bailli de Forez, 1354* :

> D'azur à la tour d'argent, ajourée de fable, adextrée d'un croiffant & feneftrée d'une étoile d'or (A M).

FAYEUL DE LA GRUE, XVIIᵉ ſ. :

> D'argent au fayard ou hêtre, terraffé de finople, au chef d'azur.
>
> Sculpté à Pravieux, contre-parti à Sacconins; peint à St-Héand.

DE LA FEGE, *Claines, à Arconfat (rôles de 1691)* :

> D'or à trois arbres arrachés de finople (A G, 813).

DU FENOYL (*rôles des gentilshommes, 1689*) :

D'azur au taureau effrayé d'or, au chevron de gueules brochant.

Sculpté.

FERRIER, *Buſſières*, xviiie ſ. :

D'azur à trois fers de cheval d'argent.

DE FERRIÈRES, xve ſ. *& en Beaujolais* :

De gueules au ſautoir engrêlé d'or (LM).

FERRIOL, xviie ſ. *& en Velay :*

D'azur au chevron d'or, accompagné de deux roſes & d'un cœur du même, au chef couſu de gueules, chargé d'une étoile entre deux roſes d'argent.

Deſſin.

FERRIOL, *à Argental*, xviiie ſ. :

D'azur ſemé de roſes d'argent à une bande d'or, chargée de trois lionceaux de ſable.

FERRIOL, *à St-Etienne*, xviie ſ. :

D'argent à trois fers de pique d'azur, poſées 2 & 1, & 3 merlettes de gueules, poſées 1 & 2 (A G).

FERRUS DE PLANTIGNY, *Vendranges, Nulize, Cucurieux, St-Cyr-de-Favières*, xviiie ſ. :

D'azur à la tour d'argent ſur un mont d'or, ſurmontée d'une croiſette d'or, accompagnée d'un rameau & d'une palme de même mouvant de la tour en chevron renverſé.

FESSY :

Faſcé d'argent & de ſable de 6 pièces (A G).

III

FEUGEROLLES DE MONTMORT, *Abbeſſe de Beaulieu en Forez* :

> De gueules au dauphin d'or (A G).

FEUGEROLLES, *Baronnie* :

> D'azur à trois plantes de fougères d'or (A G).

FEURS, *Ville* :

> D'or à un pot de ſable enflammé de gueules.

DE FEURS, ANCIENNEMENT **FUERS**, *le Palais, du* XIIIᵉ *au* XVIᵉ ſ. :

> Loſangé d'or & de ſable.

DU FÈVRE, *à Firminy,* XVIIIᵉ ſ.

* **FIALIN** DE PERSIGNY, *comte, puis duc de P.; Orig. de Crémeaux* :

> D'argent à la bande d'azur, chargée de trois coquilles d'argent, écartelé actuellement aux 1 & 4 d'azur ſemé d'aigles de l'Empire d'or. Deviſe de M. le duc de P. : Je ſers.]

DE FIENNES-VERNAS (*arrière-ban, 1545*); *du Languedoc* :

> De gueules, au lion couronné d'or.

FILLET, *La Curée, Le Crozet, Tourzie, La Roche, La Salle, du* XIIIᵉ *au* XVIIᵉ ſ. :

> De gueules à cinq fuſées d'argent en bande.
> Cri : La Curée. Cimier : Figure de St-Jacques (G R).

DE LA FIN, *en Roannais ; & en Bourbonnais,* XVᵉ ſ. :

> D'argent à trois faſces de gueules, à la bordure engrêlée du même.
> > Sculpté à la Béniſſons-Dieu :
> Ecartelé aux 1ᵉʳ & 4ᵉ d... à trois chevrons d'hermines.
> > Et anciennement au cloître de Montbriſon :
> Ecartelé d... à cinq croiſettes d...

FISICAT, *Rochebaron*, xviiie *f. :*

> D'or au griffon de gueules tenant un écu d'azur à une fleur de lis d'or, à la bordure femée de France.
>
> Devife : *Res non verba.*
>
> La conceffion de la bordure eft de 1661, & celle du petit écu de 1665.

FLACHAT, *Apinac, St-Romain-en-Jarez, Chenevoux, La Varenne, Jas, Leniecq, La Roue, du* xive *au* xviiie *f. :*

> D'azur au chevron d'argent, accompagné de trois étoiles du même.
>
> Sculpté à La Varenne, avec un lambel.

FLACHAT, *à St-Bonnet-les-Oules*, xviie *f. :*

> D'azur au lion d'or tenant une flèche de gueules, armée & empennée d'argent ; *Alias* : Une pique d'argent futée d'or.

* **FLACHAT**, *à St-Chamond*, xviie & xviiie *f. ; même famille :*

> D'azur à un char d'or fur une terraffe du même, furmonté d'un vent d'argent naiffant d'une nuée du même, à l'angle dextre du chef. L'A G met un temps au lieu de vent. (En patois *flat* fignifie fouffle.)

FLACHÈRES DE SEVERT, *à Montbrifon*, xviie *f. :*

> D'azur au lion d'or, au chef coufu de gueules, chargé de trois étoiles d'or (A G).

FLAMENC, *à Valeilles*, xiiie *f. ; Orig. du Limoufin :*

> De fable au lion d'or armé, lampaffé & couronné de gueules.

FLEURDELIS, *à Rive-de-Gier & à Lyon :*

> D'azur à l'aigle d'or, au chef coufu de gueules, chargé de deux têtes de léopard d'or (A S).
>
> L'armorial R donne ces armes fous le nom de *Tafchon de Fleurdelis.*

FLOTTE de REVEL, de NERVIEU, *Vaure-lès-Mont-brifon*, xive f. :

> Fafcé d'or & d'azur.

> Sceau de 1293 (I S).

> *Alias :* Lofangé d... & d... au chef d... chargé d'un lambel d...

> Sceau de 1292.

LA FONT d'EAUBONNE, *à Saint-Paul-en-Jarez*, xviie f. :

> D'azur à une fontaine jailliffante d'un baffin d'argent.
> Cachet accolé de Favre.

LA FONTAINE, *un Prieur de Couzan 1392 ; Orig. de Breffe :*

> D'azur à une croix denchée d'argent.

DE FONTANÈS, *Chemé, Maclas, La Valette, Le Buiffon*, xvie f. ; *branche des d'Urgel :*

> Écartelé d'argent & d'azur à la cotice de gueules brochante.

DE FONTANÈS, *en Jarez*, xiiie & xive f. :

> D.... au lion d....

> Sceau de 1276. (A. S).

* DE FONTANÈS, *V. Philibert & Larderet.*

DE LA FORÊT,

> D.... au chaudron d....

> Sceau de 1259.

DE LA FOREST, *en Roannais :*

> D'argent à trois cyprès de finople, terraffés de même (A G).

FOREST, *à Roanne :*

> D'azur à trois étoiles d'argent, au chef d'or chargé d'un lion léopardé de gueules (A G, 234).

9

LE FORESTIER DE VILLENEUVE, *à Montbrifon*, XIXᵉ *f.* ; *Orig. du Velay* :

> De fable à trois cors d'argent liés de gueules.
>
> Supports : Deux licornes.
>
> > Cachet du XVIIIᵉ f.
>
> Plus anciennement : D'argent à une forêt.
>
> > Vaiffelle gravée.

FOREZ, *ancienne province* :

> De gueules au Dauphin d'or.
>
> > Le comte Jean avait, dit La Mure, adopté finon pour blafon, au moins pour emblême, un écuffon de gueules, au chêne de finople, fruité d'or.
> >
> > Anciennement peint à Notre-Dame de Montbrifon.

DE LA FORGE :

> D'azur à la fafce d'or, accompagnée en chef de trois étoiles du même & en pointe d'un croiffant d'argent (A G).

DE LA FORGE, *en Forez*, XVᵉ *f.* :

> D'or à la hure de fanglier de fable, au chef de gueules, chargé de trois rofes d'argent, à la bordure d'azur chargée de huit fleurs de lys d'or.
>
> > Portrait gravé de Pierre Grégoire de la Forge.

DES FORGES, *à Sury-le-Comtal*, XVIIᵉ *f.* :

> D'or au cœur enflammé de gueules, au chef d'azur chargé de trois étoiles d'or (A G, 869).

*FORISSIER, *Champvert, à St-Galmier*, XVIIᵉ & XVIIIᵉ *f.* :

> D'argent à trois arbres terraffés de finople.
>
> > Cachets du XVIIIᵉ f.

DU FORNEL, *Le Soleillant, Le Roure, St-Juſt-lès-Velay,* XVIIᵉ & XVIIIᵉ ſ. :

> D'azur à un cerf d'argent courant ſur une terraſſe de ſinople.

> Sculpté au Soleillant.

> *Alias* d'or au cerf de gueules nageant dans une rivière d'argent.

> Cachet de 1780, accolé de Martinière.

> Supports : Un lion & un cygne.

DE FOUDRAS DE BAIGNAUX, *Contenſon, Le Pinet, Augerolles, Souternon, Ornaiſon, La Place, du* XIᵉ *au* XIXᵉ ſ. :

> Faſcé d'argent et d'azur.

> *Alias* d'azur à trois faſces d'argent.

> Deviſe : *Sunt mihi in cuſtodiam.*

> Supports : Deux anges en lévites.

FOUGEART D'AVEISE, *du* XVᵉ *au* XVIIᵉ ſ. :

> D'azur au char, acccompagné de trois étoiles d'argent.

FOUGÈRES D'OINGT, *en Roannais,* XIVᵉ ſ., *& en Beaujolais :*

> D'azur au chef loſangé d'or et de gueules, & plus anciennement : d... à une tige de fougère d....

DU FOUR, XIVᵉ ſ. (*Noms féodaux*), *& en Auvergne :*

> D'argent au chevron de ſable, accompagné de deux étoiles & d'un croiſſant de gueules.

DU FOURNEL, *Peſſelay,* XVIIIᵉ ſ. :

> De gueules au chef d'argent, chargé de trois bandes de ſable.

DU FOURNEL DE CHATILLON, *en Forez & en Beaujolais :*

> D'azur à la faſce d'argent, accompagnée de trois mer-

lettes, rangées en chef & en pointe d'un croissant, le tout d'argent.

FOURNIER ou **FORNIER** de **MONTAGNAC,** *Le Colombier,* xviiᵉ *f. ;*

D'azur au chevron d'argent, chargé de deux mouchetures d'hermines & accompagné de trois étoiles.

Alias : Molettes d'or.

FOURNILLON, *Butery, l'Espinasse, La Verpillière, Chervé, du* xviᵉ *au* xviiᵉ *f. :*

De gueules à la bande d'or, chargée de trois chardons de sinople, fleuris de pourpre.

FOVIN *:*

D'azur au chevron d'or, accompagné de trois roses à cinq feuilles d'argent (A G, 473).

FRANSCHESQUI, *à Charlieu,* xviiᵉ *f. :*

Coupé au un de sable à la bande d'argent, au deux d'azur au chevron accompagné en chef de deux pensées & en pointe d'une étoile, le tout d'or (R).

FRANÇOIS, *Tortorel,* xviiiᵉ *f. ; Orig. de Paris :*

D'azur au bras de carnation, sortant du côté fenestre de l'écu, tenant des balances d'argent (A G, 315).

DES FRANÇOIS, *à Bourg-Argental,* xviiiᵉ *f., & en Vivarais :*

D'azur au sautoir d'or, au chef d'argent chargé de trois étoiles d'azur.

Cachet du xviiᵉ f.

DE LA FRASSE DE SENAS, *Sury-le-Comtal,* xviiᵉ & xviiiᵉ *f. :*

D'or au chevron de gueules, accompagné en pointe d'un

lion iſſant du même, au chef d'azur, chargé de trois étoiles d'or.

> Sculpté au château de Sury. Quelquefois écartelé de Perrichon.
>
> Cachets de 1743.

DE FREDEVILLE, *à Saint-Germain-Laval*, XIVᵉ ſ. :

D'argent à la croix engrêlée de gueules.

Alias d'or à la croix denchée de gueules (R).

FROGET ou FORGET, *Noally*, XVIIIᵉ ſ. :

D'azur au chevron d'or, accompagné de trois coquilles de même.

Cimier : Une coquille.

FROTTON, *La Sablière, Albuzy, Landuzière*, XVIIᵉ & XVIIIᵉ ſ. :

D'argent à trois faſces de gueules, accompagné de trois étoiles du même.

FRUCTUS, *à Montbriſon*, XVIᵉ ſ. :

D'azur à une corne d'abondance d'or.

FUZEAUD, & *à Lyon* :

D.... à trois fuſeaux rangés d...., celui du milieu ſoutenu d'un croiſſant & ſurmonté d'une étoile d....

> Cachet de 1768.

GABRION, *L'Argentière*, xviie & xviiie ſ_s :

    D'argent au lion de ſable & un orle de trêfles de ſinople.

GACON, *en Roannais & en Jarez*, xvie ſ. ; & à Lyon :

    D'azur au mouton ſautant d'argent (A G).

GADAGNE, *Bouthéon, St-Galmier, Virigneu, Marclop, Périgneu, Le Poyet*, xvie ſ. ; *Orig. de Florence* :

    De gueules à la croix dentelée d'or.

    Support : Un dragon.

    Alias : Deux anges. Cimier : Une tête de licorne. *Alias :* Un buſte de ſauvage. Deviſe : *Exaltabitur.*

        Sculpté à Bouthéon. Peinture ſur des preuves de nobleſſe.

GALLET DE MONTDRAGON, *St-Chamond, La Valla*, xviiie ſ. ; *Orig. du Dauphiné :*

    D'azur au chevron d'or, accompagné de trois étoiles du même, au chef d'argent, chargé de trois trêfles de ſinople.

GALLOIS DE LA TOUR, *Durbiſe ; Rôles 1691 ; Orig. du Bourbonnais* :

    De ſable au ſautoir d'or (A B).

GANANT ou GUÉNANT des BORDES, *en Forez*, xive *f.:*

D.... à la fafce fufelée d....

Sceau de 1321.

GANGNÈRES ou GAGNÈRES de SOUVIGNY, *Viricelles. Rôles 1691.*

D'azur à trois befants d'or.

Cachets.

GANDIN, *à St-Chamond*, xviie *f.*

D'azur au gant de fauconnier d'or, couché en chef & un daim d'argent paffant en pointe fur une terraffe de finople (A G).

GANIEN ou GANIEU, *Foris, à Montbrifon*, xvie *f.*

D.... au chevron d...., accompagné de trois étoiles d...., au chef d...., chargé de cinq lofanges & deux demi d....

Ex-libris à la plume de 1560.

GANTIN, *à Montbrifon*, xviie *f. :*

D'argent au gant dextre de gueules pofé en pal, foutenu de deux branches de laurier de finople paffées en fautoir par le bas, fleuries de gueules, au chef de gueules chargé de deux étoiles d'or (A G).

LA GARDE, *Genetines*, xive *f. :*

D'argent à trois chevrons de gueules (G R).

LA GARDE-MARZAC, *en Roannais*, xvie *f. ; Orig. du Ma-connais :*

Echiqueté d'or & de gueules.

LA GARDE, *Alliance de Tréméolles, de Barges, en 1525 :*

D.... à la tour crenelée et ouverte d.... au chef d....

Peint à St-Héand.

DE LA GARDETTE, *à Roanne*, xvᵉ *f., & en Auvergne :*

De gueules à la bande compofée d'argent et d'azur de fix pièces, & fix étoiles d'argent en orle.

GARNIER, *en Jarez*, xvⁱⁱᵉ *f. :*

D'argent au héron de fable tenant une boule de gueules (A G).

GASPARD , *Le Breuil, Le Buiffon*, xvⁱᵉ *f. :*

D'azur au chevron d'or, accompagné de trois étoiles du même ; *Alias* au chef d'or; *Alias* d'argent, au chef d'or chargé de trois bandes de gueules.

Alliance de Damas, Baronnat.

GASTE, anciennement GASTON ET GASTONNET, *Luppé, St-Julien-Molin-Molette, l'Aubépin*, xvᵉ & xvⁱᵉ *f.*

Parti au premier d'or, au deuxième d'azur, à trois fafces coufues de gueules ou de pourpre. Les feigneurs de l'Aubépin, au xvⁱᵉ fiècle : d'or, parti d'or à trois fafces d'azur.

Sculpté à St-Julien.

Alias de pourpre, à deux fafces coufues d'azur (R).

GAUDIN, *Jas, Feurs*, xvⁱⁱⁱᵉ *f. :*

D'argent au rofier de finople à trois rofes de gueules, mouvant d'un croiffant d'azur & accompagné de trois étoiles du même.

GAULNE ou GAUNE, *à Montbrifon*, xvⁱⁱᵉ *f. :*

D'azur à deux plumes à écrire d'argent en fautoir, accompagnées de quatre mondes d'or (A G).

GAULNE, *Rullion, La Fayolle, La Chapelle*, xvⁱⁱᵉ & xvⁱⁱⁱᵉ *f.*

D'azur au chevron d'or, accompagné de trois têtes de lion, arrachées du même, lampaffées de gueules. *Alias* d'azur au chevron d'or, accompagné de trois molettes du même, celle de la pointe foutenue d'un fautoir alaifé d'or.

GAULTIER DE SENAS (*Rôles 1760*) :

D'azur au chevron d'or, accompagné en pointe d'une rofe tigée de même, au chef de gueules, chargé d'une aigle naiffante d'argent (A G).

GAULTIER, *à St-Etienne, même famille* :

D'azur à la fafce d'or, chargée d'un lion de gueules (A G).

GAUTHIER, *autre famille ; & à Lyon* :

D'azur au chevron d'or, accompagné de trois coqs du même (A G).

GAUTHIER, *à Bourg-Argental*, XVIIe f. :

De gueules à trois quinte-feuilles d'argent (A G).

GAY DE MARZÉ, *en Roannais, & en Beaujolais* :

D'azur à une fafce ondée d'or.

GAYANT, *Jarnoffe, en Roannais*, XVIe f. :

D'azur à quatre lofanges, mis en lofange d'argent.

> Sculpté à Jarnoffe.

GAYARDON, *Grézolles, Tiranges, Chaumont, Montagnac, Buf-fardans, Luré, Le Fornier, Boiffet-lès-Tiranges*, du XVIe au XVIIIe f. :

D'azur au lion d'or, accompagné de trois befants du même. Tenants : Deux fauvages.

> Sculpté à Leigneu avec diverfes écartelures ; Cachets du XVIIIe f.

Tenants : Deux fauvages.

Devife : *Vincit leo de tribu Juda.*

L'A G donne au mòt Grefolles : De gueules à trois bourdons d'or pofés en pal, 2 & 1.

GAYON, *Jofferand, en Roannais,* XVIIe f. :

> De gueules au chevron d'or, accompagné en chef de deux étoiles ; *Alias :* Deux rofes, & en pointe d'un lion léopardé d'argent (A G).

GAYOT, *de la Buffière, du* XVIe *au* XVIIe *f. ; Orig. de Bologne, en Italie :*

> D'or à la bande d'azur, chargée de trois étoiles d'or, & accompagnée de deux trèfles de finople.

GAYOT, *de Pitaval, la Rajaffe, Pizey,* XVIIe f. ; *même famille :*

> D'or femé de trèfles de finople ; *Alias :* D'azur femé de trèfles d'or ; *Alias :* Tranché d'argent & de finople à trois trèfles de l'un en l'autre, pofé en bande fur le tranché ; *Alias :* Parti d'argent et de finople à un chevron de l'un en l'autre, accompagné de trois trèfles, auffi de l'un en l'autre.
>> Le premier blafon, fculpté à la Rajaffe ; les autres pris fur de nombreux cachets.

DE GAZELLES, *de Malgontier, à Palharez :*

> D'or à la fafce d'azur, accompagnée de trois étoiles du même (A G).

GELAS *en Forez,* XVIIe f. :

> D'or au pal de gueules, chargé de trois croifettes d'argent & foutenu de deux lions d'azur (A S).

*GENIER, *Les Perrichons, Treciffes, Le Sauvage (Montbrifon),* XVIIIe f. :

> D'azur au chevron d'or, accompagné de deux étoiles du même & d'un lion d'argent.
>> Cachets de 1752, écartelé de du Boft-Boifvert ; de 1754, accolé à du Rozier, &c.

LE GENDRE, *à St-Etienne,* XVIIe f. :

> D'azur à la fafce d'argent, accompagnée de deux étoiles d'or & d'un chien courant d'argent.

DE GENESTET DE NERESTANG, *Aurec, St-Didier-la-Seauve, St-Pal-en-Chalancon*, XVIII⁰ ſ. :

D'azur au cœur d'or, ailé d'argent.

GENET, *Foris*, XVIII⁰ ſ. :

D'argent au genêt terraſſé de ſinople, au chef échiqueté d'or & de ſable de deux traits, ſoutenu de gueules (A G).

DE GENETINES, *Charbonnières*, XIV⁰ ſ. ; *& en Bourbonnais* :

D'argent à trois aiglettes de ſable (G R).

GENEVRIER :

D'or à trois genevriers de ſinople.

GENTIALON, *Chatelus*, XVII⁰ ſ. :

D.... au coq d..., accompagné en chef de trois étoiles, mal ordonnées d....

Cachet de 17..

GEOFFROY, *à Montbriſon*, XVI⁰ ſ., *& à Lyon* :

D.... à deux étoiles & un cœur d... .(A S) ; *Alias* d'or à un geai au naturel, accompagné en chef de deux plumes de paon du même, & en pointe de deux roſes de gueules mouvantes d'une même tige de ſinople (A G).

DE SAINT - GEORGES, *Arcinges, St-André d'Apchon*, XVIII⁰ ſ. :

D'or, *Alias* d'argent à la croix de gueules.

Supports : Deux Sirènes ;
Deviſe : *Nititur per ardua virtus.*

Sculpté & peint dans l'égliſe de St-André d'Apchon, accolé de gueules au chevron d'or.

GERBAS, *à Chavanay* :

D'azur à une gerbe d'or, ſurmontée de deux étoiles du même & ſoutenu d'un croiſſant d'argent (A G).

* GERENTET, *La Varenne*, XVIIIe *f. ; Orig. de Breſſe* :

D'azur à la croix ancrée d'or (A G).

* GERENTET, *Salunaux, Barnier, Leſchaux*, XVIIe & XVIIIe *f. ;*
même famille :

D'azur au chevron d'or, accompagné de trois étoiles à
huit raies du même (A G). *Alias* d'azur à la croix fourchée d...., accompagnée de deux étoiles & d'un croiſſant.

Cachets du XVIIIe f.

* GEREST, *à St-Etienne*, XVIIe *f.* :

D'argent à un geai au naturel, accompagné de trois
étoiles à ſix raies de gueules (A G).

SAINT-GERMAIN D'APCHON, *Chenereilles, Montrond, Roche-*
taillée, Veauche :

De gueules à la faſce d'argent, accompagnée de ſix
merlettes du même.

Sceau de 1314.

GILBERT DES VOISINS, *St-Prieſt, St-Etienne-de-Furans*,
XVIIIe *f.* :

D'azur à la croix denchée d'argent, cantonnée de quatre
croiſſants d'or.

Sculpté à Tardy, près St-Etienne.

GILBERT, *en Jarez*, XIIIe & XIVe *f. ; & en Vivarais* :

D.... fretté d..., au chef d.... chargé d'un lion iſſant
d....

Sceau de 1273.

DE GILBERTEZ, *Le Lac (Les Salles), à Cervières & à Roanne*,
XVIIIe *f. ; Orig. d'Auvergne* :

D'azur à la faſce d'argent ; *Alias :* D'argent à la faſce d'azur.

Cachet de 1787.

GILFAUT, *alliance de du Rofier* :

De gueules au faucon (gerfault) d'or, grilleté d'argent & longé de gueules (A G).

GIMEL DU COLOMBIER :

Coupé au 1er d'azur à une étoile d'argent, au 2e d'argent à une croix longue de fable, accoftée de deux têtes de maures du même, furmontée d'une trangle de gueules ; *Alias* : D'azur à une trangle d'or, furmontée d'une étoile d'argent, au 2e d'argent, à un trêfle de finople, accofté de deux têtes de maure de fable, tortillées d'argent, & une fafce de gueules fur le coupé.

GIRARD, *Vaugirard, Colombettes, St-Georges, Tréciffes, Grandris, Beauvoir*, XVIIe & XVIIIe f. :

D'azur à trois épis de maïs d'or, au chef coufu de gueules, chargé de trois rofes d'argent. Les épis tantôt rangés, tantôt pofés 2 & 1. Supports : Deux anges. Devife : *Spes alterius vitæ*. Autre : *Flores honoris fructus mei*. Autre : On n'a rien fans peine.

> Sculpté à Montbrifon, Vaugirard, Grandris, La Chaife, Pramol, &c.

GIRARD, *à Boën*, XVIIe f., *même famille* :

D'azur à la fafce d'argent, chargée de trois rofes de gueules (A G).

> C'eft le blafon antérieur à l'anobliffement de 1609.

* GIRARD, *Charbonnières, La Fayolle, La Gaudinière*, XVIIIe f. :

D'or au chevron de gueules, accompagné en chef de deux lions affrontés de fable, & en pointe d'un cœur enflammé de gueules.

> Portail du château de Boën.

GIRARD, *de Grézicu, Riverie ; de St-Symphorien-le-Château* :

D'azur à la bande d'argent, à la bordure d'or, chargée de quatorze tourteaux de gueules.

GIRAUD, *en Roannais*, xvııᵉ ſ. :

D'azur au lévrier courant d'or (A G).

GIRAUD, DE MONTBELLET, *en Forez & en Lyonnais*, xvııᵉ ſ. ; *Orig. de St-Bonnet-le-Château* :

De gueules au mors de cheval renverſé d'argent, à la bordure dentelée d'or.

Supports : Deux lévriers ou deux licornes.

Deviſe : *Etiam indomitos domat*. Les ſeigneurs de St-Try accompagnaient le mors de trois flammes d'argent, & ajoutaient un chef d'azur, chargé d'une étoile d'argent & ſoutenu d'or.

Frontiſpice gravé de 1673.

DE GINESTOUX, *La Tourette à Pailleręt*, xvııᵉ ſ. ; *Orig. du Vivarais* :

Ecartelé aux 1 & 4 d'or, au lion de gueules, aux 2 & 3 faſcés d'or & de ſable.

GIGAS, *à St-Maurice-ſur-Dargoire (Rôles 1760) ; & à Lyon*.

D'argent à une faſce d'azur, accompagnée de trois loſanges de gueules (A G).

GILIQUIN ou GELIQUIN, *en Forez & en Beaujolais* :

D'azur à trois roſes tigées & ſeuillées d'or (A G).

GIRAUD, *à St-Bonnet*, xvııᵉ ſ. :

Gironné d'argent & d'azur de huit pièces.

GIROUD, *à Montbriſon*, xvııᵉ ſ. :

D'azur à trois bandes d'or & un lion de ſable armé, lampaſſé & vilené de gueules, brochant (A G).

DE GIROUX, *La Pra (Montagny)*, xvııᵉ ſ. :

D'azur à la bande ondée d'or, accompagnée d'une étoile du même, en chef & d'un croiſſant d'argent en pointe.

DE GIRY, *de Vaux*, *Le Clapier*, *Bas-en-Baſſet*, *Rochebaron*, XVIIIᵉ ſ. :

D'argent au ſautoir de gueules ; *Alias* d'azur, au ſautoir d'argent (A G).

GLASTOUD, *à Montbriſon & à Lyon*, XVIIᵉ ſ :

D'azur à la bande d'argent, chargée de trois étoiles de gueules.

GONFALON (*Les pénitents du*) :

De gueules à la croix pattée, écartelé en ſautoir de gueules & d'argent.

> Sculpté & peint à Montbriſon, St-Bonnet-le-Château, &c.; quelquefois le champ eſt d'argent & la croix écartelée de gueules & d'azur.

GODECHAUX, *en Jarez*, XIIIᵉ ſ. :

D.... à un maſſacre de cerf d.... (*Le Laboureur*).

GODEFROY, *à St-Chamond*, XVIIᵉ ſ. ; *& à Lyon* :

De gueules, *Alias* d'azur, à trois bandes d'argent (A G).

GONIN, *Lurieu*, *La Rivoire*, *Montarcher*, *Maraudière*, *Colonges*, *La Merlée* (*St-Juſt*), XVIIᵉ *&* XVIIIᵉ ſ. :

De gueules au chevron d'or, accompagné en pointe d'un chien d'argent ; *Alias* d'azur, au chevron d'or, accompagné en chef de deux étoiles du même & en pointe d'un chien d'argent, paſſant ſur une terraſſe de ſinople ; *Alias* d'azur à une bande d'argent (A G) *art. Lurieu*.

> Cachet de 1684.

GONON DE SAINT-FRESNE, *à St-Galmier*, XVIIIᵉ ſ. :

De gueules à la cornière d'argent, accompagnée de trois loſanges d'or.

* GONON D'ALARY, *à St-Galmier*, XVIIIe *ſ. ; même famille :*

> D'azur à un oiſeau d'or, accompagné en chef, à dextre de rayons d'or mouvants de l'angle de l'écu, à feneſtre d'une étoile auſſi d'or & en pointe d'un croiſſant du même, au chef couſu de gueules (AG, 870).

GONNET, *en Roannais*, XVIIe *ſ., & en Beaujolais :*

> De fable à cinq palmes d'argent, rangées en faſce (AG).

DE GONTAL, *en Jarez*, XVIe & XVIIe *ſ. :*

> D'azur à trois faſces ondées d'argent.

GONTARD, *à Sury* XVIIIe *ſ. ; Orig. du Dauphiné :*

> De gueules au chevron d'or, accompagné de trois étoiles du même ; celle de la pointe foutenue d'un croiſſant d'argent.

DE GONZAGUE-NEVERS, *Lay, Perreux, La Fay*, XVIe *ſ. :*

> Ecartelé de gueules, au lion d'or & d'or à trois faſces de fable, cet écuſſon poſé fur celui de Mantoue qui eſt d'argent, à la croix pattée de gueules, cantonnée de quatre aigles de fable, becquées & membrées de gueules.

GONTIER DE VESVRE, *Les Merillets*, XVIIe *ſ. :*

> D'azur à la faſce d'argent, chargée d'une étoile d..., & accompagnée de trois croiſſants d'argent (AG).

DE LA GORSE, *Oddes*, XIVe *ſ. ; Orig. du Vivarais :*

> De gueules à trois rocs d'échiquier d'or.

GOUFIER, *Boiſy, La Motte, Villeneuve, St-Haon, Roanne, du* XVe *au* XVIIe *ſ. ; Orig. du Poitou :*

> D'or à trois jumelles de fable.
>
> Deviſe : Un tronc d'arbre avec ces mots : *Hīc terminus hæret.* Supports : Deux fauvages ou deux griffons. Cimier : Un lion iſſant.
>
> Sceau ; fculptures.

* GOULARD DES LANDES, *Currèze, Précieu, Chalain-le-Comtal, La Pomière,* XVIIIe ſ. :

D'azur au lion d'or couronné de gueules.

GOULARD, *autre famille.*

D'argent à trois têtes de loup arrachées de ſable, la gueule ouverte, & un mouton d'azur en cœur (A G).

GOURGOUILLAT, *à St-Etienne,* XVIIe ſ. :

D'azur au cœur d'or, ſoutenu d'un croiſſant d'argent accoſté de deux larmes du même, et ſurmonté de trois étoiles rangées d'or.

* DES GOUTTES, *La Salle, La Preſle,* XVIIe ſ. :

D... à une bande d..., accompagnée en chef d'une étoile d.... & en pointe d'un croiſſant d....

Cachets.

DE LA GOUTTE, *V. Chappuis* :

* LE GOUVÉ, OU LEGOUVÉ, *à Montbriſon,* XVIIIe ſ., & *à Paris* :

D'argent à trois *bœufs* de gueules, accornés & onglés d'azur, poſés en faſces, au chef crénelé d'or et d'azur (A G). *Alias* d'argent à trois *buis* taillés de ſinople, rangés ſur une terraſſe du même, au chef d'azur chargé de trois étoiles d'argent, ſoutenu d'une deviſe crénelée d'argent par en bas, les créneaux ſoutenus d'anglures du même.

Cachet du XVIIIe ſ.

GOYER DE LIVRON, *Beaucreſſon, Taron, Magneu-Haute-Rive, Poncins, Renaiſon, St-Haon en partie* :

D'argent à une pomme de pin de ſinople, accompagnée de trois ancolies du même.

* GRAILHE DE MONTAIMA, *à Montbrifon*, XVIIIᵉ f., *à Né-ronde*, XIXᵉ f. ; *Orig. du Rouergue* :

>D'argent au hêtre terraffé de finople, fommé de deux corbeaux (grailles, en patois) affrontés de fable, & un lion contourné d...., paffant au pied de l'arbre, au chef d'azur, chargé de deux étoiles d'argent.
>
>Cachet, 1778.

DES GRANDS, *V. Defgrands* :

LA GRANGE, *Pierrefitte, La Vaure*, XIVᵉ & XVᵉ f. :

>De gueules à trois merlettes d'argent, au franc quartier d'hermine.
>
>Sceau de 1379, fculpté à Ambierle.

GRANGE, *Rugnieu*, XVIIᵉ f. :

>D'azur à la bande d'or, accoftée en chef de trois étoiles d'argent, & en pointe d'une hure du même.

GRANGIER, *à St-Etienne*, XVIIᵉ f. :

>D'azur à une maifon (grange) d'argent, ajourée d'or & maçonnée de fable, fur une terraffe du même, accompagnée en chef de deux gerbes d'or (A G, 687).

GRANJON, *à St-Sauveur*, XVIᵉ f. :

>D'or au lévrier rampant de fable & un croiffant de gueules en pointe. (Peinture).

GRAS, *Orig. de Montbrifon. Un tréforier de France au* XVIIIᵉ f. :

>D'azur au dextrochère fortant d'un nuage & tenant trois flèches empennées d'argent.
>
>(Biblioth. de Lyon. Fonds Cofte, 14052).

GRÉGOIRE DU COLOMBIER, *en Roannais; Orig. du Dauphiné* :

>D'argent à un arbre terraffé de finople, au chef d'azur, chargé de trois étoiles d'or.

GRIMOD DE BÉNEON, *Châtelus, Riverie, Cornillon, St-Juft-en-Velay, La Faverge*, XVIIIe f. :

D'azur à la fafce d'argent, accompagnée de trois étoiles d'or.

Armes des Bénéon.

Les Grimod de la Reynière portaient : D'azur à la fafce d'argent, *alias* d'or, furmontée d'un croiffant du même entre deux étoiles d'or, *alias* d'argent, & accompagnée en pointe, d'un poiffon nageant fur une mer d'argent; *Alias* : Lofangé d'or & de gueules (A G).

Devife : *Quieti & mufis.*

GRIFFET DE LA BEAUME, *à Roanne*, XVIIIe f.

D'azur au griffon d'or & trois croix ancrées d'argent, rangées en chef.

GRIMAUD DE LARRAS, XVIIe f. :

D'azur à une croix d'or chargée de neuf lofanges de fable.

GRIVEL, *à St-Etienne* :

D'azur à une grive au naturel, accompagnée en chef de deux demi-vols d'azur.

GROS :

D'azur à la fafce d'or, accompagnée de trois fautoirs d'argent.

DE GROSBOIS, *à Vivans*, XVIIe f. :

D'azur au lion d'or, tenant une épée du même ; *Alias* d'argent; *Alias* d'azur, femé d'étoiles d'or.

Cachet du XVIIIe f., accolé de Terray.

Devife : *Mas que oftento*, c'eft-à-dire, plus que je n'en montre.

DE GROLÉE ou GRAULÉE, *Doizieu* , *Boiffet-lès-Montrond* ,
XIVe *f. :*

Gironné d'or & de fable.

Ecartelure d'un cachet des d'Apchon, &c.

GROZELLIER DE CHENEREILLES, *La Farge, Effertines,*
Lérigneu, La Chapelle, Le Verdier, XVIIe *&* XVIIIe *f. :*

D'azur à trois aiglettes d'or.

GRUMEL, *Montgaland,* XVIIIe *f. :*

Parti au 1er d'azur, au lion d'or, accompagné de trois
befants d'argent, au 2e d'azur, à trois pals d'or, au franc
quartier de gueules, chargé d'une croifette d'or, au chef
du même, chargé d'une rofe de gueules.

* GRUBIS DE L'ILE, *à St-Héand,* XVIIIe *f. :*

D'azur au lion d'or coupé, coufu de gueules au chevron
d'argent, accompagné de trois befants du même.

DE LA GRYE, *la Bruyère,* XVIIe *f. :*

D'azur à la fafce d'or, accompagnée de trois étoiles
d'or ; *Alias* d.... à la croix aléfée d....

Tombe de 1632 à Amblerle.

L'A G donne d'azur à trois étoiles d'or, au chef
d'argent.

GUERRIC DE SAINT-MARCEL, *La Ferrière,* XIVe *f. :*

D.... à deux léopards d....

GUICHARD DE RIVERIE, *La Tour-en-Jarez, la Fouilloufe,*
XIIIe *&* XIVe *f. :*

D.... au chef échiqueté d.... & d.... de trois tires.

Sceau du XIIIe f.

GUIFFREY DE MARCIEU, *Noally*, XVIIIᵉ *f.* :

D'or à la bande de gueules, chargée d'un griffon d'argent.

GUEFFIER, XIV ᵉ *f.* (*Noms féodaux*) :

D'azur à la fafce d'argent, accompagnée en chef d'une colombe du même & en pointe d'un lion d'or (R).

DE GUÉNÉGAUD DE PLANCY , *feigneur engagifle de Montbrifon & du comté de Forez, 1653* :

De gueules au lion d'or.

GUERRIN, *à St-Chamond* :

D'argent à un chevron de gueules, accompagné de trois rofes du même, tigées & feuillées de finople, au chef de gueules, chargé d'un croiffant d'argent accofté de deux étoiles d'or (A G).

GUEYNARD, *à Feurs* :

D'azur au chevron d'argent, accompagné de trois molettes du même (A G).

GUILHOMON, *à St-Etienne :*

De finople à une biche paffant, d'or (A G).

GUILLART, *en Forez, xvᵉ f.* :

D'or au lion de gueules (G R).

GUILLIN DU MONTET, *en Roannais,* XVIIIᵉ *f.* :

De gueules à quatre flèches mifes en giron d'argent.

*DE GUILLON DE LA CHAUX, *à Montbrifon 1750, & à Lyon :*

D'azur au fautoir d'or.

Cimier : Un pélican. Supports : Deux pélicans.

Devife : *Mihi non fum natus.*

GUIGON, *Les Granges, Foris, la Rivière,* xviie & xviiie f. :

D'azur au lion d'argent, au chef coufu de gueules, chargé de deux croiffants d'argent.

GUILLERMIN DE NUZIÈRES, *Montpiney, Monts, à Charlieu,* xviiie f. :

D'azur au lion d'or, tenant une épée flamboyante d'argent. On y ajoute quelquefois un chef de gueules chargé d'un croiffant d'argent.

* GUILLET DE CHAVANNES, *Chatelus,* xviiie f. :

De gueules au chevron d'argent, accompagné en pointe d'un lion d'or, au chef du même.

Sculpté à Chatelus.

GUILLET, *à Montbrifon* :

D'or à la fafce de gueules, accompagnée de trois aiglettes de fable.

GUILLOT, *La Corée,* xviiie f. ; & *à Lyon* :

D'argent à un guy de chêne de finople, mouvant du chef & foutenu de deux haches de gueules, emmanchées d'azur & paffées en fautoir (A G).

GUITTARDY, *à Cervières,* xviie f. :

De gueules à une guitare en pal d'or.
Alias : D'or au chêne de finople terraffé du même (AG).

DE GUYE, xive f. :

De.... à quatre aiglettes d....

Sceau d'Agnès de GUYA 1364 (A S).

H

DE SAINT HAON DE VERTPRÉ, *branche de la maison de Roanne :*

Fafcé d.... & d.... de fix pièces.

Sceau de 1385.

Une branche avait confervé le blafon de la maifon de Roanne, d.... au lion d....

SAINT HAON-BANASSAT, *V. Pelletier :*

D'HARCOURT, *Roanne, St-Maurice, Cornillon, Comières, Les Salles, Cervières, Maltaverne,* XVIIIe *f. :*

De gueules à deux fafces d'or.

D'HAUTERIVE, *St-Julien-Molin-Molette, 1300 ; Orig. du Dauphiné :*

DES HAYES, *Le Rivage, à Charlieu,* XVIIIe *f. :*

D'azur à deux haies mifes en fafce d'or (A G).

HEBRAIS, *à St-Germain-Laval :*

De finople au triangle renverfé & vidé d'or, chargé de fix tourteaux de gueules (A G).

HEDELIN, *à Charlieu*, XVIIᵉ ſ. :

D'azur à la faſce d'or, accompagnée de deux étoiles & d'un croiſſant du même

HEDELIN ou EDELAIN, *à Montbriſon*, XVIᵉ ſ. :

D'azur à une bande d'or, accompagnée de deux têtes de chien, arrachées d'argent.

DE HARENC, *La Condamine, Trocéſar, du* XVᵉ *au* XVIIIᵉ ſ. :

D'azur à trois croiſſants mis en bande d'or.

Cimier : Un lion iſſant. Supports : Deux lions. Deviſe : Nul bien ſans peine.

> Sculpté ſur une cheminée, à Trocéſar, dans l'égliſe de St-Julien-Molin-Molette, &c.

HENRYS, *Feurs, Donzy, à Rocheblaine & Pailherez*, XVI & XVIIᵉ ſ. :

D'argent au cœur de gueules, marqué des lettres I H S d'or, au chef d'azur chargé d'un lion paſſant d'argent. Le chef n'exiſtait pas au XVᵉ ſ.

Deviſe : Toujours en ris, jamais en pleurs. Autre : *Dedit illi nomen quod eſt ſuper omne nomen.*

* HENRYS, *Aubigny, Chavaſſieu, Beaulieu, Charlieu, Grézieu, Lerigneu*, XVIIᵉ & XVIIIᵉ ſ. :

D'azur au griffon d'or, rampant contre trois épis du même, ſur une terraſſe de ſinople.

> Nombreux cachets.

HENRY, *Originaire de Paris, Alliance de Dilbert :*

D'or au chevron de gueules, accompagné de trois têtes de paon au naturel.

> Sculpté à La Valencières.

HENRI DE MANIVIEUX, *en Jarez & en Lyonnais*, xviiᵉ ſ. :

D.... à un loup paſſant d..., ſur une terraſſe d..., au chef d'azur, chargé d'un ſoleil d'or.

Cachet de 1728 (A S).

HERAIL DE PIERREFORT, *La Roue, Montpeloux, Uſſon, Ecotay*. xviᵉ & xviiᵉ ſ. :

D'or au chef de ſinople, ſur un écartelé aux 1 & 4 d'azur, à la bande d'or, accompagné en chef d'un lion du même; aux 2 & 3 de La Roue; un cachet de 1682 porte : coupé de La Roue & d'hermines plein, & parti de Talaru.

L'HÉRITIER DE LA BATIE, *à Montbriſon*, xviiᵉ ſ. :

D'argent à la cuiraſſe de ſable, chargée de trois H d'or (R).

L'HERMITE DE LA FAYE :

D'or à la faſce de gueules. Le ſeigneur de la Faye, ſur-nommé l'hermite, mari de Clémence d'Urfé, portait écar-telé 1 & 4 d'azur, ſemé de croiſettes, au pied fiché d'or, aux 2 & 3 de gueules, à la croix ancrée d'or.

Généalogie manuſcrite des d'Urfé.

DE L'HERMUZIÈRE, *Leniec*, xviiiᵉ ſ. :

D'azur à une fleur de lys d'or, à une faſce de gueules, chargé de deux étoiles d'or, au chef d'argent, chargé d'une aigle de ſable.

* HERVIER DE ROMANS, *en Jarez & en Lyonnais*, xviiᵉ & xviiiᵉ ſ. :

D'azur au lion couronné d'or, lampaſſé de gueules. Depuis des lettres recognitives de Louis XVIII : D'azur au lion d'argent, lampaſſé de gueules, tenant une bran-che de lys au naturel.

HONORATI, *Le Crozet (Cezay)*, XVIIIe *f. ; Origin. de Florence :*

> D'azur à la bande d'or remplie de gueules ;
>
> *Alias* d'azur à un lion d'or (A G) ;
>
> Supports : Deux licornes. Cri : *Liberlas.*

D'HOSTUN DE LA BEAUME, *Bouthéon, Meys, Miribel, St-Bonnet-le-Château, Périgneu, du* XVIe *au* XVIIIe *f. :*

> De gueules à la croix engrêlée d'or.
>
> Sculpté à Bouthéon.

L'HOSPITAL, *à St-Etienne*, XVIe *f. :*

> D'azur au coq d'argent crêté & barbillonné de gueules (A G). Ce font les armes d'une ancienne famille étrangère au Forez.

*HOUDAILLE ou OUDAILLE, *à Roanne*, XVIIIe *f. :*

> D'azur au chevron d'or, au chef d'argent, chargé de trois rofes de gueules (A G).

*HUE DE LA BLANCHE, *La Curée, Le Boft*, XVIIIe *f. ; Orig. de Normandie :*

> De gueules au cœur d'argent. *Alias* d'or, accompagné de trois molettes d'or, écartelé de Du Boft de la Blanche.

HUARD, *à Montbrifon & à Saint-Germain-Laval*, XVIIe *f. :*

> D'or à la fafce de gueules, accompagnée en chef de deux étoiles d'azur & en pointe d'une oie du même (A G).

HUMBLOT, *en Roannais :*

> D'argent à trois bandes de gueules, au chef d'azur, chargé de trois rofes d'or (A G).

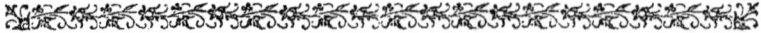

ISARN, *à Saint-Sauveur & en Auvergne ; Orig. du Rouergue :*
D'azur au lévrier d'argent, au chef du même, chargé de trois étoiles de gueules.

IMBERT, xviie f. :
D'azur à un pal d'argent, accofté de deux montagnes du même; *Alias* d'or au chevron d'azur, accompagné de trois montagnes de finople (A G).

IMBERT, *à Montbrifon*, xviiie f. :
D.... au cœur de gueules, d'où fortent trois quinte-feuilles d..., tigées d.... & une étoile d'azur en chef.

Ex libris de 1770; autre de 1778 avec le champ d'azur & l'étoile d'or, le refte d'argent.

Autre : D'azur au cœur d'argent d'où fortent trois quinte-feuilles tigées de finople & une étoile d'or en chef.

Ex libris de Cl. Imbert, 17..

INGUIMBERT de **PRAMIRAL**, *Le Sardon ; Origin. de Provence :*
D'azur à quatre colonnes rangées d'or, furmontées de deux étoiles d'argent ; *Alias* de gueules à trois fafces vivrées d'or & trois épées d'azur brochant en pal (A G).

D'ISSERPENTS ou des **SERPENTS**, *en Roannais*, xve f. :
D'or, *alias* d'argent, au lion d'azur (G R).

JACQUELIN, *à Roanne* :

D'azur au chevron d'or, furmonté d'un croiffant du même & accompagné en chef de deux étoiles d'or, & en pointe d'une rofe du même, tigée & feuillée d'argent (A G).

JACQUEMETTON DE LA **MENUE,** *Montagny* XVIIIᵉ f. :

D'azur à trois fafces d'argent, accompagnées de trois étoiles du même (A G).

D'azur au chevron d'...., accompagné de deux croix ancrées & d'une fleur de lys d....

Cachet. (A S).

JACQUEMIN, *Ste-Foy, à St-Etienne,* XVIIᵉ f.; & *à Lyon* :

D'or au jafmin de finople, accofté de deux palmes de même (A G).

* **JACQUEMONT,** *à St-Etienne,* XVIIIᵉ & XIXᵉf. ; *Orig. de Noirétable :*

D'azur au mont de fix coupeaux d'argent, au chef du même, chargé de trois étoiles d'azur.

Les étoiles pourraient repréfenter la conftellation de (faint) Jacques, ce qui indiquerait des armes parlantes.

Cachet du XVIIIᵉ f.

JACQUET, & *en Beaujolais* :

D'azur à un cœur d'argent, accompagné en chef de deux *alias*, trois étoiles d'or & en pointe d'un croiffant d'argent (A G).

JACQUIER DE CORNILLON :

De gueules à la fafce d'argent, chargé de trois corneilles de fable.

JACQUIER :

De fable au pal d'argent, chargé d'un bourdon de gueules, & accofté de deux coquilles renverfées d'or (A G).

JACQUIER, *à St-Chamond & à Lyon* :

De gueules à trois croiffants d'argent (A G).

JACQUIN, *à Roanne* :

D'argent à une coquille oreillée de gueules, foutenue de deux bourdons d'azur en fautoir, les calebaffes de gueules.

* JANIN; *Orig. de Condrieu* :

D'azur à la flamme d'or, iffant d'un croiffant d'argent.

JANTON, *en Roannais* :

D'or à une bande d'azur, chargée de trois demi-vols d'argent (A G).

JANVIER. *à Montbrifon* :

D'azur à une tête de Janus d'or, accompagnée de quatre étoiles cantonnées du même (A G).

JANY, *à St-Etienne, 1697* :

De gueules au baffin d'or, maçonné de fable, d'où fort un jet d'eau d'argent, jailliffant hors du baffin, feneftré d'un oiſeau d'or, dans un nid du même, ouvrant le bec pour s'abreuver au jet d'eau, au chef couſu d'azur, chargé d'un ſoleil d'or. (A G).

DE JAREZ, *Feugerolles, St-Chamond, Rochetaillée, &c. du* XIIᵉ *au* XVᵉ ſ. :

Parti d'azur & d'argent à la faſce de gueules.

DE JAS, *du* XIIIᵉ *au* XVIIIᵉ ſ. :

D'azur à l'aigle d'argent, becquée, membrée & couronnée de gueules.

Cachets.

DU JAS OU DUJAS, *à Montbriſon*, XVIIIᵉ ſ. :

Coupé au 1ᵉʳ, échiqueté d'or & d'azur au 2ᵉ de gueules.

JAVELLE, *Les Granges, à St-Rambert*, XVIIIᵉ ſ. :

D'azur au chevron d'or, accompagné de trois épis tigés d'or.

Cachets.

Ex libris d'Etienne-Alexandre Javelle, chanoine de N.-D. de Montbriſon.

Alias d'or à trois gerbes de ſinople (A G).

JAVELLE, *à St-Etienne* :

D'argent à une roſe de gueules, pointée de ſinople, accompagnée en chef d'un croiſſant d'azur, accoſtée de deux étoiles du même, & en pointe d'une palme de ſinople (A G)

*DE JERPHANION, *Barons 1815 ; Orig. du Velay* :

D'azur au chevron d'or, accompagné en pointe d'un lys d'argent, tigé & feuillé de ſinople, au chef denché d'or, chargé d'un lion, léopardé d'azur.

Supports : Deux amphiſtères.

Cachet de 1741.

DE JO, *Vernoilles, La Vilette*, XIVᵉ ſ. ; *Noms féodaux :*

Faſcé, ondé d'or & d'azur.

JOANNIN, *à Roanne :*

D'azur à un cœur d'or, ſoutenu d'un croiſſant du même, au chef couſu de gueules, chargé de trois étoiles d'or (A G, 339).

JOARD, *Beaujeu (St-Haon)*, *Arrière-ban, 1689 :*

D'azur à la faſce d'argent, accompagnée de trois têtes de lion, arrachées d'or, lampaſſées de gueules.

Plaque tumulaire en cuivre dans l'égliſe de Saint-André-d'Apchon.

JOBERT OU JOUBERT, *La Garde.* XVIIIᵉ ſ. :

D'argent au chevron d'azur, au chef du même, chargé de trois mouchetures d'hermines d'argent (AG).

Cachets.

JOHANNIN :

D'argent au pin de ſinople, écartelé d'or à trois quinte-feuilles de gueules; *Alias* d'azur, ſur le tout d'azur à deux lions affrontés d'or, au chef du même.

JOLLY DE FLEURY, *à Roanne :*

D'azur à un lys de jardin d'argent, tigé & feuillé de ſinople, au chef d'or chargé d'une croix pattée de ſable.

Sculpté à Roanne.

Ecartelé aux 2 & 3 d'azur, au lys d'argent tigé & feuillé d....., au chef d'argent.

Deviſe : *Magnus amoris amor.*

JOLLY OU JOLY, *à Saint-Etienne*, XVIIᵉ ſ. :

D'azur à un coq (*jau* en patois), accompagné de trois lys de jardin d'argent, tigés & feuillés d'or (A G).

JOMARD, xviie *f. :*

> De gueules au franc-canton d'argent, au foleil d'or, mouvant du canton feneftre de la pointe (A G).

JOURJON :

> D.... au marais couvert de joncs d.... & au foleil d....,
> en chef.

> Cachet xviiie f.

JOUVENCEL, *Feurs, Jas, Donzy, Villechenève,* xviiie *f., &
à Lyon :*

> D'or à deux palmes de finople, mouvant d'un croiffant
> de gueules, au chef d'azur, chargé d'un foleil d'or entre
> deux étoiles d'argent.

* JORDAN DE SURY :

> De finople à la fafce dentelée d'or, accompagnée de
> deux étoiles du même en chef & en pointe d'un jars d'argent. Cimier : Bras armé, tenant une épée. Devife : *In
> veritate virtus.*

JOSSERAND, *en Roannais,* xviie *f. :*

> De gueules à trois tours d'or (A G).

* JOURDA DE VAUX, *Paulat (Firminy),* xviiie *f. :*

> D'azur à la bande d'or, chargée de deux étoiles d'azur ;
> *Alias* d'or à la bande de gueules, chargée de trois croiffants
> d'argent.

* JOURJON ou JOURGEON, *à St-Etienne.:*

> Coupé au 1er d'azur au foleil d'or, au 2e d...., à cinq
> joncs terraffés d....

> Cachet de 1707.

JOVIN des HAYES (*Barons 1816*), *à St-Etienne*, xviiie *f.*;
Orig. d'Auvergne :

De gueules à la bande d'argent, chargée de trois merlettes de fable & accoftée en chef d'une étoile d'or & en
pointe de trois créneaux d'argent maçonnés de fable.

Devife : Dieu donne force.

DE JOYEUSE « DE GAUDIOSA, » *Bouthéon, St-Didier*, xve *f.* :

Pallé d'or & d'azur de fix pièces, au chef de gueules,
chargé de trois hydres d'or.

* DE JULLIEN-CHOMAT, *Villeneuve, Le Colombier, Vaux,
Le Beffy*, xviie & xviiie *f.* :

Coupé d'azur au lion d'or, & de gueules au pal d'argent;
Alias : De gueules au pal d'argent, au chef d'azur chargé
d'un lion d'or.

Sculpté dans l'églife Notre-Dame, à St-Etienne.

'Le lion fubftitué au foleil, à la fin du fiècle dernier, rap-
pelle une origine préfumée commune avec les Jullien, de
Bourgogne.

JULLIEN du VIVIERS, *Le Mas-Fonlanez :*

D'azur à la fafce d'or, accompagnée de deux étoiles &
d'un croiffant d'argent.

* DE SAINT-JULIEN, *V. Neyron.*

JUMET, *à St-Etienne :*

D'or à trois lions de fable (A G).

DE JUSSAC, *Argental & Bourg-Argental, arrière-ban, 1545 :*

De gueules à trois fafces ondées, bouillonnantes d'argent, au lambel de trois pendants d'or en chef (A M);

Alias : Fafcé, enté & ondé d'argent & de gueules, au lam—
bel d'azur, mouvant du chef (R).

* DE JUSSIEU, *à Montbrifon,* XIXe *f. :*

Vairé de gueules & d'argent, au chef d'azur chargé d'un
foleil d'or. Devife : *Pius atavis.*

K

KAYR DE BLUMENSTEIN, *La Goutte* (*Les Salles*) :

Parti au 1er d'azur, à un tertre de finople, fommé d'un vafe de fleurs de gueules ; au 2e d'argent, au tertre de finople, fommé d'un homme au naturel, vêtu de gueules, couronné de finople, tenant une flèche renverfée d..., à la champagne d'or, chargée d'une couronne de laurier de finople.

DU LAC, *Alliance de Papon,* XVe ſ. :

De gueules à la tour d'argent (*ancienne généalogie*).

*LA CHÈZE, *à Montbriſon,* XVIIIe ſ. :

D.... à une chaiſe à doſſier d..., l'écu entouré de dra-
peaux.

Cachet de 1750.

LACOUR :

D'azur au chevron d'argent, accompagné de trois
mouchetures d'hermines de même, au chef d'or chargé
de trois étoiles de gueules (A S).

LADEVÈZE, *à St-Galmier,* XVIIIe ſ. ; *Orig. du Languedoc :*

De gueules au ſautoir d'argent, au chef d'or, chargé
de trois fleurs de penſée de pourpre (R).

LAFONT, *à St-Paul-en-Jarez* (*Rôles 1760*) :

De gueules à la faſce ondée d'argent, accompagnée de
trois roues du même. D'azur à une fontaine d'or ruiſſelante
d'argent ſur une terraſſe de ſinople, accompagnée en chef
de deux étoiles d'or & en pointe de deux tourterelles
affrontées d'argent (A G). *V. La Font.*

LAFOREST :

D.... à une montagne accoftée de deux étoiles d....
& furmontée d'un foleil d....

Cachet de 1784.

LAGIER, *en Forez*, xive *f. (Noms féodaux), en Velay & en Dau-*
phiné ; Fin du xive *f. :*

D'argent au chevron de gueules, accompagné de trois
mouchetures d'hermine (A D).

LAGIER, *& en Lyonnais :*

De gueules à la tour d'argent.

DE LAIRE DE CORNILLON, *Cuzieu, Chagnon, Doizieu,*
du xive *au* xvie *f. :*

D'argent au lion de gueules.

DE LAIRE, *à Cervières,* xive *f. ; (Noms féodaux) & en Auvergne :*
D'azur à la bande d'or.

DE LAIRE, *Plufieurs familles de ce nom à St-Bonnet-le-Château,*
en Auvergne & en Bourbonnais :

De gueules au chevron d'or, accompagné de trois rofes
d'argent (A G. Auv.)

LALLIER :

D'azur à une main d'argent, tenant une épée du même,
accompagnée en chef de deux étoiles d'or, la main dans
une nuée d'argent, mouvant du flanc dextre.

DE LAMBERTIE ; *Orig. du Périgord :*

D'azur à deux chevrons d'or.

LAMANDOLIER, *à Roanne,* xviie *f. :*

D'azur à une gerbe d'or, foutenue d'un croiffant d'argent & fommée d'un oifeau du même (A G)

DE LANGES, *de Meſſimieu, en Forez en Beaujolais,* XVIᵉ *ſ. ;*
Orig. de Breſſe :

D'azur au lion d'or & un lambel d'argent (G R).

LANGE :

D'azur à trois chérubins de carnation, ailés d'or.

LANGEAC :

D'or à trois pals de vair.

LANGES, :

De gueules au croiſſant d'argent, ſurmonté d'une étoile
de même. *Alias :* De gueules au chevron d'or, chargé
d'une coquille de ſable & accompagné de trois croiſſants
d'argent.

DE LANGLADE, *à St-Rambert,* XVIIIᵉ *ſ. ; Orig. d'Auvergne :*
D'argent à trois taux de gueules (N A).

LANGLOIS, *à Sury & à Lyon :*

D'azur au chevron d'or, accompagné de trois ſcies d'argent (A G, 583.) *Alias :* D'azur à une bande d'or, accompagnée de deux têtes de lion, arrachées de même
(A G. 113.)

LANGLOYS :

D.... au chevron d....., accompagné de trois fleurs
tigées d....

Cachet de 1656.

* DE LAPRADE ; *V. Richard :*

* LARDERET DE FONTANÈS, *à St-Etienne* :

De gueules à la fafce d'argent, accompagnée de deux étoiles et d'un croiffant du même.

Cachets du XVIIIᵉ f.

LATOUR, *à St-Etienne* :

D'azur à une tour d'argent, maçonnée de fable (A G).

* LATTARD DU CHEVALARD, *Beaulieu , Charlieu-lez-Montbrifon*, XVIIIᵉ *f.* :

D'azur au chevron d'or, accompagnée de trois étoiles d'argent.

Cachet de 1787, accolé de Martin des Pomeys.

LAURENSON DE LA ROCHE, (*Rôle 169.*) *& en Vivarais* :

De pourpre au chevron d'or, accompagné d'un croif-fant d'argent en pointe, au chef du même, chargé de de trois mouchetures d'hermine de fable.

D'Affier : Généalogie des La Rochette.

LAURENT DE LA DUERIE, *près Charlieu, au* XVIIIᵉ *f.* :

DE LAUBE, *de Bron, Seign. engag. de Néronde au* XVIᵉ *f. ; Orig. du Dauphiné* :

D'azur au cerf d'or, franchiffant un rocher, à trois pointes d'argent.

Devife : Noble eft mon fang, hault poeft mon cuer.

LAURENCIN, *Riverie, Fontanès, Chatelus, Mazoyer, arrière-ban, 1545 ; famille confulaire de Lyon* :

De fable au chevron d'or, accompagné de trois étoiles à fix raies d'argent.

Supports : Deux lions. Devife : *Lux in tenebris.* Autre : *Poft tenebras fpero lucem.*

LAUTHONS ou LOTONS, *Le Rouffet*, XVIe f. :

De gueules au lion d'or, furmonté de trois aiglettes au vol abaiffé du même.

Sculpté à Soleymieu, dans l'églife, & fur le portail de St-Jean-Soleymieu.

DE LAVAL, *à St-Etienne*, XVIIe f. :

D'azur au cœur de gueules, ailé d'or, au chef de gueules chargé de trois étoiles d'or (A G. article Valous).

DE LAVAL, *en Forez*, XVIe f., *& en Bourbonnais* :

D.... à l'aigle d..., & une cotice d..., brochant.

Gravure.

DE LAVAL D'ARLEMPDE, *en Forez*, XIXe f. :

DE LAVIEU, *vicomtes de Forez* :

D.... à la bande d....

Sceau de 1089 , (D).

D.... à trois couronnes, à deux fleurons d....

Sceau de 1276 (A S).

DE LAVIEU, *vicomtes de Forèz*, XIIe f. :

D.... à trois couronnes, à deux fleurons d....

Sceau de 1276 (A S).

DE LAVIEU., *Roche-la-Molière, Boiffet, Poncins, La Broffe, Les Fernanches (Doizieu)*, XIIIe & XIVe f. :

Sceau de 1089.

D'or à la bande de fable, & plus tard : D'or diapré de gueules, à la bande engrêlée de fable.

Sculpté à Salt-en-Donzy.

DE LAVIEU, *Feugerolles, Chantois, Ecotay, Chalain, Currèze, Vaudragon, Marclopt, Rochefort, Roche-la-Molière, Poncins,* XIV & XVe *f.* :

De gueules au chef de vair. Une étoile d'or sur les gueules, pour les feigneurs d'Ecotay (G R).

Sculpté à Verrières.

DE LAVIEU, *d'Iferon,* XIIIe *f.* :

D.... à l'aigle d....

Sceau de 1276.

DE LAVIEU, *Grézolles,* XIVe *f.* :

D.... à trois aigles d....

Sceau du XIVe f.

DE LAY :

D'argent à une haie terraffée de finople, & trois merlettes de fable, rangées en chef (A G. art. Trollier).

DE LAYE DE BUFFARDANS :

D'argent à la croix de fable.

LEJARD OU LEZARD, DE BONNEFOY, *à Boën,* XVIIe & XVIIIe *f.* :

D.... au lion d..., au chef d.... ou une fafce en chef. 1763, accolé de Paftural.

*LEGOUVÉ, *V. Le Gouvé.*

DE LENONCOURT, *de Lorraine; à Montbrifon,* XIXe *f.* :

D'argent à la croix engrêlée de gueules.

DE LENTIGNY, XVIIe *f.* :

De gueules au chef d'or.

DE LESTRADE, *à Tiranges (arrière-ban, 1545)* :

D'or à une tête de bœuf, de fable (A G. Auv.).

DE LESCURE, *à Montbrifon,* XIXe f. :

> D'or au lion d'azur.

LESGALLERY DU TAILLOUX, *Montferré,* XVIIe & XVIIIe f. :

> D'azur au chevron dentelé d'or, accompagné de deux tierce-feuilles d'argent en chef & d'une pomme de pin du même, tigée et feuillée d'or en pointe.
>
> > Sur un deffin à la plume, du XVIIe f., on voit une galère voguant fous le chevron.
>
> L'A G donne : D'azur à un chevron d'argent, accompagné en chef de deux croix pattées & en pointe d'une galère avec fes mâts et fes voiles enflées d'argent.

L'ETOUF DE PRADINES :

> D'or à deux chevrons de fable & un lambel de trois pendants de gueules. Ordinairement écartelé contre écartelé d'argent & de fable, à la bordure engrêlée de gueules. Cimier : Un bufte de vieillard. Tenants : Deux vieillards vêtus de long.
>
> > Cachet de 1746.
>
> Cimier : Un bufte de vieillard, les mains appuyées fur un bois de daim qui accompagne le timbre.

LÉVISTE, *St-Bonnet-les-Carts,* XVIe f. :

> De gueules à la bande coufue d'azur, chargée de trois croiffants d'argent.

LEUILLON DE THORIGNY :

> D'azur à une montagne d'or, fommée d'un aigle au vol abaiffé du même, lifant un foleil d'or, naiffant du canton feneftre de l'écu.

* DE LEYSSAC, XIXe f. ; *Orig. du Velay :*

> De gueules au chevron d'argent & un pal d'azur chargé de trois étoiles d'or brochant.
>
> > Cachet.

Alias : De gueules au chevron d'argent, au pal aiguifé d'azur, chargé de trois rofes d'or brochant, au chef d'argent.

Cachet.

DE LEVIS DE COUSAN, *Roanne, La Motte, Boiffy, La Perrière, Villeneuve, Nervieu, Grenieu, Chalain-le-Comtal, Chalain-d'Uzore, Currèze, Chateaumorand, Vougy, Changy, du* XIVᵉ *au* XVIIIᵉ ſ. :

D'or à trois chevrons de fable.

Les Lévis-Coufan, de la branche de Florenfac, brifaient quelquefois d'un lambel de trois pendants de gueules, chargés chacun de trois befants d'or.

Sculpté à Coufan, Chalain-d'Uzore, Montbrifon, dans l'églife de Notre-Dame, Chandieu, &c., ordinairement écartelé de Damas.

Devife : Dieu aide au fecond chrétien. Autre : *Inania pello.* Autre : *Duris dura frango.*

DE LICESSOAN, *à St-Bonnet-le-Château* :

D'azur au chevron d'or, accompagné de deux chevrons alaifés du même & d'une rofe tigée au naturel.

DE LINGENDES, *Neufbourg ou Bourgneuf, arrière-ban, 1689:*
D'azur au chevron d'or, accompagné de trois glands du même; *Alias :* D'azur à trois glands d'or, au chef de même (A G).

DE LINIÈRES, *Rochetaillée,* XIVᵉ ſ. *; Orig. du Berry :*
D'or au chef de vair, au lion de gueules brochant.

LIOTAUD, *Fontanès, Grammond, Trocéfar (arrière-ban, 1689):*
D'azur au lion d'or, tenant une flamme de gueules, au chef d'azur, foutenu d'or & chargé de trois étoiles du même.

DE LISSIEU, *en Roannais,* XIIIᵉ *f.* :

D.... à trois chevrons d..., & un lambel de cinq pendants.

Sceau de Guill. de L., 1283.

LIVET DU COLOMBIER, *(arrière-ban, 1689) ; Orig. de Lyon :*

D'azur à la croix d'or, cantonnée de trois trèfles d'argent, au chef coufu de gueules, chargé d'un lion paffant d'or ; *Alias :* D'argent à la croix potencée de gueules, cantonnée de quatre trèfles de finople, au chef d'argent chargé d'un lion iffant; *Alias :* Paffant de gueules (A S).

DE LOLIÈRE, *en Forez & à Thiers,* XIVᵉ *f.* :

D'azur au lion d'argent (G R).

LE LONG DE CHENILLAC, *Chateaumorand,* XVIᵉ *f.; Orig. du Bourbonnais :*

D'azur au chevron d'or, accompagné de trois étoiles d'argent, et quelquefois une bordure de gueules (G R).

DE LONGVIE OU LONGVY, *à Perreux,* XIVᵉ *f.* (*Noms féodaux*); *Orig. de Bourgogne :*

De gueules à la bande d'or.

DE LORAS, *Vaffalieu, La Merlée,* XVIIIᵉ *f.* :

De gueules à la fafce lofangée d'or & d'azur.

Tenants : Deux angès. Devife : Un jour l'aura.

Cachets de 1766.

DE LORGUE, *L'Aubépin, Fontenelle, St-Juft-la-Pendue, Néronde, St-André, Vaudragon,* XVIIIᵉ *f.* :

De gueules au chevron d'or, accompagné de trois étoiles du même.

LOUVERT D'ARGENTAL, xve f. ; *Orig. du Dauphiné :*

Pallé d'or & de gueules, à la bande d'argent, chargée de trois louveteaux de fable. *Alias :* D'azur brochant. Devife : *Lupus in fabula.*

DE LOY, *à St-Chamond :*

D'azur à une oie d'argent, becquée de gueules & membrée de fable (A G. article Vaché).

LOYS, *à Sury-le-Comtal & à Lyon :*

D'azur à un demi-vol d'or.

DE LUCENAY, *à Roanne,* xviiie f. :

De gueules à trois têtes de léopard d'or.

Un blafon femblable eft fculpté & peint à Champdieu, xve f.

DE LUGNY D'AILLY, *à Perreux,* xive f., *& en Bourgogne :*

D'azur à trois quinte-feuilles d'or, accompagnées de fept billettes du même, 3, 1, 2 & 1.

Devife : Il n'y a oifeau de bon nid qui n'ait une plume de Lugny.

* DE LUVIGNE, *à St-Chamond,* xviiie f., *& à Lyon :*

Parti au 1er d'azur, à la harpe d'or (ou *luth*), au 2e de gueules, au cep de vigne d'argent, foutenu du même.

* DE LUZY-PELLISSAC, *Coufan, Chalain-d'Uzore, Champs, La Valla, St-Juft-en-Bas :*

De gueules au chevron d'argent, accompagné de trois étoiles d'or.

Cloche; cachet de 1711, &c.

DU LYON DE MONTAUBERT, *La Murette ; Orig. de la Paliffe :*

D'azur au lion d'or (A B).

LYON, *Ancienne Capitale du Lyonnais ; ancien Chef-lieu du Dé-*
partement de Rhône & Loire :

De gueules au lion d'argent, tenant une épée du même,
au chef cousu de France.

LYONNET :

Coupé au 1er d'azur, à deux ancres en sautoir d'argent,
au 2e de gueules, au lion couché d'argent sur une plaine de
sinople.

Devise personnelle de Mgr. L. : *Scio cui credidi.*

LYOTAUD :

D'azur au lion d'or, au chef d'argent, chargé de trois
étoiles d'azur (A G).

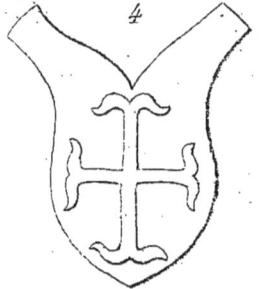

L.P. GRAS, Del.   C. Tournier, sculp.

XVIE SIÈCLE

Imp. V. Giraud, Lyon

M

MABIEZ DE MALVAL :

D'argent au mât arraché de finople, penchant à dextre (*de biais*), feneftré d'un oifon de gueules. *Alias :* D'argent, à l'olivier de finople terraffé du même, & un lion de gueules rampant contre l'arbre, au chef d'azur (A G).

MACIBO D'ARÇON, *Changy, 1300 :*

Une famille Maffebeau d'Auvergne, fort ancienne, portait : D'azur à trois chevrons d'or, accompagnés de trois croiffants du même (A M).

DE LA MADELEINE DE RAGNY, *à Charlieu,* XVIe *f. ;*
Orig. du Charolais :

D'hermines à trois bandes de gueules, chargées de neuf coquilles d'or. Devife : Ayez l'amour de la Madeleine. Tenants : Deux fauvages. *Alias :* Deux anges.

Sculpté à Charlieu, au Poyet, &c.

MADIÈRES DE VERNOILLE, XVIIIe *f.*

De gueules à trois befants d'or, au chef coufu d'azur, chargé de trois triangles d'argent (A G). *Alias :* D'or à un arbre de finople (A G).

MAGDINIER :

D'azur à un mont de trois coupeaux d'argent, d'où sortent trois rofes de gueules, tigées de finople (A S).

* MAGNIN de PONCHON, *en Roannais*, XVIIe *f. :*

D'azur à deux mains d'argent, mouvant des flancs de l'écu, arrachant chacune une tige d'un tertre d'or.

DU MAINE DU BOURG DE L'ESPINASSE, *Changy, La Motte, St-Bonnet-des-Carts :*

De gueules à une fleur de lys d'or, au chef d'argent.

MAISONNEUVE, *à St-Bonnet-le-Château :*

D.... au chevron d...., accompagné de deux étoiles & d'un cœur d..., au chef d..., chargé de trois étoiles d....

  Sculpté fur une tombe & une clef de voûte dans l'églife de St-Bonnet.

MAISONSEULE :

D'azur femé d'étoiles d'or, à une maifon d'argent fur une montagne d'or (A G). *Alias :* D'azur à trois fleurs de lys d'or & une levrette de même, en cœur (L L).

LE MAISTRE ou LE MAITRE, *à Valeilles 1462 (non noble?) & à Lyon :*

D'azur à trois befants d'or, au chef coufu de gueules, chargé d'un lion paffant d'argent (A G).

  Gérard Le Maiftre, juge du reffort de Lyon en 1392, eft nommé par Le Laboureur juge des appeaux de Forez.

Une famille noble du Dauphiné, portant le même nom, avait pour armes : D'argent au tourteau de gueules, au chef d'azur, chargé d'un lion léopardé d'or (A D).

MALLET DE VANDÈGRE DE LAVAL, *La Goutte, Le Salles, La Bouterefse*, XVIIIᵉ f. :

D'azur à la fafce d'or, chargée de trois fleurs de penfées au naturel & accompagnée de trois mains dextres, appaumées d'argent.

DE MALLEVAL, *V. Ravel.*

MALLIÈRE :

D'azur au chevron d'or, accompagné en pointe d'une colombe d'argent, tenant au bec une branche de laurier d...., au chef coufu de finople, chargé de trois trèfles d'or (A G).

DE MALMONT :

D'azur au lion d'or.

MANGIN, *à Charlieu* :

D'azur à un épervier d'or, tenant de la patte dextre un oifeau d'argent, au chef du même, chargé d'un foleil d'or (A G).

MANIQUET, *à St-Paul en Jarez* :

D'azur à trois demi-vols d'argent.

MANIS DE CHAMPVIEUX, *à Montbrifon*, XVIIᵉ f. & *à Lyon* :

D'azur au chevron d'or, chargé fur la pointe d'un croiffant de gueules & accompagné de trois étoiles d'or (A G).

MARCHANT DE CHAMPRENARD :

D'azur à la bande d'azur, chargée en tête d'un foleil & en pointe d'une étoile d'or.

DE MARCHAMP, *en Forez & Beaujolais*, XIIIᵉ f. :

D'argent, au chef bandé de gueules & d'hermines ; *Alias :* Pallé d'hermines & de gueules.

12

DE MARCILLY :

>D.... à un maſſacre de cerf d....
>
>Sceau de 1257.

DE MARCILLY DE CHALMAZEL, *La Ferrière, Marcilly*, XIIIe ſ.

>De ſable ſemé de molettes d'or, au lion couronné du même. Deviſe : *Nobilitas avorum calcaribus aucta.*
>
>Peint & ſculpté à Chalmazel. Le lion n'eſt pas couronné dans la généalogie des d'Urſé.

* DE MARCILLY, *V. Chaſſain :*

MARCONNAY :

>De gueules à trois pals de vair, au chef d'or.
>
>Sculpté à la Lièguc, contreparti de Bron, 1530.

DE MARCOUS DU BEY, XVIIe ſ., *arrière-ban, 1689 ; Orig. du Dauphiné :*

>Coupé en chef de gueules, à trois épis rangés d'or & d'azur, à la hache d'argent poſée en pal, ordinairement écartelé de Du Bey qui eſt d'argent, à la bande d'azur chargée de trois fleurs de lys d'or.

MARÉCHAL D'APINAC, *Coſſanges, Le Colombier :*

>D'argent au lion de gueules, à la bordure de ſable, chargée de huit beſants d'or. Deviſe : *Vicit Leo de tribu Juda.*

MARÉCHAL DE VARENNE :

>D'or à la bande de gueules, accompagnée de ſix co-quilles en orle d'or. *Alias :* Chargée de trois coquilles du champ.
>
>Ecartelures des Mittes.

MARÉCHAL, *Pouilly-ſous-Charlieu*, XVe ſ. :

>D'or à la bande de gueules, chargée de trois étoiles d'or.

MARESCHAL :

D'or à trois étoiles de fable (La Chefnaie).

MARET DE SAINT-PIERRE :

D'azur à une colombe d'argent, au chef coufu de gueules, chargé de trois coquilles d'or. Les feigneurs de Saint-Pierre portaient le champ de fable pour brifure. On ajoute un croiffant d'argent fous la colombe, par une conceffion honorifique de la ville de Roanne, au XVIIIe f. Supports : Deux ceps de vigne.

Sculpté dans l'églife de St-Haon-le-Châtel.

MARINIER, *à St-Etienne :*

D'azur à une ancre d'argent pofée en pal dans une mer du même, au chef coufu de gueules, chargé de trois étoiles d'or (A G. article Thiollière).

MAROLLE, *à Charlieu,* XVIIe *f. :*

D'azur au chevron d'or, furmonté d'un croiffant d'argent (A G).

MARQUET, *à Ambierle :*

D'azur à une muraille d'argent, maçonnée de gueules, fommée de trois marcs d'or, & foutenue en pointe d'une rivière ondée de finople (A G).

MARQUIS :

D'azur à une pyramide d'or (A G)

MARTIN, *Alliance de St-Prieft-d'Albuzy :*

D'azur au chevron d'or, accompagné de trois rofes d'argent (A G).

DE MARS DE SAINTE-AGATHE, *St-Marcel de Félines,
La Goutte, du* XIIIe *au* XVIe *f. :*

Pallé d'or & de gueules, au franc-canton d'azur, ce qui
paraît être une combinaifon des armes des de Barges de
de Ste-Agathe. On trouve au milieu du XVIe f. leur blafon écartelé, au 1er d'argent, au lion couronné de gueules;
au 2e, comme plus haut; au 3e d'or, à la fafce de fable;
au 4e, de gueules au foleil d'or.

Le lion pouvait être le blafon des Luxembourg dont les
de Mars portaient le furnom au XVe f.

DE MARTIGNY, XIVe f. (*Noms féodaux*) *& en Bourgogne :*

D'azur à la croix de finople, écartelé d'azur à trois
cloches d'argent (A M).

* SAINT MARTIN D'AGLIÉ, *Ecotay, La Roue, Montpeloux,
Uffon,* XVIIIe *f.; Orig. du Piémont :*

Ecartelé aux 1 & 4 d'or, à neuf lofanges accolées d'azur,
3, 3 & 3, aux 2 & 3 de gueules plein.
Légende : *In armis jura.*
Devife : Sans départir (R).

Sur un cachet de 17.., l'écuffon eft pofé fur des canons.

MARTIN, *Les Pomeys, Azieu, à Montbrifon,* XVIIe *&* XVIIIe *f. :*

D'azur au chevron brifé d'or, accompagné en pointe
d'un cœur enflammé d'argent, foutenu d'un croiffant
d'or, au chef coufu de gueules, chargé de trois rofes d'argent (A G. 476). *Alias :* D'azur à un agneau paffant d'argent, accompagné en chef d'un foleil d'or & en pointe
d'un croiffant d'argent.

Cachet du XVIIIe f.

MARTINIÈRE DU SOLEILLANT, *Renaifon :*

D'or à trois fafces ondées de finople, au chef de
gueules. *Alias :* D'argent à la bande d'azur, accompagnée
de fix rofes de gueules en orle (A G).

MARTIN :

D'or à un arbre de finople, accofté de deux rofes de gueules, mouvant du fût de l'arbre, au chef d'azur. *Alias :* De gueules, chargé de trois étoiles d'argent (A G).

DE MARZÉ, *Champs, Grézieu, Belleroche,* XIVᵉ ſ. :

Faſcé d'hermines & de fable. *Alias :* De gueules.

DU MAS DE L'ISLE, *V. Dumas, en Forez,* XIVᵉ ſ.; *Orig. du Bourbonnais :*

D'azur à une faſce d'or, accompagnée de trois befants du même.

DU MAS, *à St-Bonnet-le-Château,* XIIIᵉ ſ., *& en Auvergne :*

D.... à trois pals d...., & une cotice d.... brochante.

Sceau de 1284.

MASCRANY DE LA VALETTE :

De gueules à trois faſces vivrées d'argent, au chef de gueules, chargé d'un aigle d'argent, addextrée d'une clef & feneſtrée d'un caſque du même, & un écuſſon d'azur à la fleur de lys d'or en abîme.

Conceſſion de Louis XIII.

MASSE DE SAINT-HILAIRE :

D.... à deux maſſes en fautoir d...., furmontées d'une couronne de laurier d....

Cachet de 1776. A S.

MASSO DE LA FERRIÈRE, *St-Médard :*

D'azur à la bande d'or.

Sculpté à Valbenoite, mais avec un lambel en chef & un croiſſant en pointe, 1596.

MASSON, *à St-Germain-Laval*, XVIᵉ ſ. :

> D.... à une étoile d...., en chef de trois grenades d....
> poſées 2 & 1.

Portraits gravés.

LE MASTIN DE LA MERLÉE, *Villeneuve, La Roche, la Chabaudière, au* XVIᵉ ſ. :

> De gueules à la bande d'or, chargée de trois merles de
> ſable, becqués & membrés de gueules. Cimier : Une tête
> de chiens. *Alias :* D'azur à la bande d'argent, chargée de
> trois merles de ſable, becqués & membrés d'or.

Sculpté à la Merlée, à St-Juſt-ſur-Loire.

MATHÉ DE BALICHARD, *Beaurevoir*, XVIIIᵉ ſ. :

> De gueules à la bande d'or, chargée d'une fouine d'azur.

D'Aſſier : Aſſemblée baillagère.

MATHEVON DE CURNIEU :

> D'argent à la bande de gueules, accompagnée de ſix mer-
> lettes de même, en orle (A G. 772). D'azur au lion d'or,
> au chef couſu de gueules.

*MATHON DE SAUVAIN, *La Cour, Fogères, La Garinière*,
XVIIᵉ & XVIIIᵉ ſ. :

> D'argent à trois chevrons d'azur.

MATHIEU, *à Roanne :*

> D'azur au chevron d'or, accompagné de trois colombes
> d'argent (A G).

DE LA MATRE, *Le Colombier :*

> De ſable à la bande d'or, accompagnée de ſix étoiles du
> même.

* DE MAUBOU, *V. Chappuis.*

MAUGIRON :

Gironné d'argent & de fable de fix pièces.

DE MAUMONT « DE MALOMONTE, » *Chatelus, Buffy, Saint-Germain-Laval, Saint-Maurice :*

Fafcé d.... & d....

Sceau de 1314.

DE SAINT-MAURICE, *en Roannais, St-Maurice, St-Romain-la-Motte :*

D'argent au lion de gueules.

MAUVERNEY, *en Roannais & en Beaujolais :*

D'argent à une rofe de gueules & huit bouterolles d'azur en orle.

MAUVERNEY, *Le Cognet, St-Chriflôt & à St-Etienne,* XVIIᵉ *J. :*

D'azur à la fafce d'argent, chargée de trois tourteaux de gueules, accompagnée en chef de trois étoiles, & en pointe d'un croiffant d'or.

Cachet du XVIIIᵉ f.

MAUVOISIN, *Chevrières, La Liègue, Rébé,* XIIIᵉ & XIVᵉ f. :

D'or à la fafce ondée de gueules (La Diana ; fceaux), quelquefois vivrée (Armorial de Berry). Les de La Liègue portaient la fafce de fable.

La Diana ; écartelure des Rougemont, fculpture à la Liègue, &c.

MAYEUVRE, *de Chazournes, en Roannais,* XVIIᵉ f., *& à Lyon :*

D'azur au chevron d'argent, accompagné de trois rofes d'or. *Alias :* Accompagné de deux rofes & d'un lion d'or.

MAYNARD DE **CHAZELLES**, *à Rochebaron*, XVIᵉ *f.* ;
Alliance de Ste-Colombe :

Ecartelé aux 1 & 4 d'azur, à une main d'or ; aux 2 &
3 de gueules, à trois bandes d'argent.

MAY, *En Jarez* (*Rôles 1760*) *:*

D'azur à une tour d'argent, maçonnée de fable fur trois
rochers d'or (A G).

MAYMONT, « DE MAGNO MONTE: »

De fable à trois molettes d'argent.

Sceau de 1272.

. DE **MAYOL**, *Luppé, Bayard*, XVIIᵉ & XVIIIᵉ *f.* :

D'or à fix pommes de pin, verfées de finople, 3, 2, 1 ;
Alias : De finople à fix pommes de pin d'or. Devife : *Deo
& patriæ.*

Sculpté & peint à Bourg-Argental.... *V. Documents....* par
M. de Mayol de Luppé.

L' A G donne de fable à une colombe d'argent, vo-
lante en barre, & une bordure de vair.

MAYOSSON DE LA **BENEVENTIÈRE**, *Montgiroud* (*arrière-ban, 1689*) *:*

D'azur à la fafce d'or, accompagnée de deux étoilcs d'or
& d'une coquille d'argent.

MAYS DE **CUZIEU**, *Ste-Agathe, St-Marcel, du* XIIᵉ *au* XIVᵉ *f.* :

De gueules au chef d'or, chargé de deux molettes de
fable.

* **MAZENOD** DE **PAVESIN**, *Boiffet, St-Prieft, Chenereilles,
St-Georges, Montfupt, St-Thomas*, XVIIIᵉ *f.* :

D'azur à trois molettes d'or, au chef coufu de gueules,
chargé de trois bandes d'argent.

MAZOYER DE LA GRANGE, XIXe f. :

Armes inconnues.

MAZUYER, XVIIe & XVIIIe f. :

Parti au 1er d'azur au chevron d'argent, furmonté d'une fafce d'or & une rofe d'argent en chef; au 2e écartelé, aux 1 & 4 d'argent, à l'aigle couronnée de fable, aux 2 & 3 d'azur, au lion d'argent, au chef du même, chargé de trois trèfles de fable.

*MEAUDRE DE PALADUC, *Sugny, Champigny, du* XVIe *au* XVIIIe *f. :*

D'azur au chevron fommé d'une trangle & trois étoiles rangées en chef, le tout d'or.

*DE MEAUX, *Merlieu, Le Perier, Urfé, St-Juft-en-Chevalet, 1781 ; Orig. de Villefranche :*

D'azur au chevron d'or, accompagné en chef de deux étoiles & en pointe d'un trèfle d'argent.

Cachets du XVIIIe f.

Supports : Deux lions. Devife : *Pro Deo & rege.*

DE LA MENUE :

De gueules au griffon d'or.

MÉLIAND.

D'azur à une croix, cantonnée au 1er & 4e d'une aigle, aux 2 & 3, de trois houppes, le tout d'or.

MENON, *à St-Chamond,* XVIe f. :

D'or au chardon fleuri de gueules, tigé & feuillé de finople, mouvant d'un croiffant de gueules.

Sculpté dans l'églife de Miribel.

MELLIER, *à Firminy* (*Rôles de 1760*) :

> D'argent à la ruche de gueules, accompagnée de cinq abeilles de fable, 2, 2 & 1.

MELLIER, *de Changy* :

> D'azur au chevron d'or, accompagné d'un croiffant, d'une étoile & d'une rofe d'argent.

DE MEREZ (*Arrière-ban, 1689*), *Orig. du Vivarais* :

> D'or à la tour ruinée d'azur, accompagnée de deux croiffants montants en bande, du même.
>
> Devife : *Evertit fortiſſima virtus.*

MERLIN, *à Boën*, XVIIe f. :

> D'azur à une rofe d'argent, accompagnée de trois ferres renverfées d'or, au chef d'argent, chargé de trois flammes de gueules (G).

LA MER DE MATHA, *Gatelier*, XVIIIe f.

> Lofangé d'or ; *Alias :* D'argent et de gueules.

DE MERCŒUR :

> De gueules à trois fafces de vair. Devife : *Plus fidei quam vitæ.*
>
> La Diana. Anciennement peint dans l'églife des Cordeliers de Montbrifon.

MERLE DU BOURG, *en Roannais*, XVIIIe f. :

> D'azur au chevron d'or, addextré en chef d'une étoile du même.

MERLE DE RÉBÉ, *Chenevoux, Buſſières, Bonvers*, XVIe f. :

> D'or à trois merlettes de fable.
>
> Sceau de J. Merle, abbé de Cruas, 1530.

LA MERLÉE, *V. Maflin* :

MÉTAYER DES COMBES, *à St-Galmier & Montbrifon*, XVIIIᵉ *f.* :

D'azur à trois rofes d'or fur une même tige mouvante d'un croiffant d'argent, au chef de gueules, chargé de trois étoiles d'or (A G).

MESCHATIN DE LA FAYE, *& en Bourbonnais* :

D'azur au rencontre de cerf d'argent; *Alias* : Au maffa-cre de cerf d'or, au chef du même (A B).

MÉTRAL DE ROUVILLE, *Aveife, Ste-Foy-l'Argentière*, XVIIIᵉ *f.* :

De gueules à la fafce d'or, accompagnée de trois coqs de même (A G).

Supports : Deux aigles. Cimier : Une aigle.

*MEY, *de Chales*, XVIIIᵉ *f.* :

D'azur au mai, arraché d'argent, accofté de deux étoiles du même, au chevron d'or brochant.

Ex-libris, XVIIIᵉ f.

MEY, *Morland, Coutouvre, en Roannais*, XVIIIᵉ *f.*, *& à Lyon* :

D'azur à une tour d'argent fur un mont d'or. (V. MAY).

* MEYNIS, *à St-Bonnet-le-Château*, XVIIIᵉ *f.* :

Armes inconnues.

MICHEL, *à St-Bonnet-le-Château*, XVIIᵉ *f.* ; *Alliance de Cham-baran* :

Armes inconnues.

MEYSSONIER :

D'azur, femé d'épis de blé d'or.

MEYNIER, *à Chavanay* :

D.... au chevron d...., bordé en chef de trois étoiles &
quatre befants aux tourteaux alternés d...., & accompagné
en pointe d'une merlette, furmontée d'un befant d....

Cachet du xviiie f.

Alias : D'azur à deux chevrons d'argent, faillis à
feneftre.

Cachet du xviiie f.

MICHEL, *à Montbrifon* :

D'azur à deux chevrons d'or, accompagnés de trois
croiffants du même, 2 en chef, 1 entre les deux chevrons,
au chef de gueules, chargé d'une rofe d'argent, accoftée
de deux étoiles du même (A G).

MICHEL DE CHAVANNES :

D'or à trois coquilles d'azur (A G).

MICHEL DE LA BROSSE.

Armes inconnues.

MICHON DE PIERRECLOS, *Cenves & en Beaujolais* :

D'azur à trois befants d'argent & un lofange d'or en
abîme. *Alias :* Une fleur de lys d'or. Supports : Deux lions.

MICHON, *à Roanne* :

D'azur à trois croiffants d'argent & une étoile d'or en
abîme (A G).

MICHON, *à Roanne* :

D'azur à trois chevrons d'or, accompagnés de trois
croiffants d'argent, au chef du même (A G).

*MICHON DE VOUGY, *Chamarande, La Farge, Bonvert, Aiguilly, Montrenard,* XVIIe *&* XVIIIe *J. :*

> D'azur à la croix alaifée d'argent, accompagnée en chef de deux étoiles d'or & en pointe d'un cœur du même (A G). *Alias :* Les armes qui fuivent.

*MICHON DU MARAIS :

> D'azur à la fafce d'or, accompagnée de trois befants d'argent. *Alias :* D'or.
>
> Cachet 1787.

MILLIÈRE (*Arrière-ban, 1689*) :

> D'azur à trois tiges de millet d'or.

MIRAUD , *en Roannais :*

> D.... à trois mûres d...

MIRIBEL :

> D.... à deux fafces d.... Un cadet brifait de deux merlettes en chef.
>
> Sceau de 1276, A S.

MITTE DE MONS , *St-Hilaire, Laval, Mitte, Chevrières, Cuzieu, St-Chamond, du* XIVe *au* XVIIe *f. :*

> D'argent au fautoir de gueules, à la bordure de fable, chargée de huit fleurs de lys d'or.

MITAUD , *à St-Symphorien-de-Lay :*

> De gueules au chevron d'or, furmonté d'une palme de finople, accompagné en chef de deux étoiles d'or, & en pointe, d'une rofe d'argent (A G).

MIVIÈRE (?)

> D'or à une fphère de gueules, fur son pied du même.

accompagnée en chef de deux étoiles d'azur, & en pointe, de deux coquilles de fable (A G. à Minière).

MOINE, *à St-Etienne :*

D'argent au chêne de finople, terraffé du même, au chef de gueules, chargé de trois étoiles d'or (A G).

DU MOLLARD, *Ste-Foy-l'Argentière, 1678 :*

Du Mollard, en Breffe : D'or à la bande de fable, accompagnée de deux cafques de même.

DE MOLES, *de Voùgy :*

D'argent au fautoir de fable ; *Alias :* D'azur au fautoir d'argent.

MOLIN, *à St-Etienne,* XVIIᵉ f. :

Armes inconnues.

MOLLIN OU MOLIN, *à Chalmazel & à Job* (*en Auvergne*) :

D.... à une bande d...., accoftée de deux tours d....

Cachet du XVIIᵉ f.

MOLLIN, *à Périgneux :*

D.... à la bande d...., accompagnée en chef d'une croix pattée d.... & en pointe d'un oifeau d....

Argenterie gravée.

*MONDON, *à Feurs :*

D'azur au mont d'argent, furmonté d'un foleil d'or. Devife : *Sol unicus.*

MONISTROL, *à Saint-Etienne :*

D'or à un moineau d'azur fur une branche d'épine de fable mouvant d'une terraffe de finople & accompagnée en chef de deux étoiles de gueules (A G).

DE MONS, *Chaponod* :

D'argent à la bande, engrêlée de gueules.

DE MONS, *à Cordelle, 1296 & en Bourbonnais* :

D'azur à l'aigle d'or (G R).

DE MONTAGNAT OU MONTAGNE DE MOULINES, *en Forez,* XVIIe *f.; Orig. du Velay* :

D'azur au fautoir d'or, à une étoile du même en chef.

MONTAGNE DE PONCINS, *Le Cognet, Jas, Magneu-Hauterive, Rochefort, St-Didier,* XVIIIe *f.* :

De gueules à trois bandes dentelées d'or.

Cachet de 1772.

MONTAGNY :

Pallé d'or & de gueules, au chef d'argent (Guich.).

MONTAIGNY :

D'azur au lion d'argent, à la cotice de gueules brochante. La généalogie des d'Urfé donne : D'azur au lion d'argent, à Falconne de Montaignac, en Limoufin, femme d'Arnulphe Ier (1370).

Les Montaigny du Forez feraient-ils une branche cadette ?

MONTAL :

D.... au créquier d....

Sceau trouvé à Firminy, dont la principale fafce porte écartelé aux 2 & 3 d.... au lion d..., avec cet exergue : S. Ramondi de Montall.

MONTAUD , *à St-Etienne* :

D'or à l'aigle de fable éployée fur un mont du même, au chef d'azur, chargé de deux étoiles d'or (A G). *Alias* : D'azur à une montagne d'or, fupportant une croix hauffée d'argent, accompagnée de cinq rayons de foleil d'or, mouvant de l'angle dextre (A G).

MONTAIGU sur **CHAMPEIX**, *Alliance de Sugny, vers 1400; Orig. du Vivarais :*

De gueules au lion d'or.

> Peint & fculpté fur une tombe. Hôtel-de-Ville de Montbrifon.

On donne ordinairement : De gueules à la tour donjonnée d'argent, de deux pièces l'une fur l'autre.

MONTBELLET, *de Crémeaux. (V. La Tour) :*

DE MONTBOISSIER, *Chevrières, Bouthéon,* XIVe f. :

D'or, femé de croifettes de fable, au lion du même.

MONTBRISON, *ancienne capitale du Forez, ancien chef-lieu du département de la Loire :*

De gueules au château d'or. *Alias :* A la tour couverte, feneftrée d'un avant-mur crénelé d'or, fur un mont du même, au chef coufu de France.

MONTBRISON, *Chapitre de Notre-Dame :*

De gueules femé de fleurs de lys d'or, au dauphin contourné du même brochant.

> Sculpté fur une porte de l'églife de Notre-Dame, XVIIe f., cachet du XVIIe f.

MONTBRISON, *Couvent de la Vifitation :*

D'argent au cœur de gueules, percé de deux flèches d'or paffées en fautoir, & chargé d'un nom de Jéfus d'or, & fommé d'une croix de fable au pied fiché dans l'oreille du cœur; le tout enfermé dans une couronne d'épines de finople, les pointes enfanglantées de gueules (A G).

MONTBRISON, *Cordonniers (Corporation)* :

De gueules, à un couteau à pied en pal, accoſté de deux palmes en ſautoir & ſurmonté d'une couronne de laurier, le tout d'or.

DE MONTCELAR :

De gueules au cerf d'argent, ramé d'or, paſſant ſur un tertre de ſinople.

DE MONTCHAL, *La Thuillière, Chauſſonnière, du* XVIᵉ *au* XVIIIᵉ ſ. :

De gueules au chef d'or, chargé de trois molettes d'éperon d'azur. Tenants : Deux ſauvages. Cimier : Un ſauvage iſſant de carnation, tenant en ſa main dextre une lance burelée d'or & de gueules, couronnée de laurier de ſinople & portant une double banderolle ſur laquelle on lit à dextre la deviſe : Je l'ay gaignée, & à ſeneſtre, le cri : Montchal.

* MONTCHANIN, *Chavron, Montermas, Montchervet, Les Paras,* XVIIᵉ & XVIIIᵉ ſ. :

D'azur à trois chevrons d'or, accompagnés de trois étoiles d'argent (A G). *Alias :* D'azur à deux chevrons d'or, accompagnés en chef de deux étoiles du même & en pointe d'un croiſſant d'argent (*ex-libris* de 1640). Un autre *ex-libris* de 1620 porte les chevrons d'argent, les étoiles & le croiſſant d'or.

MONTCHANIN. *La Garde, Peluſſieu,* XVIᵉ ſ. :
De gueules au chevron d'or.

MONTCHENU D'ARGENTAL, XVᵉ ſ. :

De gueules à la bande engrêlée d'argent; quelquefois chargée en chef d'une aigle d'azur. Deviſe : La droite voie.

Sculpté à Bourg-Argental. (V. Documents ... par M. de Mayol de Lupé.)

MONTCORBIER, *Pierrefitte* :

>D...., au chef d...., chargé de trois corbeaux d.'..
>
>Sculpté dans l'églife d'Ambierle, chapelle de Pierrefitte.

DE MONT-D'OR, *Chavannes, Boyé, Rontalon : Orig. du Lyonnais,* XIVe & XVe f. :

>D'hermines à la bande de gueules.

DE MONTEIL, *à Noirétable,* XIVe f., & *en Auvergne* :

>D'argent à la bande d'azur, chargée de trois molettes d'éperon d'or (G R).

MONTELLIER :

>D.... à deux cœurs accolés, furmontés de trois trèfles, rangés en chef.
>
>Cachet de 1731, A S.
>
>*Alias* : D.... à trois fafces ondées d....
>
>Cachet de 1744, A S.

DE MONTEUX « DE MONTE HABITO », *à St-Prieft-La-Roche, Souternon, V. Chairfula.*

MONTEYNARD, *Souternon, de 1755 à 1780* :

>De vair au chef d'argent, chargé d'un lion iffant de gueules. Devife : *Potius mori.*

MONTGINOT, *à Boën,* XVIIe & XVIIIe f. :

>De gueules à la fafce d'argent, chargée de trois aiglettes de fable (A G). *Alias* : De gueules au chevron d'or accompagné de deux flammes d'argent & en pointe d'un lion du même, au chef coufu d'azur, chargé d'une cloche d'or entre deux trèfles d'argent (R).

DE MONTGIRAUD, *en Forez,* XIIIe f. & *en Beaujolais* :

>D'or à trois lions de fable.

* DE MONTGOLFIER, *à St-Etienne, XIXᵉ ſ. ; Orig. d'Ambert & à Annonay :*

D'argent à une Montgolfière ailée de gueules, couronnée d'or, planant ſur des monts de ſinople, formant un golfe d'azur, ondé d'argent.

DE MONTJOURNAL, *Pouilly-ſous-Charlieu, 1440, & en Bourbonnais :*

Ecartelé aux 1 & 4 d'azur à trois fleurs de lys d'or, aux 2 & 3 d'argent, au lion de ſable (G R).

DE MONTLAUR, *feudataire du Forez, XIVᵉ ſ. (Noms féodaux) ; Orig. du Languedoc :*

D'or, *alias* de gueules au lion de vair, couronné d'azur. Quelquefois écartelé aux 1 & 4 d.... à une faſce d...., accompagnée de trois beſants ou tourteaux d....

DE MONTLUEL. *Alliance des comtes de Forez :*

Burelé d'or & de ſable de 10 pièces, au lion couronné d'argent, brochant.

MONTMAIN, *à St-Etienne (Rôles de 1760) :*

D'azur à la bande d'or, accompagnée en chef d'une main ſortant d'une nuée d'argent, mouvant du flanc ſeneſtre de l'écu & en pointe d'un mont du même mouvant du flanc dextre (A G). *Alias :* De gueules à une montagne d'argent de laquelle eſt mouvante une main dextre, apaumée du même (A G).

MONTMÉA :

D'azur à la bande d'or, chargée de trois monts de ſable, & accompagnée de deux étoiles d'or (A G).

DE MONTMORILLON, *Châtel-Montagne, feudataire du Forez, XIIIᵉ ſ. :*

D'or à l'aigle de gueules (G R).

DE MONTOLIVET, *St–Haon–le–Châtel :*

> D'argent à un olivier, fruité de finople (A S).

DE MONTORCIER, *St–Bonnet–le–Château,* XVIᵉ *f. :*

> D'azur au chevron d'or, accompagné en chef de deux
> croiffants d'argent & en pointe d'un globe du même (Au-
> vergne?).

DE MONTORCIER, *V. Boyer :*

DE MONTRAVEL, *de Martinas, en Forez, 1316 & en Velay;
Orig. d'Auvergne :*

> Ecartelé d'or & d'azur (V. Auzon). Devife : *Aut cum
> eo aut in eo.*

DE MONTRAVEL, *V. Ravel.*

MONTREGNARD, *La Place (La Grefle),* XVIᵉ *f. ; à Pouilly-
fous–Charlieu,* XVᵉ *f. :*

> De gueules à un renard montant d'argent, *Alias* D'or.
>
> > Sculpté dans l'églife de Pouilly-f.-Ch., feul & parti de
> > Ste-Colombe.

MONTRICHARD, *St–Pierre–la–Noaille, Marchangy,* XVIIIᵉ *f. :*

> De fable au chevron d'or, accompagné en pointe d'un
> mont de fept pointes d'argent, au chef d'or, chargé de
> trois étoiles de gueules, *alias* de fable. *Alias :* De vair à la
> croix de gueules (A M).
>
> Tenants : Deux anges . Cimier : Un bufte de maure.

DE MONT-SAINT-JEAN, *Crémeaux,* XIVᵉ *f. :*

> De gueules à trois écuffons d'argent.

DE MONTS, *Famille du Dauphiné, fouche des Mitte de Monts
de Chevrières, malgré la différence d'armoirie.*

> Bandé d'or et de fable de huit pièces.

MORANDIN, *à St-Etienne*, XVIIe *f. :*

>D'argent à un chevron d'azur, accompagné en pointe d'une tête de maure de fable (A G).

DE MORAS, *à St-Chamond*, XVIIe *f. :*

>D'argent au mûrier de finople, au chef d'azur, chargé de trois étoiles d'or (A G).

MOREAU, *Paladuc :*

>D'azur ou chevron d'argent accompagné de trois rofes du même (A A).

MOREL, *à Montbrifon :*

>D'or à un maure vêtu de fable, accolé d'argent, pofé de profil fur une terraffe du même, tenant de la main gauche une flèche de gueules perçant une cloche d'azur, & furmonté en chef d'un L de fable (A G).

* MOREL, *La Bruyère, Lacombe,* XVIIe & XVIIIe *f. :*

>D'or à trois morelles (poules d'eau) de fable, deux nageant à dextre fur une onde d'argent, vers une touffe de joncs de finople, & la troifième fondant de l'angle dextre du chef.

>>Cachet de 1780.

>*Alias :* d.... au vaiffeau accofté de deux croifettes d...., & furmonté de trois morelles mal ordonnées d....

>>Cachet du XVIIIe f.

MOREL D'AURIOL, XIVe *f. :*

MORESTIN, *Reffins, à Perreux,* XVIIe *f. :*

>De gueules à la bande d'argent, accoftée de deux croiffants du même, au chef coufu d'azur, chargé de trois

croifettes d'or. *Alias :* D'azur au croiffant d'argent, cantonné de quatre croifettes du même.

Sculpté & peint dans l'églife de Perreux.

Alias : D'azur à la bande d'or, chargée de trois flammes
de gueules et accoftée de deux croiffants d'argent (A G).

MORET :

D'argent à une tête de maure de fable, tortillée &
accompagnée de trois têtes de limier de fable (A G).

MORIER, *en Roannais,* xviiie *f. :*

D'azur au chevron d'or, accompagné en pointe de deux
poiffons pofés en chevron, au chef d...., chargé d'un
croiffant entre deux étoiles d....

Cachet de 1757.

MORILLON, *à Roanne,* xviiie *f. ; Orig. de Champagne :*

D'or à la fafce de gueules, chargée de trois filets ondés
d'argent & accompagnée de deux trèfles de fable (A M).

MORIN DES GRIVETS, *Les Bayons, à Roanne,* xviie *f. :*

D'azur à l'arbre d'or terraffé du même, accompagné
en chef de deux croiffants d'argent (A G).

Alias : D'or au chevron d'azur, accompagné de trois
têtes de maures de fable, tortillées d'argent.

MORIN, *à la Pacaudière :*

D'argent au chevron d'azur, accompagné en pointe d'une
tête de maure de fable (A G).

DE MORNAY, *en Forez,* xive *f. (Noms féodaux) ; & en Bourbon-*
nais :

Burelé d'argent et de gueules de huit pièces au lion de fable,
couronné d'or, brochant.

MOTIER, *de Lafayette, de Bouthéon*, XVe *f. ; à St-Bonnet-le-Château*, XIVe *f.* (*Noms féodaux*) :

De gueules à la bande d'or, à la bordure de vair.

DE LA MOTTE, *en Bourbonnais :*

D'argent au lion de gueules (G R).

MOULIN, *à St-Etienne :*

D'azur au chevron d'or accompagné en chef de deux trèfles du même & en pointe d'un moulin à vent d'argent, maçonné de fable (A G).

DU MOULIN :

De finople à une fafce d'or, chargée d'une anille de fer de moulin de fable, accompagnée de trois croiffants d'argent (A G).

DES MOULINS, *à Charlieu.*

D'azur à une croix dentelée d'or (A G).

MOYSSONNIER, *Le Sauzey*, *le Vernet*, *à St-Bonnet-le-Château*, XVIIe *f. :*

De finople à trois gerbes d'or (A G). *Alias :* D'azur femé d'épis d'or.

*DE MURARD, *de St-Romain :*

D'or à la fafce crénelée de fable, ardente de gueules (mur ardent), accompagnée en chef de trois têtes d'aigle rangées de fable, & en pointe d'une flamme de gueules. Devife : *Foris fed magis intus.*

MURAT DE L'ESTANG, *Malleval*, *Virieu*, *Chavanay. Un commandeur de Malte, à Montbrifon, en 1513 :*

D'azur à trois fafces crénelées d'argent, celle de la pointe ouverte à une porte.

MURE, *à St-Germain-Laval :*

DE LA MURE, *en Forez,* XIVᵉ *f. ; & en Dauphiné :*

DE LA MURE, *Chantois, Chateaubas, Le Crot, Jœuvre, Changy, Biénavent, Rilly, Champs, Le Poyet, Beaulieu, La Grange, Magneu-Hauterive, St-Bertrand, Chanlon, du* XVIᵉ *au* XVIIIᵉ *f. :*

Ecartelé aux 1 & 4 de fable, à trois fafces d'or ; aux 2 & 3 d.... à trois étoiles d.... furmontées de trois pointes mouvant du chef, à la croix d..., brochante, chargée de cinq croiffants d....

Cachet de 1630.

Ecartelé aux 1 & 4 de fable, à trois fafces d'or, aux 2 & 3 d'azur, à trois croiffants d'argent.

**DE LA MURETTE, V. Rullet.

DE MURINAIS, 1400 (*Noms féodaux*), *& en Dauphiné :*

De gueules au lion d'or. *Alias :* D'azur au lion d'or, armé & lampaffé de gueules.

DE MUSINOD, XVIIIᵉ *f. (arrière-ban, 1689) ; St-Romain, Renaifon,* XVIIIᵉ *f. :*

D'azur à la fafce d'or, accompagnée de cinq befants du même, trois en chef & deux en pointe.

MUTIN OU MUTHIN, *à Montbrifon,* XVIᵉ *f., & à Lyon :*

De finople à la fafce d'argent, accompagné de trois larmes d'or. *Alias :* D'azur au chevron d'argent, chargé fur la pointe d'un croiffant de gueules & accompagné de trois têtes de lion d'or (A S).

MUZY DE LA FARGE, *La Garde, (arrière-ban, 1689) :*

De gueules à une aigle d'argent couronnée d'or (A G). *Alias :* D'argent au chef de gueules, chargé de trois roses d'or (A S).

N

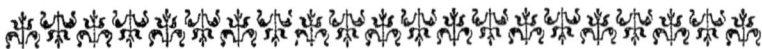

NACHARD, *à Montbrifon*, XVIIe *f.* :

D'azur à une hache d'arme d'argent en pal, accompagnée en pointe d'une cane paffant d'or (A G).

Sur un cachet de 1745 : D'azur à un cœur enflammé d....

NALLARD :

D'argent à un cœur de gueules, enflammé de même,
ailé d'azur.

Cachet.

NAMUR, *à Ambierle* :

D'or à un lion de fable (A G).

NAGU DE VARENNES, *Belleroche*, XVIe *f.* :

D'azur à trois lofanges rangés d'argent. Supports : Deux
aigles. Cimier : Tête de béliers.

Sceau de 1401 (A S).
Vitrail à Ambierle, contre-parti d'Albon.

NAMY DE LA FOREST :

D'azur à la bande d'or accoftée d'une étoile d'argent &
d'une rofe d'or. *Alias* : D'azur à la fafce d'or, accompagnée
de trois étoiles du même.

NANTON D'ARCIS, *Marzé ; Orig. du Mâconnais :*
De finople à la croix d'or.

NAVERGNON, *Alliance de Girard :*

D'or à la bande d'azur, chargée de trois coquilles d'argent & accofté d'une hure de fable & d'un croiffant d'argent.

> Peint au château de Vaugirard, mais la hure eft remplacée par une étoile....

NAVETTE DES OLIERS, *à Montbrifon,* XVIIᵉ & XVIIIᵉ *f. ; Orig. du Velay :*

D'azur au foleil d'or, mouvant du franc canton & une ancre d'argent, au cartier feneftre de la pointe.

NAYME DES ORIOLS, *St-Julien :*

De gueules, femé de billettes d'argent, au lion brochant, du même.

NERESTANG D'AUREC, *La Chapelle, Oriol, St-Victor-fur-Loire, La Fouilloufe,* XVIIᵉ & XVIIIᵉ *f. :*

D'azur à trois bandes d'or & trois étoiles d'argent entre la 1ʳᵉ & la 2ᵉ bande, ajoutées par un grand-maître de l'ordre du Mont-Carmel avec cette devife : *Stellæ manentes in ordine fuo.*

DE NEUFVILLE-VILLEROY :

D'azur au chevron d'or, accompagné de trois croix ancrées du même.

> Sculpté fur les murs de la ville de Montbrifon, dans plufieurs églifes du Forez, fur la chaffe de St-Porcaire à Montverdun, don de l'archevêque de Lyon, Camille de N. V., &c.

*NEYRON DE SAINT-JULIEN, *Les Granges, Roche-la-Molière,* XVIIIᵉ *f. :*

D'azur au héron d'argent, terraffé de finople.

NIZET, *Alliance de Mathon, à St-Etienne, & en Beaujolais :*

> D'argent à une bande componée d'azur & de gueules de fix pièces & accompagnée de deux rofes, parties d'azur & de gueules (A G).

NOALLY (*Le Prieuré*) :

> D'argent à une croix d'azur, chargée d'un écuſſon faſcé d'or & de fable, avec une bordure contre-componée du même (A G).

DE NOBLET, *Aveife, Buſſières, Boiſſet, & en Beaujolais :*

> D'azur au fautoir d'or.

NOEL :

> D'or à une faſce d'azur, accompagnée de trois raiſins feuillés & tigés de finople, celui de la pointe accoſté de deux aigles affrontées de fable (A G).

NOEL, *La Peronnière, à Roanne,* XVIIᵉ f. :

> D'azur à l'arche de Noé d'or fur des ondes d'argent & une colombe d'argent poſée sur le couvert de l'arche, portant en fon bec une palme d'or (A G).

NOELAS, *en Forez,* XIXᵉ f, :

> D'azur à la faſce d'or & un foleil d'or en chef (A G, Auv.).

DE LA NOERIE :

> De gueules à deux chevaux paſſant d'argent.

DE LA NOERIE, *V. Silveſtre :*

* NOURISSON, *à Charlieu :*

> D'azur à un pélican d'argent poſé fur fon aire d'or.

* NOMPÈRE, *de Champagny*, *Nantillière*, *St-Haon-le-Vieux*, *St-Riran*, *Pierrefitte*, *Duc de Cadore*, XVIe *au* XIXe *f.* :

D'azur à trois chevrons brifés & alaifés d'or. On ajoute un chef de gueules femé d'étoiles, pour les Ducs de Cadore.

Cachet de 1761.

NOYEL DE LA NOERIE :

D'or à la bande d'argent, chargée de trois étoiles de gueules, au chef d'or.

NOYER, *à Saint-Etienne* :

D'argent à un noyer terraffé de finople, fruité d'argent, fommé d'un oifeau d'or, les ailes étendues (A G).

DE NOYERS, *à Belmont*, *Belleroche*, XIIIe *f.* :

D'azur à l'aigle d'or.

ODIN DE MALIGNIÈRES :

> D'azur à un daim paſſant d'or, accorné d'argent (A G).

ODOARD, à Firminy :

> De gueules à trois molettes d'or, au chef du même, chargé d'un lion paſſant de ſable.

OGIER DE CHARLIEU, La Broſſe :

> D.... au ſautoir d... , cantonné de quatre fleurs de lys d....

OINGT « DE ICONIO » :

> D'argent à la faſce de gueules, chargée de trois étoiles d'or.

OLIER OU OLLIER, à Cervières, XIVᵉ ſ., & en Auvergne :

> D'azur au chevron de gueules (ſic), accompagné de trois pots à l'huile d'or (G R).

OLIVIER DE SENOZAN, Virieu, Malleval, Chavanay, XVIIIᵉ ſ. :

> D'or à un olivier terraſſé de ſinople, quelquefois écartelé de Grôlée.

OLLAGNIER, *Le Mont*, xviie ſ. :

>D.... à un arbre (olagnier ou noiſetier?) accoſté de deux roſes.

>>Tombe de 1650, dans l'égliſe de Champdieu.

OLLIER ou OLIER :

>D... à une vaſe d'où ſortent trois fleurs réunies ſur une même tige d.... & un croiſſant d.... en pointe.

>>Tombe dans l'égliſe de Champdieu.

OLLIER ou OLIER :

>De ſinople au chevron d'argent, accompagné de trois raiſins du même (A G).

ORCET DE LA TOUR, *à Montbriſon*, xixe ſ. :

>De gueules au chef d'argent, chargé de trois tours de ſable.

D'ORNAISON CHAMARANDE, xviie ſ. :

>D'or à la bande d'azur, chargée d'une onde d'argent. *Alias* : D'azur au lion d'argent, couronné d'or (A G, art. Talaru). *Alias* : De gueules à trois faſces ondées d'or.

OUDAILLE DU BOUCHARD, *à Roanne* :

>D'azur au chevron briſé d'or, accompagné de trois trèfles de même. V. A G.

OUTREQUIN DE SAINT-LEGER, *à Montbriſon*, xixe ſ. :
>Orig. de Normandie :

>D'argent à cinq loutres de ſable, 2, 2 & 1.

D'OYSSEL, *en Forez*, xive ſ. :

>D'azur à trois coquilles d'argent, au chef d'or. *Alias :* De gueules.

PAFFY, *Cleppé, Néronde*, XVIᵉ ſ. :

D'argent à deux anneaux l'un dans l'autre de gueules.

*PAGNON ou PAIGNON, *à St-Galmier*, XVIIᵉ ſ. :

D'argent à trois merlettes de gueules (A G). *Alias* : D'argent à trois bombes à crochet de ſable enflammées de gueules, 2 & 1 (A G).

DU PALAIS, *la Merlée, Villechèze* XVIIᵉ ſ. *(arrière-ban, 1689)* :

D'azur au chevron d'or, accompagné de trois glands verſés du même.

PALERNE DE SAVY, *La Porchère, le Sardon, Sornin* :

D'or au paon rouant d'azur, au chef du même, chargé de trois étoiles d'argent. *Alias* : Le chef de gueules chargé de trois étoiles d'or (A G).

PALERNE, *à St-Chamond* :

Pallé d'or & d'azur de ſix pièces (A G).

LA PALICE, XIIIᵉ ſ. :

De gueules à cinq pals d'argent.

LA PALICE, xvᵉ ſ. :

>D'argent à trois lionceaux d'azur (A A).

LA PALICE; *V. Chabannes* :

*PALLUAT DE BESSET, *à St-Etienne*, xvIIᵉ & xvIIIᵉ ſ. :

>De gueules à un lion d'or & un griffon d'argent affrontés, ſoutenant un fer de lance renverſé à un croiſſant de même en pointe, au chef d'azur, chargé d'une roſe d'argent entre deux étoiles d'or (La Tour-Varan). *Alias :* D'or à trois œillets de gueules, tigés & feuillés de ſinople & mouvants d'une même tige, armes des Palluat de Jalamonde, en Breſſe.

PALMIER, *à Lyon* :

>D'azur à trois palmes d'or.

LA PALUD-GUIFFREY, *Noally, La Ferrière*, xvIIᵉ ſ. (*Noms féodaux*), *en Dauphiné & en Breſſe* :

>De gueules à la croix d'hermines. Deviſe : Eh Dieu ! aidez-moi.

PANNIER D'ORGEVILLE, *à St-Romain-en-Gier*, xvIIIᵉ ſ.; *Orig. de Lyon* :

>D'azur au chevron d'or, accompagné en chef de trois étoiles mal ordonnées d'argent & en pointe d'une roſe d'or.

>>Cachet de 1727.

PAPAREL, *Arthun, à St-Galmier*, xvIᵉ ſ. ; *à Boën* :

>D.... à trois tours maçonnées, ouvertes & crénelées d..., au chef d..., chargé d'un léopard paſſant.

>>Cachet.

>Deviſe : *Alis ala* (ſur un camée-cachet de 1715).

PAPARIN, *Chaumont, Château-Gaillard*, xvᵉ & xvıᵉ ſ. :

D'azur au chevron parti d'or & d'argent, accompagné en chef de deux étoiles d'argent & en pointe d'une roſe d'or. Supports : Deux aigles. Cimier : Un buſte d'homme.

> Sculpté dans l'égliſe de Notre-Dame de Montbriſon, avec deux anges pour tenants; anciennement dans le cloître, ſupporté par un homme ſauvage.

PAPON, *Goutelas, Marcoux, La Motte-Barin, Trelins, Matorges, Les Buillons :*

D'or à la croix d'azur, à quatre endenchures de gueules, mouvant du chef, deux dans chaque canton. Deviſe : *Non quod acuero ſanguine dentem.*

DE PARAY ou **PAREY**, xıvᵉ ſ. ; *en Beaujolais :*

De gueules à trois blaireaux d'or (G R).

> Sculpté à Goutelas, ſeul ſur une cloche, écartelé de Couviſſon ſur un portail; à Eculieu, avec deux anges pour tenants; à Crozet avec une coquille en abîme.

PARCHAS DE **VILLENEUVE**, *St-Marc, Malmont, Malleval, les Fraiſſes, L'Arzelier, La Murette, du* xvıᵉ au xvıııᵉ ſ. ; *Orig. d'Auvergne :*

D'argent, *alias* d'or à trois cœurs de gueules.

> Sculpté au château de Villeneuve, avec un lambel de trois pendants d'azur, chargé d'une étoile d'argent, briſure des ſeigneurs de St-Marc.

PARENT DE LA **TOUR**, *en Jarez :*

D'argent à la faſce de ſable & un lion iſſant de gueules.

PARIAT, *à Feurs*, xvıııᵉ ſ. ; *Orig. de Cluny :*

D'azur à deux oiſeaux, (une pariade de perdrix?) affrontés & poſés ſur un fay d..., au chef d..., chargé d'un croiſſant entre deux mouchetures d'hermines.

> Cachet de 1777.

14

DE PARIS, *à Montbrifon, 1687 :*

>D'argent à la fafce de gueules, accompagnée en chef de trois rofes d...., & en pointe d'une tour d'azur.
>
>Cachets.

PARTICELLI, *en Jarez & en Lyonnais ; Orig. d'Italie :*

>D'or à l'arbre terraffé de finople, au chef de gueules chargé de trois molettes d'or.

PASCAL DE MONS, *à Uffon,* XVe *f., & Orig. d'Ambert. :*

>D'azur à un agneau pafcal d'argent, la banderolle croifée de gueules.

PASCAL, *à Montbrifon,* XVIe *&* XVIIe *f.*

PASSINGES, *à Roanne :*

>D.... à une gerbe d.... furmontée d'une abeille.
>
>*Alias :* D'argent à une fafce de finople (A G).

DU PASTURAL, *à St-Bonnet-de-Courraux, 1600, & en Auvergne :*

>De gueules à une roue à fix rais d'argent.

PASTUREL D'ARCY, *La Motte-Barin, les Broffes,* XVIIe *&* XVIIIe *f. :*

>D'azur à un fceptre d'or en pal & deux houlettes d'argent, paffées en fautoir, brochantes, le tout lié d'un cordon d'or (A G). *Alias :* D'azur au lion d'argent, accompagné en pointe d'une gerbe d'or liée de gueules (A G).

PATERIN, *Vareilles, (Machezal), à St-Symphorien-de-Lay,* XVIe *f.:*

>D'azur à la bande d'or, accompagnée en chef d'une roue du même. *Alias :* D'une molette ; quelquefois écartelée d'azur à trois pals, enclavée d'or au chef de gueules, chargée d'un lion léopardé d'argent.

PATURAL ou PASTURAL du TRONCHI, *à Char-*
lieu & en Bourgogne :

D'azur au cerf courant d'argent, au chef coufu de
gueules, chargé d'une rofe d'or (A G).

PATUREL, *& en Lyonnais :*

De fable à la fafce d'argent, accompagnée de trois
étoiles d'or (R).

PAULAT, *La Tour-en-Jarez, Montherboux, du* xvie *au* xviiie *f. :*
Armes inconnues (La Tour-Varan).

PAULET, *à Boën :*

De gueules à un coq d'or (A G).

*PAULZE D'YVOY, *Chaffagnoles, Salayes,* xviie & xviiie f. :

D'argent au chevron de gueules, accompagné de trois
ferres d'aigles d'azur.

PAUTRIEU, *de la Maifon :*

De gueules au cheval d'or, au chef d'argent, chargé de
trois tourteaux de gueules. *Alias :* D'azur, furchargés chacun d'une étoile d'or.

DE SAINT-PAUL DE LA GUILLANCHE, *Vaffalieu,*
Penchaud, du xiiie *au* xviie *f. :*

D'azur à trois pals d'argent, au franc-canton de fable,
chargé d'une croix pattée d'argent.

Sculpté à la Guillanche, Effertines, Vaffalieu, Chambles, etc.

Alias : D'argent à trois pals de gueules, au franc
quartier d'argent, chargé d'une croix fleuronnée de
fable (R). *Alias :* Pallé de cinq pièces (5 pals).

DE SAINT-PAUL DE REVEUX, *La Vaure*, XVe *au* XVIIIe ʃ.
De gueules à l'épée en bande d'argent garnie d'or,
au chef coufu d'azur, chargé de trois molettes d'or.

Sculpté à La Vaure.

DE LA PAUSE, *V. Du Palais* :

* PAVY ; *Orig. de Roanne :*

D'argent à une mouche d'azur, poʃée en cœur & accompagnée de trois pavis au naturel 2 & 1 (A G). Mgr Pavy
portait : D'argent à l'étendard de la croix ʃous la forme
triomphale du labarum.

Galerie de portraits Foréʃiens.

PAYEN D'ARGENTAL, *Mays, Miribel, Cuzieu, Nervieu,*
Grézieu-le-Fromental, XIIe & XIIIe ʃ. :

D'or au lion d'azur. *Alias :* D'or ʃemé de croiʃettes &
un lion brochant de gueules. *Alias :* D'or à trois têtes de
maures de ʃable, au chef d'argent, chargé d'un lion giʃant de ʃable, tenant dans la gueule une épée d..... Quelquefois il n'y a point de chef ni de lion.

Sculpté anciennement à Grézieu. *V. Documents....* par
M. de Mayol de Lupé.

PAYEN DE RETOURTOUR :

D'azur à la croix d'argent.

PAYEN, *en Beaujolais :*

D'or au chevron de gueules, chargé de trois étoiles
d'argent & accompagné de trois têtes de maure tortillées
d'argent.

PAYRE OU PAIRE, *L'Argentière :*

De gueules à trois croix recroiʃettées d'or (A G).

PECOIL, *La Thenaudière, Montverdun, Villedieu, Reveux, en Forez & Lyonnais,* XVIIᵉ ſ. :

De ſable à trois faſces d'or. Supports : Deux ſauvages. *Alias* : De gueules à trois faſces d'or.

Frontiſpice gravé de 1673

Alias : De gueules ſemé de cailloux d'or, à la bande d'argent.

PELET, *à St-Bonnet-le-Château,* XIIIᵉ ſ. *(même famille que Beaufranchet)* :

De ſable au chevron d'or, accompagné de trois molettes du même.

*PELISSIER, *Villebœuf* :

D'azur au chevron d'or, chargé de deux coquilles de gueules, ſurmonté d'un cœur enflammé du même, & accompagné de deux étoiles & d'un lion d'argent. *Alias* : D'azur à un pélican avec ſa piété d'or, enſanglanté de gueules (A G).

Armes d'une famille d'Auvergne.

PELLETIER, *de St-Haon, Banaſſat* :

D'argent au chevron de ſable, chargé de ſix croiſſants d'or & accompagné de trois merlettes de ſable.

DU PELOUX, *de St-Romain (arrière-ban, 1545)* :

D'argent au ſautoir engrêlé d'azur.

PENCHINETTE :

De gueules à la croix fleuronnée d'argent (A G).

*PERDRIGEON, *Mizérieu,* XVIIIᵉ ſ. ; *La Perrière (à Bourg-Argental,* XVIIᵉ ſ.) :

D'argent au chevron de ſable, accompagné en pointe d'une perdrix de gueules, becquée & membrée de ſable fur une terraffe de finople, au chef d'azur chargé de trois étoiles d'argent.

Cachet de 1714, R.

Alias : D.... aux joncs d.... furmontés d'une perdrix.
Cachet de 1715.

Alias : D'argent au chevron de gueules, accompagné en chef de deux perdrix de fable & en pointe d'un jonc au naturel (A G, Paris).

PERDUSSAIN, *à St-Etienne,* XVIIe *f. & à Lyon :*

D'azur à une garde & poignée d'or, accompagnée de quatre têtes coupées de chien, cantonnées d'argent (A G).

* PERIER, *Le Palais, à Feurs,* XIXe *f. ; Orig. du Dauphiné :*

D'azur au poirier d'argent, terraffé de fable, au chef coufu de gueules, chargé de trois annelets d'argent, rangés en fafce.

*PERNETTY :

D'azur à trois tours d'or, 2 & 1, fommées chacune d'un guidon d'argent (A G).

DE LA PEROUZE :

Fafcé de cinq pièces aux 1er & 4e d'azur, à une fafce vivrée d'argent, au 2e de fable, à deux befants d'or ; au 3e d'or ; au 4e d'argent, à un tourteau de gueules (G R).

PERRACHON :

De gueules à la fafce d'argent accompagnée de trois étoiles du même (A G).

PERRENOT, *de Granvelle, Le Peray :*

Bandé d'argent & de fable, au chef d'or, chargé d'une aigle éployée de fable. *Alias :* D'or à trois rofes de gueules pointées de finople (A G).

PERRET, *Les Papillons (St-Maurice) ; à Roanne, arrière-ban, 1689, & en Mâconnais* :

D'azur au chevron d'or, accompagné de deux rofes d'argent & d'une étoile d'or.

PERRET, *à St-Etienne*, XVIe & XVIIe f. :

D'azur à une fafce d'or, accompagnée de deux étoiles & d'un croiffant d'argent (A G).

PERRIER, *à Montbrifon* :

Chevronné d'azur, d'argent & d'or ; l'azur chargé d'un foleil d'or, accoſté de deux rofes d'argent, & l'or chargé d'un arbre de finople, mouvant d'un croiffant de fable, au chef coufu de gueules, chargé de trois étoiles d'or (A G).

PERRICHON, *en Jarez (rôle 1760) & à Lyon; Orig. de St-Bonnet-le-Château ?*

Ecartelé d'or & vairé d'or & d'azur, à la bordure componée d'argent & de gueules.

Cachet de 1742.

L'échevin de Lyon portait écartelé en fautoir.

DES PERRICHONS, *V. Gemier.*

DE LA PERRIÈRE, *La Foreſt, Chalain-d'Uzore, Roanne, du* XIIe *au* XIVe f. :

D'or à la fafce de gueules, accompagnée en chef de trois têtes de léopard, couronnées du même.

PERRIN, *Alliance de Gayot de La Buffière :*

D'argent au pin terraffé de finople, au cerf de gueules rampant fur le pin (A G, Gayot, 88).

PERRIN DE VIEUXBOURG, *Roche-la-Molière :*

D'azur au chevron d'or, accompagné de trois trèfles d....

PERRIN DE LA CORÉE, *Les Thevenets , Villechèze, Mont-
loup, Meximieux, La Farge,* XVIIe & XVIIIe *ſ. :*

D'azur au chevron d'or, accompagné de trois roues du
même.

> Sculpté à Montbriſon, Chandieu, la Corée ; lettres de no-
> bleſſe.

PERRIN, *de Noally :*

D'azur, *alias* de gueules au chevron d'or, accompagné de trois quinte-feuilles du même.

PERRONNET DE BEAUPRÉ, *en Jarez,* XVIIIe *ſ. ; Originaire d'Italie :*

De ſinople au chevron d'or rempli de ſable, accompagné de deux chauſſes-trappes d'argent & d'une croix
fichée du même, au chef de gueules chargé de trois molettes d'or.

> Cachets,

PERROTON, *de Chatelus, à Roanne,* XVIIe *ſ. :*

D'or au lion de ſinople (A G).

PETIT, *de Vauberet,* XVIe & XVIIe *ſ. :*

PETIT-BOIS, *Dineſchin,* XVIIe *ſ. ;*

D'azur à la faſce d'or accompagnée de trois bœufs du
même (A S).

PETITCHET, *à Montbriſon,* XIXe *ſ. :*

D'or au chevron d'azur, accompagné en pointe d'un
oiſeau au naturel, au chef de gueules, chargé de trois
têtes de lion d'or.

DE PEYRE, *En Forez*, XIIIe ſ. ; (*Noms féodaux*, Art. *Murat*.) *Orig. du Gévaudan :*

> D'or à l'aigle éployée d'azur.

>> Sous le ſceau d'Aſtorg de P. (1284), à la Diana, figure un lambel.

PEYRENC DE MORAS, *St-Prieſt, St-Etienne*, 1724 :

> De gueules ſemé de cailloux d'or à la bande d'argent.

DE PEYRIEU, *La Couſt (St-Vincent de Boiſſet)*, XVIIIe ſ. :

> D'azur au paon rouant d'or ſur une branche de ſinople, accompagnée de trois merlettes d'or.

LA PEYROUSE, XIVe ſ. (*Noms féodaux*) ; *Orig. d'Auvergne :*

> D'or au ſautoir de ſable.

DE PEYSSONNEAUX, *à St-Etienne*, XVIIe ſ., & *à Lyon* :

> D'azur à trois poiſſons d.... Supports : Deux ſirènes.

>> A. S. Cachet 1783.

DE PHÉLINES, *en Beaujolais :*

> D'azur à un faiſceaux de cinq flèches d'argent, liées de gueules. Deviſe : *Nunquam deflectit.*

PHELYPEAUX, *de Pontchartrain, Nervieu*, XVIIIe ſ :

> D'azur ſemé de roſes d'or, au franc-canton d'hermines.

PHILIBERT :

> D.... à deux bâtons écotés en barre d..., au chef d....,
> chargé de trois loſanges d..... *Alias :* d.... au cœur d....,
> ſommé de deux loſanges d...., parti d.... à deux bâtons
> écotés d.... en barre.

>> Cachets de 1740.

PHILIBERT, *à Doizieu* :

D'azur au chevron d'or, accompagné de trois abeilles d'argent, celles du chef affrontées (A G). Une famille du même nom, à Lyon, portait : D'azur au chevron d'or, au chef du même, chargé de trois feuilles de mûrier de finople (A G).

* PHILIBERT, *Fontanès, Clérimbert, La Fay, Grandmont, St-Chriflot, La Gimond*, xviiie f. :

D'azur à l'aigle d.... pofant la ferre dextre fur un croif-fant d...., la tête contournée vers des rayons mouvant du canton feneftre du chef....

Cachet à un aveu de fief de 1774.

Alias : D'azur au chevron d'or, accompagné de trois rofes d'argent, au chef d'argent chargé de trois feuilles de figuier de finople. *Alias* au chef d'or, chargé d'une tige naiffante de finople à trois feuilles.

PICHON DE LA RIVOIRE, *à Marlhes* :

De gueules à une bande d'or & une colombe d'argent paffante au-deffus, furmontée de trois étoiles d'or. *Alias* : De vair au chef de gueules, chargé d'un lion naiffant d'or.

PIANELLO DE LA VALETTE :

Coupé de gueules & de fable, à la fafce écotée de cinq pièces d'or fur le coupé. Support : Une aigle cou-ronnée.

Cachet de 1693.

PICON ; *à St-Etienne* :

D'azur au chevron d'or, accompagné en chef de deux étoiles du même & en pointe d'un croiffant d'argent (A G). *Alias* : D'azur au chevron d...., accompagné en pointe d'une ancre d...., au chef d'azur foutenu d'une trangle d.... & chargé d'un croiffant entre deux étoiles d......

PICOT, *à Roanne :*

> D'azur à un pin d'or, terraffé du même, furmonté d'un croiffant d'argent, accofté de deux étoiles d'or (A G).

LA PIERRE, *St-Hilaire, Valprivas, La Maifonneuve,* xviiᵉ & xviiiᵉ *f. :*

> De finople à la bande breteffée d'argent, accompagnée de deux lions du même. Supports : Deux lévriers.

DE PIERREFEU, *à Montbrifon,* xviiᵉ & xviiiᵉ *f. :*

> D.... au chef d...., chargé de trois croiffants d....
>
> Cachet de 1721.

DE PIERREFITE :

> D.... à un amphiftère d.....

DE PIERREFORT,

> Pallé d'hermines & de gueules. *Alias :* D'hermines plein.

DE PIERREFORT, *Vidrieu ? à St-Etienne :*

> D.... à trois lis tigés & réunis par le pied au chef d.... chargé de trois étoiles d.....
>
> Cachet de 1709.

PILHOTTE :

> D'azur au vaiffeau équipé d'or, voguant fur des ondes d'argent (A G).

PILOTTE, *à Roanne :*

> D'argent à trois palmes de gueules (A G).

DE PINET, XIVe f. (*Noms féodaux*) & en Auvergne :

D'azur au chevron d'or, accompagné de trois rofes du même.

DE PINHAC, *la Borie, la tour des Sauvages* (*Aurec*) XVIIe f. :

D'argent au pin de finople.

DE PIZAY, *d'Arcis :*

D'argent au chef bandé d'or & d'azur.

LA PLACE, *à Montbrifon*, XVIIe f. :

D'argent à la bande ondée d'azur, chargée en chef d'une étoile d'or.

DE LA PLAGNE, *V. Roux.*

PLASSON, *La Combe, la Poncetière, Sury-le-Bois, à Feurs,* XVIIe & XVIIIe f. :

D'argent au chevron d'azur, accompagné de trois arbres arrachés de finople.

Cachet de 1760.

Alias : D'azur au peuplier terraffé d...., furmonté d'un oifeau perché d....

PLATON, *à St-Etienne* :

D'azur au chevron d'or, accompagné de trois mefures à blé d'argent, comblées d'épis ou feuillages d'or (AG).

PLICHON, *à Montbrifon*, XVIIe f., & en Picardie :

D'argent à une flèche de fable en pal, la pointe en haut, furmontée d'un croiffant de gueules & accompagnée de trois trèfles de finople, deux en flanc & un en pointe (A G).

* PLOTTON , *à St-Etienne :*

De gueules à un hériffon arrêté d'or (A G).

POCHIN, *à St-Germain-Laval :*

POCULOT, *à Montbrifon,* xvie f. :

> D'azur au dextrochère d'or, tenant trois lis du même tigés & feuillés de finople & un croiffant d'argent en pointe.

* POIDEBARD, *à Saint-Galmier & Saint-Paul-en-Jarez,* xviie *& xviiie f. :*

> Coupé de fable à deux molettes d'or, & d'or.
>
> Cachet.

DE POISIEU DE PUSIGNAN, *Arrière-ban, 1689 ; Orig. du Dauphiné.*

> De gueules au chevron de deux pièces d'argent furmonté d'une fafce en devife d'or (Guy-Allard).

DE POITIERS, *Beaudiner, Cornillon, Auriol, La Fay,* xive f. :

> D'azur à fix befants d'or, 3, 2 & 1 au chef du même (La Diana).

POLIGNAC :

> Fafcé d'argent & de gueules.

DE POLAILLON, *à St-Chamond ; Orig. du Velay :*

> D'azur à trois bandes d'or, au chef d'azur à trois étoiles d'or, abaiffé fous un autre chef de gueules au lion d'or.
>
> D'azur à la fafce d'argent chargée de trois étoiles de gueules & accompagnée en chef d'un lion paffant d'or & en pointe d'une poule du même.
>
> Devife : *Lieffe à Polaillon.*

POLLIEL, *& en Velay :*

> D... au coq hardi de...
>
> Cachet de 1770.

POMEY, *Rochefort, Croifet,* xviiᵉ f., *en Roannais & Beaujolais :*

> D'argent au pommier de finople, fruité d'or, tortillé d'un ferpent de gueules, foutenu d'un croiffant d'azur & accofté de deux étoiles de gueules.

DE POMMEROL, *V. Battant.*

PONCET, *à St-Galmier,* xviiᵉ f. :

> D'azur à une gerbe d'or, furmontée d'une étoile du même.

PONCET, *à Montbrifon :*

> D'azur au lion d'or, lampaffé et armé de gueules, au chef d'argent (A G).

PONCHON :

> D'argent à deux tiges d'arbre de finople, mouvantes d'un rocher d'or, & deux mains d'argent mouvantes des deux flancs de l'écu, chacune arrachant une de ces tiges (A G). *V. Magnin.*

DE PONS D'HOSTUN DE BOUTHÉON :

> D'argent à la fafce bandée d'or & de gueules.

* DE PONS, *en Roannais,* xixᵉ f. ; *Orig. du Gapençais :*

> D'azur à deux lions affrontés d'or, foutenant un cœur de gueules & accompagnés en chef de trois étoiles rangées d'or & en pointe d'un croiffant d'argent ; ce blafon pofé fur un autre échiqueté d'argent & de fable.

DE PONS LA RIGODIE, *à Noirétable,* xviᵉ f. ; *Orig. d'Auvergne :*

> De gueules à trois fafces d'or.

DU PONT, *en Forez*, XIVe *f. ; Noms féodaux, & en Vivarais :*

De gueules (*alias* d'azur) au fautoir d'or, cantonné en chef d'un croiſſant d'or (*alias* d'argent), en flanc de deux étoiles d'argent (*alias* d'or), & en pointe d'un créquier d'or (*alias* d'un trèfle ou d'une feuille de vigne d'or).

PONTEVÈS DE PÉLUSSIEU :

Ecartelé aux 1 & 4 de fable, au pont d'or, aux 2 & 3 d'azur, au loup rampant d'or.

PONTHUS DE CYBÉRAND :

D'azur à trois faſces ondées d'or, au chef d'azur foutenu d'or & chargé de trois fleurs de lis du même.

Cachet, XVIIIe f.

POPILLON DU RYAU, *à Changy*, XVe & XVIe *f. :*

D'azur à la faſce d'or, accompagnée de trois quinte-feuilles d'argent (R).

* POPULE DE FONTALLON, *à Roanne*, XVIIIe *f. :*

D... à la bande d..., chargée de trois étoiles d... & accompagnée de deux poules d... (ſculpté avec la date de 1549, à Roanne). Armes actuelles : De gueules aux forces & à l'épée d... en fautoir, accompagné de deux étoiles, une en chef & une en pointe.

* POPULUS, *à Montbriſon*, XIXe *f. ; Orig. de Savoie :*

D'or au peuplier de finople.

PORRAL, *à St-Chamond :*

D'azur au lion d'or accompagné de trois étoiles du même (A G).

LA PORTE, *prieur de St-Rambert, 1300 ; Orig. de Dombes :*
> De gueules au lion d'or. (Le Laboureur.)

LA PORTE DE LA PLACE, *Cerbué, à Charlieu,* XVIe *f. ;*
> D'azur à une porte accoftée de deux tours d'argent. Les
> La Porte, du Mâconnais : d'azur au lion d'or.

LA PORTE, *à Rocheblaine,* XIVe *f. ; Orig. du Dauphiné :*
> De gueules à la croix d'or.

POSUEL DE VERNAUX :
> D'argent au chevron de gueules, au chef du même,
> chargé d'un lion paffant d'or.

DE POUDEROUX, *Batailloux, La Lande, Le Cros, Vauberet,*
XVIIe *f. :*
> D'azur à la bande d'argent chargée de trois mouchetu-
> res d'hermines, plus tard écartelé d'azur à trois fafces
> ondées d'argent. Supports : Deux hermines.

> > Le premier blafon eft gravé fur le frontifpice d'un livre im-
> > primé à Montbrifon en 16.. ; l'écartelé eft fculpté à Batail-
> > loux, dans l'églife de St-Marcelin, & aux Renards, fur une
> > bretagne, à Feurs.

POURRA :
> D'azur à un pont d'une arche d'argent & maçonnée de
> gueules fur une campagne (rivière ?) ondée de finople &
> chargée d'un rat d'eau nageant d'or (A G).

DE POUZOLS, *Le Soleillant, Le Palais :*
> D'azur au lion d'or, au chef coufu de gueules chargé
> d'une fleur de lis d'or entre deux coquilles d'argent.

DU POYET :

> D'azur au lion d'argent, armé, lampaffé & couronné de gueules.

> Les Du Saix portaient en écartelure, au XVIᵉ fiècle, ces armes que Guichenon fuppofe être celles des Du Poyet.

DE PRACOMTAL, *Senevas, Saint-Romain-en-Jarez, Chagnon, Valfleury,* XVIIIᵉ f. :

> D'or au chef de France.

DE PRADINES :

> Ecartelé d'argent & de fable, à la bordure engrêlée de gueules.

> Ecartelure de Létouf.

* PRAIRE, *Terrenoire, La Bertrandière :*

> De gueules à un lis d'argent, dans une prairie de finople, & un agneau d'or paiffant devant le lis (R).

> D'azur à trois lis tigés d'argent, fleuris d'or, terraffés de finople, au chef de gueules chargé de trois étoiles d'argent.

DE PRAIX, *à Lentigny,* XVIIᵉ f. :

> De gueules au chef d'or (A S).

> Article Lentigny.

DE PRALONG, XVIIᵉ f., *& à Lyon* :

> D'or au chevron brifé de gueules & accompagné de trois trèfles de finople (A S).

PRESLE DE L'ECLUSE, *Cuzieu, Unias :*

> D'azur au chevron d'or, accompagné de trois colombes d'argent.

> Cachet de 1728. Sculpté fur un bahut à M. A. B.

> *Alias :* D'argent au fautoir de gueules, accompagné de trois moineaux d'azur, deux en flanc, un en chef (A G).

15

DE PRESSIEU, *en Forez, du* XIIIe *au* XVIe *f.* :

Une famille du même nom, à Lyon, portait :

Lofangé d'argent & de gueules, au chef d'or chargé d'un lion paffant de fable, armé & lampaffé de gueules (A S).

LE PRESTRE DE VAUBAN, *Cublize & en Roannais ; Orig. du Nivernais :*

D'azur au chevron d'or. *Alias :* D'argent furmonté d'un croiffant d'argent & accompagné de trois trèfles d'or.

SAINT-PRIEST D'APINAC, *Coufan, St-Etienne, Beauplan, Les Effarts, Le Crozet, Fontanès, Albuzy.*

D'argent au lion de gueules, à la bordure de fable, chargée de huit befants d'or.

Armes des d'Apinac.

PRIVAT DU BUISSON, *à Sury-le-Comtal*, XVIIIe *f., & à Lyon :*

D'argent au fautoir écoté de finople.

PROHINGUES, *Cucurieux, Vendranges :*

De fable au chevron d'or, accompagné de deux rofes tigées & feuillées d'argent, & d'un lion d'or.

PROLANGE DE GOUTEROUX :

D... au chevron de gueules, accompagné de deux rofes tigées & feuillées d..., en pointe d'un cœur enflammé d... Devife : *Fac ut ardeat cor meum.* Autre : *Ardeat amplius intus.*

Deffin à la plume du XVIIe f.

DE PROPIÈRES :

D... au chef de vair.

PROST, *à Montbrifon*, xviie *f., & en Lyonnais.*

DE PRUNERIE, *St-Maurice-en-Gourgois :*

 Parti émanché d'argent & d'azur de fix pièces.

PRUNIER DE GRIGNY, *Cufieu*, xvie *f. :*

 De gueules à la tour donjonnée & crénelée d'argent.
Devife : *Turris mea Deus.*

DE PUJOL, *La Tourette, Guaite, La Liègue, Aboin :*

 D'argent au lion de fable armé, lampaffé·& couronné
de gueules.

  Quelquefois le lion a la tête couronnée.
  Cachet.

SAINT-PULGENT, *anciennement Champuljan.*

* DE SAINT-PULGENT, *V. Chamboduc.*

PUNCTIS, *La Tour - Charette, Boën*, xviie *&* xviiie *f. :*

 D'azur au chevron d'or, furmonté d'un croiffant du
même & accompagné en pointe d'une tour d'argent maçonnée de fable.

  Portail du château de Boën.

PUPIER, *Brioude, Cindrieu, Ceffieu, L'Epiney, La Forifière, du*
xviie *au* xixe *f. :*

 D'azur au chevron d'or, accompagné en pointe d'une
croix pattée de... au chef de..., chargé de trois mouchetures d'hermines de fable.

  Cachets du xviie f.

 Alias : D'azur au chevron d'or, accompagné de trois
colombes d'argent becquées & membrées de gueules (A G).
 Alias : Ecartelé d'or & d'azur à quatre huppes de l'un en
l'autre (A G).

* PUPIL DE SABLON, *Cuzieu, Rivas, La Tour-en-Jarez,*
St-Jean-Bonnefonds, St-Chriflot, Sorbiers, XVIIᵉ *&* XVIIIᵉ *f. :*

D'azur à trois larmes d'argent.

* PUY DE LA BATIE, *Les Periers, Chazelles-fur-Lavieu, Muf-*
fieu, Charlieu, Merlieu, Lay (Rive-de-Gier), Le Rofeil, Véri-
nes, Curnieu, Le Beffet, Les Champeaux, La Sauzaie, du XVᵉ
au XIXᵉ *f. :*

De gueules au bélier paffant d'argent, écartelé d'argen
au lion de finople, par héritage des Verd de Chazelles-
fur-Lavieu. Les Puy de Rony portaient pour brifure un
lambel à trois pendants de gueules & d'argent, de l'un en
l'autre.

Le lion eft quelquefois aux 1ᵉʳ & 4ᵉ quartiers.

Cachet des Puy de Rony, 1746.

* PUY, *à Boën :*

De finople au puits d'argent, maçonné de fable, furmonté de trois étoiles d'or rangées en chef (A G).

QUARRÉ D'ALIGNY, à *Marcoux*, xviiie f. ; *Orig. de Bour-*
gogne :

Echiqueté d'argent & d'azur au chef d'or chargé d'un
lion paſſant de ſable.

Cachet de 1738.

Supports : Deux lions. Deviſe : *Semper quadrati æquales*
undique recti.

LA QUEUILLE, *Pramenoux, St-Nizier-d'Azergues*, xviie f. ;
Orig. d'Auvergne :

De ſable à la croix dentelée d'or.

QUELIN, *en Forez*, xviie f. :

D'azur au chevron d'or, accompagné de deux étoiles
& d'une pomme de même.

SAINT-QUINTIN, *de Bourgogne. Un ſergent général du comté de*
Forez, en 1336 :

D'or à une fleur de lis d'azur (A M).

* DE QUIRIELLE, *V. Simon.*

R

RABINEAU, « *Rabinelli* » xvᵉ ſ. :

D'azur à trois maſſacres de cerf d'or.

Anciennement ſculpté au cloître de Notre-Dame-de-Montbriſon & peint ſur les vitraux de l'égliſe.

RACHAS ou RACHAIS, *à Bourg-Argental*, xiᵉ ſ., & *en Viennois* :

D'azur à la bande d'or chargée d'un lion de gueules.

RADISSON, *à Feurs*, xviiᵉ ſ. :

RAFFIN DE LA RAFFINIÈRE, *en Roannais*, xvᵉ ſ. :

D'azur à une étoile à ſix rais d'or (L L).

Alias : D'azur au chevron d'or, accompagné de trois écrous du même, pour les Raffin du Charollais.

* RAJAT D'ALLARD, *à St-Germain-Laval, du* xviᵉ *au* xixᵉ ſ.

SAINT-RAMBERT, *ville :*

Parti d'azur à un poiſſon d'argent en pal, & de gueules
à deux pots à feu à trois pieds l'un ſur l'autre de ſable, le
chef, le flanc & la pointe bordés et crénelés d'or.

RAMBAUD DE CHAMPRENARD, XVIIᵉ ſ., *& en Lyonnais :*

D'azur à l'aigle d'or.

Alias : D'azur à l'aigle d'or, au chef d'argent chargé de
trois étoiles de ſable.

* RAMEY DE SUGNY, *La Salle, Arfeuilles, Grenieu, Geneti-
tines, Souternon, Augerolles,* XVIIᵉ & XVIIIᵉ ſ. :

Ecartelé au Iᵉʳ d'azur, à une épée en pal garnie d'or ; au
2ᵉ de gueules, au lion d'or ; au 3ᵉ d'or à la bande de gueules ; au 4ᵉ d'azur à ſix étoiles d'argent.

De ſinople à la bande d'argent remplie de gueules
(A G).

D'azur à la bande d'argent. Supports : Deux lévriers.

Cachet, 1780.

RANCÉ DE GLETTEINS :

D'azur au croiſſant d'argent. *Alias :* D'azur au loſange
d'argent, chargé d'un croiſſant du premier (L L).

* RANVIER, *Bellegarde, La Liègue,* XVIIIᵉ ſ. :

D'azur au croiſſant d'argent ſurmonté d'une étoile d'or,
alias d'argent.

Deviſe : Celui-là que Dieu garde,
Il eſt en belle garde.

RAPPET, *à Ste-Colombe :*

De gueules à une faſce d'or, accompagnée de trois
croiſſants d'argent & accoſtée de deux étoiles d'or (A G).

RAT, xviie & xviiie ſ. :

D'azur à la gerbe d'or, au chef couſu de gueules chargé d'un ſoleil d'or.

Cachets & deſſin.

RAVACHOL, *Orig. de St-Chamond*, xviie ſ. :

D'argent à la faſce d'azur, chargée de trois roſes d'or (A G, art. La Fraſſe, 89).

Coupé de gueules à un chou d'or & d'azur, à une rave d'argent.

Armes parlantes.

RAVAT, *à Montbriſon*, xviie ſ. :

D'azur au chevron ondé d'or, accompagné de trois glands verſés de même.

RAVERIE, *La Tour-Charette, 1638* :

D'azur au léopard d'or, au chef du même, chargé d'une aigle de ſable.

RAVIER du MAGNY, *à Montbriſon*, xixe ſ. :

Coupé au 1er d'argent, à l'aigle de ſable perchée ſur un tronc d'arbre de ſinople & regardant une ombre de ſoleil de gueules, mouvant du canton ſeneſtre du chef, feneſtrée d'un mont de trois coupeaux de ſinople, au 2e de gueules à trois étoiles d'argent, rangées en chef & une roſe d'or en pointe.

RAVEL, *Malleval, Montravel, Montagny*, xviiie ſ. :

D'azur au feneſtrochère mouvant du flanc dextre tenant trois épis d'or, au chef couſu de gueules, chargé d'un ſoleil d'or.

RAYBE DE GALLES, *St-Marcel*, XIVe *f.* :

De fable femé de billettes d'argent, au lion du même brochant (G R).

Cimier : Un ferpent volant.

> Au XVIIe fiècle, les billettes étaient fupprimées. Teftament de 1611, cloche à Cezay.

> On tranfporte quelquefois les émaux.

> Sculpté à Notre-Dame-de-Montbrifon, avec deux anges pour fupports & cette devife : *Adjutor in tribulationibus*.

> Armes du chanoine Claude de St-Marcel, XVe f.

RÉAL DE BUSSY, *à Gumières*, XVIIe *f.* :

D'azur à trois couronnes d'argent (A G).

D'azur au chevron d'or, accompagné en pointe d'une gerbe liée du même, au chef coufu de gueules chargé de trois étoiles d'or (A G), pour une branche à St-Etienne.

REBOULET, *Rocheblaine, Pailleret, 1743, & en Vivarais* :

D'azur à la tour d'argent accoftée de deux fleurs de lis du même, *alias* d'or.

RECHAINE ou RECHAIGNE, *Beauvoir, Mably, Cordelle, Renaifon, aux* XII^{ee} & XIVe *f.* :

D... à trois hures d...

> Sceau d'un Hugues Rechin, XIVe f.

> Il y avait en 1390 deux Hugues de Rechaigne en Forez.

RECLAINES :

D'or à trois chevrons de fable accompagnés de trois croix pattées du même. *Alias :* Deux croix fichées de même en chef (G. R).

REGIS, *La Tourette*, XVIIᵉ ſ. :

> D'argent à la croix d'azur chargée de cinq annelets d'argent.

>> Armes d'une famille des Rey du Dauphiné & du Velay
>> que T. V. ſuppoſe être la même que celle de Régis.

REGNARD, *Beaurevers, St-Ange, La Boulène*, XVIᵉ *au* XVIIIᵉ ſ. :

> D'azur au renard paſſant d'or (A G).

REGNAUD DE GROFFIÈRES, *Picollières*, XVIᵉ ſ. :

> D'azur à trois chevrons d'or.

REGNIER, *à Feurs*, XVIIIᵉ ſ. :

> D'azur à trois palmes d..., poſées en pal 2 & 1, tournées
> à ſeneſtre.

>> Cachet de 1786.

RELOGNE, *Coſſanges, La Plagne, Billieu*, XVIIᵉ ſ. :

> D'or ſemé de trèfles de ſinople, au lion de gueules brochant (A G).

> *Alias :* D'azur à trois aigles d'or (A G).

RENARD, *à St-Pierre-la-Noaille :*

> D'argent au bois de ſinople, d'où ſort un renard au naturel qui entre dans un blé de ſinople, au chef d'azur
> chargé de trois étoiles d'argent (A G).

RENAUD DE LORETTE :

> D'azur à la bande d'or chargée de trois alérions de ſable
> & accompagnée de deux loſanges d'or.

RENAUD, *à St-Julien-en-Jarez (rôles de 1760), & à Lyon :*

L'A G donne à ce nom les trois blafons fuivants :

Lofangé d'or & de gueules.

Alias : D'argent au chevron d'azur, accompagné de deux étoiles & d'un coq de gueules fur une motte de même.

Alias : D'azur au coq d'or fixant cinq rayons du même, mouvant de l'angle dextre du chef.

RENEVIER, *à Montbrifon, xvie f., & à Lyon :*

D... à deux étoiles & un cœur d..., au chef d... chargé de trois bandes compaffées d... & de...

Tombe de 1607, au mufée de Lyon (A S).

REVEL, *en Forez-Viennois, xiie f., & en Dauphiné :*

D'or au demi-vol de fable.

Guy-Allard.

REVERCHON, *à St-Bonnet-le-Château, xvie J., & à Lyon :*

D... à une tête de lion, accompagnée de deux étoiles & d'un croiffant.

Tombes de 1612 & 1632, autrefois à Saint-Paul-de-Lyon (A S).

REY, *à St-Galmier, & à Lyon :*

D'argent à une étoile à feize rais mi-parti chacune d'azur & de fable, au chef échiqueté d'argent & d'azur, de trois traits (A G).

REYMOND, *à St-Etienne :*

D'azur au lion d'or couronné, rampant contre un rocher d'argent, & trois étoiles d'or rangées en chef (A G).

REYMOND DU **BOUCHET**, XVIIIᵉ ſ. ; *Orig. de St-Bonnet-le-Château :*

D'argent au chevron de gueules, accompagné de trois coquerelles d… (& par erreur quelquefois trois larmes), au chef d'azur chargé de trois étoiles d'or.

Supports : Deux lévriers.

Argenterie gravée.

REYMOND, *à St-Bonnet-le-Château :*

D'argent au chevron d'azur, accompagné de deux roſes de gueules, tigées & feuillées de ſinople, & d'un cœur enflammé de gueules.

Peint dans la crypte de Saint-Bonnet-le-Château, au-deſſus du blaſon du Gonfalon, établi dans cette égliſe par le curé Reymond, en 16…

REYNAUD DE **GRIPEL**, *St-Pulgent, Orig. d'Auvergne :*

D'azur à trois roſes d'argent & une tête de lion du même, lampaſſée de gueules en abîme. *Alias* de gueules ſemé de loſanges d'or.

REYNAUD DE **MONTS**, *St-Pal-en-Chalencon, Orig. d'Auvergne :*

D'azur au lion rampant d'argent, armé & lampaſſé de gueules.

RIBEYROLS :

De gueules au cerf d'argent, écartelé de ſable à quatre pals d'or.

RIBOULET, *Alliance d'Anthême, Orig. de Savigny :*

D'azur au chevron d…, accoſté de deux rameaux à trois feuilles d…, ſurmonté de deux étoiles d… en chef, & accompagné en pointe d'un beſant d…

Supports : Deux lions.

Argenterie gravée avec les initiales P. R.

RICHARD, *à Leniecq :*

> De... à un arbre fruité de... au chef de...
>
> Cachet de 1739.

* RICHARD DE LA PRADE, *Pontempérat,* XVIIIᵉ ſ. :

> De gueules au chevron d'or accompagné de deux étoiles & d'une roſe du même, écartelé d'or au pont de ſable de deux arches ſur un fleuve de pourpre. (A cauſe du fief de Pontempérat.)
>
> Cachets.

RICHARD DE VAUX, XVIᵉ ſ., *en Roannais,* XIVᵉ ſ. :

> D'azur à trois quintefeuilles d'argent. *Alias :* D'argent à trois quintefeuilles d'azur.

* RICHARD DE SOULTRAIT, *du Nivernais :*

> D'argent à deux palmes de ſinople adoſſées, & une grenade de gueules en pointe, tigée & feuillée de ſinople, quelquefois écartelée aux 2ᵉ & 3ᵉ d'azur, à la corne d'abondance d'or.

LE RICHE DE GUIRANDE, *Arrière-ban, 1689 :*

> D'azur à la faſce d'or, chargée d'un croiſſant de gueules & accompagnée en chef de deux têtes de cheval d'argent, & en pointe de deux étoiles d'or.

RICOU DE RIVERIE :

> D'or au croiſſant d'azur ſoutenant trois rameaux de chêne de ſinople, au chef de gueules.

RIGAUD, *à Montbriſon :*

> D... à une main iſſant d'une nuée au flanc feneſtre de l'écu, tenant un rameau de..., & accompagnée d'un ſoleil de..., au franc canton dextre de l'écu, au chef d..., chargé d'un lion paſſant de...
>
> Cachet de 1721.

RIGAUD du CHAFFAUT, *La Bruyère, Orig. de Breſſe :*

D'azur à la bande d'or, accompagnée de ſix loſanges du même, en orle.

RIMOTZ de la ROCHETTE, *en Roannais,* xviiie ſ :

D'azur au chevron d'or, accompagné en chef de deux canettes au naturel & en pointe d'un croiſſant d'argent.

RIQUIER, *Lay, en Jarez,* xviiie ſ. :

D... à deux faſces d...

RIVAIL de la LEVRATIÈRE :

D'argent à deux coqs hardis affrontés de gueules, au chef d'azur chargé d'un croiſſant entre deux étoiles d'argent (A S).

RIVAL, *Le Soleillant, La Thuilière, Vauberet,* xviie & xviiie ſ. :

D'argent à une faſce de gueules, accompagnée en chef d'un lion d'or naiſſant du même (A G).

Alias : D'azur à trois faſces ondées d'argent.

Sculpté à Batailloux, peut-être au Soleillant.

de RIVERIE, *à Riverie, Larajaſſe, Saint-Maurice-ſur-Dargoire, aux* xie & xiie ſ.*; à Chagnon, à Coiſe & à Saint-Symphorien, du* xiie *au* xve ſ. :

D... à trois étoiles à ſix rais d... à la bordure d...

En comparant les blaſons des Riverie anciens, des Girard & des Riverie-Girard, dans leſquels ſe fondit, au xve ſ., l'ancienne famille de Riverie, il eſt permis de compléter ainſi le blaſon de cette dernière famille :

D'azur à trois étoiles à ſix rais d'or, à la bordure du même.

(Note de l'Editeur.)

RIVERIE (GIRARD), *La Rivière, Clérimbert, Villechenève, St-Jean-de-Toulas, Echalas, St-Romain-en-Gier, La Colonge, Donzy, Paniſſières, Salt, Saltuiſinet, du* XVIᵉ *au* XVIIIᵉ ſ. :

D'azur au chevron d'or chargé de trois coquilles de gueules & accompagné de trois étoiles d'or.

Tenants : Deux ſauvages.

Cachet de 1750

* DE RIVERIEULX DE CHAMBOST, *Varax,* XVIIIᵉ ſ. ; *Orig. du Bourbonnais :*

D'azur à une rivière d'argent, ſurmontée d'un croiſſant du même.

RIVERSON, *à Rive-de-Gier :*

D'azur au chevron d'or, accompagné de trois étoiles d'argent, au chef d'or chargé d'un lion léopardé de gueules (A G).

DE LA RIVIÈRE, *La Colonge, La Rivière, Villechenève,* XVIᵉ ſ. :

Fondus dans les Riverie-Girard, à la fin du XVIᵉ ſ.

De ſable à la bande d'argent.

RIVIÈRE, *à Roanne :*

D'azur à une faſce ondée d'argent (A G).

DE LA RIVOIRE, *à Villechenève,* XVIᵉ ſ. ; *Orig. du Vivarais :*

De gueules au lion d'argent, armé & lampaſſé de ſable.

Une autre famille de la même province portait :

De ſinople au rocher d'or.

DE RIVOIRE DU PALAIS, *Le Chevalard, Jas, Boën, Le Ma-*
zoyer, Varennes, etc., du XVIᵉ *au* XVIIIᵉ *f. ; Orig. du Dau-*
phiné :

Fafcé d'argent & de gueules à la bande d'azur chargée
de trois fleurs de lis d'or.

Devife : *Semper honor & fidelitas.*

Support : Deux lions.

Sculpté au Chevalard, à Lezigneu.

Alias : Fafcé d'argent & de gueules à la bande d'or
chargée de trois fleurs de lis de fable brochant fur le tout.

Guy-Allard.

* DE RIVOIRE, *à Charlieu :*

D'azur au coq d'or, perché fur un mont de fix coupeaux
d...

Cachet du XVIIIᵉ f.

DE LA RIVOIRE, *à Charlieu :*

D'azur à trois fafces ondées d'argent (A G).

* DE LA ROA, *V. Delaroa.*

ROANNE, *Ville :*

D'azur au croiffant d'argent.

Tenants : Un Sylvain & un Neptune.

Devife : *Sylvis increfcit & undis.*

DE ROANNE OU ROANNAIS, *du* XIᵉ *au* XIIIᵉ *f. :*
D... au lion d...

ROBERT DE SAINT-PERIEU, *à St-Etienne,* XVIIIᵉ *f. :*

D'azur au lion d'or regardant un foleil de même, mouvant du canton dextre & rampant contre un mont de finople (R. lyonnais). *Alias :* D'azur au cœur d'or (Rob. de
Termes-en-Vivarais).

ROBERTET, *Le Buillon, aux* xve *&* xvie *f.* :

> D'azur à la bande d'or chargée d'un demi-vol de fable & accompagnée de trois étoiles d'or. *Alias* : D'argent.

>> Sculpté dans l'églife Notre-Dame-de-Montbrifon, avec cette devife : *Omnium creatori laus.*

> Tenants : Des anges ou des lions.

>> Devife perfonnelle de Florimond R. : *Fors une* (en vieux français : *Ungne*). Réponfe faite par le Secrétaire d'Etat au roi fe plaignant que « toutes plumes le volaient. »

DE LA ROCHE-EN-RÉGNIER, *Feudataires du Forez,* xiiie *&* xive *f.* :

> Parti d'argent & de fable, à un chevron de l'un en l'autre, accompagné en pointe d'un rocher à trois coupeaux de finople. *Alias :* De gueules à trois rais d'échiquier d'or (R).

DE LA ROCHE-NEGLY, *Chambles, du* xve *au* xviie *f. :*

> D'argent à un rocher de fable furmonté d'une aigle du même.

DE LA ROCHE-TOURNOELLE, *Alliance de Talaru, Albon, &c., & en Auvergne :*

> De gueules à trois fafces ondées d'argent.

DE LA ROCHE, *à Noirétable & Thiers,* xive *f. ; Orig. du Bourbonnais :*

> D'argent à la croix ancrée de fable.

DE LA ROCHE-MACÉ, *à St-Bonnet-le-Château :*

> De gueules à trois rofes d'échiquier d'argent (A G).

DE LA ROCHE, *en Forez & Lyonnais :*

> De gueules au rencontre de bœuf d'or (A S), quelquefois chargé d'une rofe d'argent (R).

LA ROCHE-PONCIÉ, *Le Crozet*, *Saint-Georges-de-Baroille*, xviiie *f.*, & *en Beaujolais*.

LA ROCHE DE LA BOULONNIÈRE, *à Virigneu, Haute-rivoire (arrière-ban, 1689), & à Lyon :*

D'azur à un rocher de fix coupeaux d'or, furmonté de deux étoiles d'argent. *Alias :* D'azur à un rocher d'or furmonté de deux rofes d'argent, au chef du même, chargé d'un lion léopardé de gueules.

DE ROCHEBARON, *Montarcher, Leniecq, Uſſon, Gotolent, St-Hilaire, Chazelles, du* xiie *au* xve *f. :*

De gueules au chef échiqueté d'argent & d'azur de deux tires.

DE ROCHEFORT, *St-Jean-la-Vêtre, St-Pierre-la-Noaille, La Curée, Montherboux, Beauvoir (Verrières) :*

D'or à la bande d..., chargée de trois étoiles à fix rais d...

D'argent à la bande de gueules, chargée de trois coquilles d'or, pour les feigneurs de Beauvoir.

> Sculpté fur une croix du xve f., à Beauvoir (Verrières).

* DE ROCHEFORT DE LA VALETTE, *Cenas, Epercieu, La Fay, Villette, Malleval, La Vaurette, Beauvoir (Arthun) :*

Parti de vair & de gueules, quelquefois pour brifure une moucheture d'hermines d'argent fur les gueules (G R).

Devife : *Lilia fuſtinet virtus.*

> Depuis plufieurs fiècles, cette famille porte les armoiries des La Valette, feules, ou combinées avec les fiennes ; des cachets du xviiie fiècle portent : Parti au 1er de La Valette, au 2e de vair plein.

* DE ROCHEFORT D'AILLY, XVIᵉ ſ. ; *Orig. d'Auvergne :*

De gueules à la bande ondée d'argent, accompagnée de
ſix merlettes de même en orle.

Vaiſſelle d'étain, cachets.

Tenants : Deux anges en ſoutane bleue de diacre.

* DE LA ROCHEFOUCAULD D'URFÉ, *Rochebaron, Sury-
le-Comtal,* XVIIᵉ *&* XVIIIᵉ ſ. :

Burellé d'argent & d'azur de dix pièces, à trois chevrons
de gueules brochants, celui du chef écimé. Quelquefois
écartelé aux Iᵉʳ & 4ᵉ de Langeac.

Tenants : Deux ſauvages à maſſue.

Cimier : Une Méluſine à double queue, ſortant d'une
couronne de duc.

Cachets du XVIIIᵉ ſ.

Parti au Iᵉʳ d'Urfé, au 2ᵉ de la R. (cachet de 1788), le chevron non écimé.

Deviſe : *C'eſt mon plaiſir.*

DE LA ROCHELAMBERT, *Alliance de Gaſte, du Croc, Saint-
Pulgent, Luzy-Couzan :*

D'argent au chevron d'azur, au chef de gueules.

Deviſe : *Amour ou guerre.* Autre : *Ny crainte, ny envie.*

* ROCHETTE OU LA ROCHETTE DE BOBIGNEU,
Bonneville, Montgilier :

D'azur à un rocher de ſix pointes d'argent ſur une mer
de ſinople, ſurmonté d'un croiſſant d'or.

Deviſe : *Illæſa fluctibus.* Autre : *Alacres aurora vocat.*

LA ROERE :

De pourpre à deux roſeaux en ſautoir d'argent, canton-
nés de quatre trèfles du même.

ROGNINS ou ROGVINS du BESSET, *à Lavieu*, xiiie & xive f. :

 D... à la bande d...

  Sceau de 1260.

ROLLAT de la BOUTERESSE, *Chantois*, xve & xvie f. :

 De fable à trois fafces d'or. *Alias :* Fafcé d'argent & de fable (G R).

ROLLAND de la DUERIE, *St–Pierre–la–Noaille, St–Denis-de-Cabannes*, xviie & xviiie f. :

 D'or à la bande d'azur, chargée de trois étoiles d'or.

 Supports : Deux aigles.

ROLIN de BEAUCHAMP, *Alliance de Talaru.*

saint-ROMAIN, *Valorges* (*Naux*), xve f. :

 Pallé d'hermines & de gueules, au chef d'or.

ROMANET de BEAUDINER, *La Porte, à Pailleret* (*arrière-ban, 1689*).

 D'azur au pal d'argent, chargé de trois chevrons de fable, & foutenu de deux lions d'or.

de ROMANS, *V. Hervier.*

RONCHEVOL, *L'Ile, à Roanne*, xviie f. :

 De gueules à une main apaumée d'argent, chargée d'un cœur de carnation & une bordure crénelée d'azur (A G).

RONCHEVOL d'ESTAING, *Montherboux, La Curée, Saint-Pierre-la-Noaille, Marclop, Magneu-le-Gabion, Le Poyet, du* xiiie *au* xviie f. :

 D'argent à l'aigle éployée ou à deux têtes de gueules becquée & membrée d'azur.

RONZAULT, *Chazelles-fur-Lavieu, La Pierre,* xviiie ſ. :

D'argent à trois pals d'azur (A G).

Alias : D'azur à la faſce d'argent, chargée de trois roſes de gueules (A G).

LA RONZIÈRE, *La Douze, Egrivay, à Charlieu,* xve ſ. *au* xviiie ſ. :

D... à trois trèfles d...

Sculpté dans l'égliſe.

RONZY, *à St-Etienne,* xviie ſ. :

D'or au roſier de ſinople, fleuri de cinq roſes de gueules (A G).

DU ROSIER, *la Bâtie, Magneu-le-Gabion, La Varenne :*

D'azur à trois chevrons d'or, au chef du même, chargé de trois roſes de gueules.

L'A G ajoute : Ecartelé d'azur à une aigle d'or. Cachet accolé de Gagnères, 1724.

Anciennement : D'azur à trois chevrons d'or, accompagnés de trois roſes d'or en chef & en pointe d'une tête de lion du même. Supports : Deux licornes ou deux lions.

ROSSARY, *à Rive-de-Gier (rôles 1760), & à Lyon :*

D'argent au chevron de gueules, accompagné de trois roſes du même (A G).

ROSSET ou ROUSSET, *Marzé, Grézieu,* xive ſ. :

D'azur à une faſce d'argent, chargée de trois molettes de gueules & accompagnée de trois roſſets d'argent. *Alias :* D'azur à trois roſſets ou fers de lance rabattus d'argent à une faſce en deviſe de pourpre (L L).

Deviſe : *Là, non ailleurs.*

ROSSILHOL, *à St-Etienne :*

D'argent à la fasce de gueules, accompagnée de trois roses du même (A G).

ROSTAING, *à Bourg-Argental*, xiᵉ ſ. ; *en Dauphiné & en Vivarais :*

De gueules au lion d'or. *Alias :* D'or à la bande d'azur, soutenue d'un filet de gueules & chargée de trois corneilles d'or.

* DE ROSTAING, *Vauchette, Roche, Sury-le-Comtal, La Corée :*

D'azur à une roue d'or surmontée d'une divise hauſſée du même. Tenants : Deux sauvages.

> Hug. Roſtaing du Dauph. portait : D... à une chimère d..., parti d..., à neuf besants d..., 2, 2, 2, 2 & 1 ; ou *vice verſa.*

ROSTAING, *à la Fouillouse, du* xivᵉ *au* xviiiᵉ ſ. :

D... à la bande d..., accompagnée d'une tête de chèvre d..., en pointe & de trois étoiles d..., rangées en chef.

> Sculpté à la Fouilloufe.

ROSTAING, *à St-Chamond :*

D'azur au chevron d'or, accompagné en chef de deux roses d'argent & en pointe d'un agneau paſcal du même (A G).

DES ROTOURS DE CHAULIEU, *à Montbrifon, 1815 ; Orig. de Normandie :*

D'azur à trois besants d'argent.

> Sculpté au cimetière de Montbrifon.

DE LA ROUE, *Montpeloux, Aurec, Montarcher, Uſſon,* xiiiᵉ ſ. :

Faſcé d'or & d'azur. *Alias :* D'azur à trois bandes d'or.

> Sceau de 1335, La Diana.

Tenants : Deux anges. Cimier : Une tête d'aigle entre un vol banneret.

ROUE, *à Montbrifon* :

D'azur à une barre d'argent chargée de deux rofes de gueules boutonnées d'or, tigées & feuillées de finople, accompagnée en chef de trois étoiles d'or pofées 2 & 1, & en pointe d'une roue du même (A G).

DE LA ROUE, *à Saint-Chamond* :

D'argent au chevron de gueules (A G).

DE ROUGEMONT, *Goutelas, La Liègue, Pierrelas*, XIVᵉ *au* XVIᵉ *f. ; Orig. de Breffe* :

De gueules au lion d'or armé & lampaffé d'azur.

Supports : Deux lions. Devife : *A moy.*

ROUSSELET, *Epercieu, 1565* :

D'argent à un arbre de finople & une cotice de gueules brochantes.

ROUSSIER, *à Saint-Etienne* :

D'argent au rofier de finople fleuri de gueules (A G).

DE ROUSSILLON, *Riverie, Veauche, Dargoire, Le Verney, Miribel, L'Aubépin, Nervieu, Foris, Vaures, du* XIIIᵉ *au* XVᵉ *f.* :

Echiqueté d'or & d'azur, pour les feigneurs d'Annonay.

Sceau de 1270. La Diana

Cependant Artaud d'Annonay portait : D... à trois bandes d..., au chef d...

Sceaux de 1270 & 1292.

D'or à trois pals d..., au franc-canton émanché de trois pièces pour la branche foréfienne de Veauche.

Sceau de 1265.

De gueules à l'aigle d'argent & une cotice d... brochante, pour les feigneurs d'Anjo.

Sceaux de 1316 & 1340.

ROUX ou RUX, *Cerbué* (*Perreux*), XVIᵉ ſ. :

> D'azur à trois têtes de léopard d'or. (Douteux A S).
> *Alias :* D'azur à la bande d'or, accompagnée de ſept croix
> recroiſettées au pied fiché de même.

* ROUX DE LA PLAGNE, *Beaulieu, Molandon, Le Château*,
XVIIᵉ ſ. :

> D'argent à une faſce d'azur chargée de trois étoiles
> d'or, accompagnée en chef d'un lion de gueules, & en
> pointe d'un croiſſant d'azur.
>
> Deviſe : Droit chemin, bon chemin.

ROUZEL, *à St-Etienne* :

> D'azur au chevron abaiſſé d'or, ſupportant un coq du
> même & accompagné de trois roſes auſſi d'or (A G).

ROYER, *à Montbriſon*, XVIIIᵉ ſ. :

> De gueules à la faſce d'argent, accompagnée de trois
> quintefeuilles d..., rangés en chef & en pointe d'un croiſ-
> ſant d....
>
> Cachet de 1760.

ROYER, *à St-Chamond*, XVIIIᵉ ſ.

ROYERS DE RONGEFER, *Orig. du Beaujolais :*
> De gueules à trois roues d'argent à huit rais.

ROYER, *à Saint-Chamond* (*rôles de 1760*) :

> D'azur au chevron d'or accompagné de trois roitelets
> de même. *Alias :* De gueules au chevron d'argent ſommé
> d'un petit oiſeau d'or (A G).

ROYRAND DU VILLARS, *Orig. du Velay :*

> D'azur à la croix d'argent, chargée de cinq coquilles de
> ſable. *Alias* de gueules.

ROZIER, *à St-Etienne :*

D'argent à un rofier de finople, terraffé du même
& fleuri de cinq rofes de gueules, au chef baftillé d'azur
de trois pièces (A G).

RUBYS, *en Roannais & en Beaujolais :*

D... à trois rubis en lofanges d...

RUET, *à St-Sauveur :*

D'or à deux lions affrontés de gueules (A G).

* RULLET, *La Murette :*

D'azur à un oifeau d'argent foutenu d'un croiffant d'or,
au chef coufu de gueules, chargé de trois befants d'argent.

Cachets.

Ce blafon parait être une variante de celui des Maret de
St-Pierre.

Alias : D'or au lion d'azur, parti d'azur à deux palmes
d'or en fautoir au chef de gueules, chargé de trois étoiles
d'argent.

Sculpté au château de la Murette.

Cette partition eft due fans doute à une alliance des Rullet
de la Murette avec les Vialon.

* DE RUOLZ, *à Montchal :*

D'azur à trois fufées rangées d'or.

SABOT DE SUGNY :

D'azur au chevron d'or, accompagné de deux étoiles du même, & d'un pélican fur un tertre d'argent, en 1664. *Alias :* D'azur au pélican d'argent dans fon aire du même, *alias* d'or fur un rocher de fable, *alias* au tertre de finople.

DE SACCONAY :

De fable à trois étoiles de... au chef d'argent.

SACCONINS DE PRAVIEUX, *Buffières, Montolivet, du* xvᵉ *au* xviiiᵉ *f. :*

De gueules femé de billettes d'or à la bande d'argent, chargée en chef d'un lion de fable.

> Sculpté avec diverfes alliances : Fayeul, Semur, Maréchal d'Apinac, au château de Pravieux.

* SAIGNARD DE SASSELANGES, *Chaponod :*

D'azur au fautoir d'or.

DU SAIX DU POYET, *Reffeins, Nandax,* xvᵉ *&* xviiᵉ *f. :*

Ecartelé d'or & de gueules.

> Les Du Poyet contrécartelaient d'azur au lion d'argent armé, lampaffé & couronné de gueules.

Devife : *Non mobile faxum.*

* DE SALEMARD, *Reffis, La Fay, Chiraffimont, Le Cognet, La Colonge, Néronde,* XIIIe *au* XVIIIe f. :

>Coupé d'argent & de fable à une bande dentelée de l'un en l'autre.

DE SALIGNY, *à St-Haon,* XIIIe f. :

>De gueules à trois tours d'argent, pour les fires de Saligny.

>>Dans Guichenon, de Saligny en Beaujolais : d'hermine, etc.

LA SALLE DE PÉLUSSIEU :

>De gueules à la tour d'argent foutenue de deux troncs écotés d'or mis en fautoir.

SALLES, *à Montbrifon* :

>D'argent à la fafce de gueules chargée d'un foleil naiffant d'or.

>*Alias :* D... à trois croiffants adoffés d...

SALOMON :

>D... au chevron d... chargé d'une étoile d..., accompagné de trois lofanges d... & un lambel de trois pendants d... en chef. (Cachet.)

SALT-EN-DONZY :

>D... à l'aigle d...

SALVAING DE FORIS :

>D'or à l'aigle de fable, à la bordure de France.

SARRAZIN (*Arrière-ban, 1545, Roturiers*) :

>D'or à la colonne de finople, adextrée d'une tête de Sarrazin ou Maure de fable, tortillée d'argent & feneftrée de trois étoiles d'azur en pal.

>*Alias :* D'azur à un cep échalaffé d'or (A G).

SARRAZIN « *Sarracenus* », en Forez & Beaujolais, XIIIe f. ;
Orig. d'Auvergne.

SARRON, *Marcoux, Les Forges, Vareilles (Machezal)*, XVIe f. :
D'argent, *Alias* d'or au griffon de gueules.

SAUVADE, *Le Perret, St-Cyr-les-Vignes, Le Piney, Eftaing, Le
Montceau (Salt-en-Donzy)* :
De fable à une montagne de fix coupeaux d'où fort à
dextre un lévrier d'argent, la tête contournée vers un foleil d'or mouvant du franc canton feneftre, au chef coufu
d'azur chargé de trois étoiles d'argent.
Cachet.

SAUVAT DE CERBUÉ, à *Perreux*, XVIIe f. :
D'or au lion de fable (A Beauj.).
Alias de fable au chevron d'or, accompagné de trois
colombes efforées d'argent portant chacune un rameau de
finople.

DU SAUZE, à *Saint-Etienne* :
D'argent à deux branches de fauge de finople en fautoir, cantonnées de quatre boutons de rofe au naturel (AC).

* SAUZEA, *Barges, Monteille* :
De fable à trois fafces d'or, au lion de fable armé & lampaffé de gueules brochant.

DE SAUZEY, *Jafferon* :
D'azur à trois bâtons noueux écotés en pal d'or.

* DU SAUZAY-LA-VÊNERIE, *La Molière, Varennes, Jarnoffe, Orig. du Berry* :
D'azur à une tour ouverte d'or, arcboutée d'argent fur
un tertre de finople, accompagnée en chef de deux étoiles
d'or.
Devife : *Conftantia fulgebit.*

DU SAUZEY :

Echiqueté d'or & d'azur.

SAVARON, *L'Aubépin, La Fay, Vaudragon* :

D'azur à la croix pattée d'or, accompagnée de trois fo-leils du même.

SAVARY *de Breves, St-Bonnet-les-Oules* :

Ecartelé d'argent & de fable. Suivant Guichenon, parti de gueules à la croix ancrée d'or, coupé, bandé d'or & d'azur à la bordure de gueules.

DE SAVIGNY, *Souternon*, XIIIe f. :

Gironné d'azur & d'or & de 12 pièces à l'écuffon de gueules chargé d'une bande d'hermine, pofé en abîme. *Alias* de gueules à trois lions d'argent.

SAVOIE, *Miribel* (*Périgneux*), XIIIe f. :

De gueules à la croix d'argent.

SCOTT DE MARTAINVILLE, *A Montbrifon*, XVIIIe f. :

D'or à trois têtes de lion arrachées d... Couronne de baron timbrée d'un lion armé d'une épée.

Devife : *Dieu m'a fait fort.*

Cachet de 1775, accolé de Chapuis.

SEGUIN, *à Ste-Colombe* :

D'azur à un arbre d'or furmonté de deux étoiles du même & foutenu d'un croiffant d'argent (l'arbre accofté des lettres F S), (A G).

SEMUR, *Durbife, Ouches*, XVIe f. ; *Orig. de l'Auxois* :

D'argent à trois bandes de gueules.

SEMUR DE L'AUBÉPIN (*Fourneaux*) :

SENNETERRE, ou SAINT-NECTAIRE, *Roche-la-Molière* :

D'azur à cinq fufées rangées d'argent.

Sur un fceau de 1550, de l'abbé Charles de S. N., la fufée du milieu eft un fufeau ordinaire.

Sculpté à Montverdun feul & parti d... à une tour d...

SENETON :

D'azur à trois bandes d'argent, au chef de fable chargé d'un lion paffant d'or.

SENEUIL, *Luriec, Valenches, 1299.*

SÉON, *à Boën :*

De fable à trois chevrons d'or (A G).

DES SERPENTS, *Magny, Chitain, Comières, Cublize, St-Vincent-de-Rhins,* XVIᵉ f. :

D'or au lion d'azur lampaffé de gueules.

DE SERRE ou LA SERRE « *de Serra* » XIIᵉ f., *& en Nivernais :*

D'azur à fix befants d'or, 3, 2 & 1 (Λ M).

DE SERRES, *à Néronde,* XIXᵉ f. *; Alliance de Delandine :*

D'or à l'arbre arraché de finople, au chef d'azur, chargé de trois étoiles d'argent.

Vitrail dans l'églife de Néronde.

DE SERRIÈRES :

De gueules à quatre fafces abaiffées & dentelées par en bas d'or (G R).

SERVAN, *à Chavanay (rôles 1760) & en Lyonnais :*

D'azur à deux ceps affrontés d'or, au chef coufu de gueules, chargé de trois étoiles d'argent (A G). *Alias :* D'azur à un cerf faillant d'or, accompagné en chef d'un vent d'argent au franc canton.

> Quelquefois le cerf eft fur une terraffe de finople. D'autres fois, il y a deux vents en chef, ou quatre vents mouvants des angles. (Voir A G & A S).

DE SEVELINGES, *V. Sirvinges.*

DE SEVELINGES, *à Charlieu :*

De gueules à deux lévriers d'argent contournés, attachés par une laiffe d'or, tenue par une main d'argent mouvante du canton dextre, & courant fur une terraffe de finople (A G).

SEVERAT, *à St-Etienne :*

D'azur au lion d'or rampant contre un arc fans corde pofé en pal d'argent (A G).

SEVERAT, *à Montbrifon & à Lyon :*

D'azur au cerf ailé & élancé d'or.

SEVERT ou SEYVERT, *à Aiguilly, St-Galmier, XVIe f. :*

D'argent à quatre cœurs appointés de gueules, au chef d'azur chargé de trois bandes d'or, *alias* au chef d'or à trois bandes de finople.

DE SEYSSEL, *à St-Romain-en-Gier, XIVe f. :*

Gironné d'or & d'azur (A M, Seiffel).

SEYTRE, *à Bourg-Argental :*

D'or à trois faux de fable (A G).

> En patois : Seytre, faucheur.

Alias : D'or à trois cœurs de gueules (A G, 467).

SIBERT, *à Rive-de-Gier*, xviie f. :

> D... à trois violettes d...
>
> Cachet du xviie f.
>
> *Alias :* D'azur à trois fafces ondées d'argent (A G).

SIBOT :

> D'azur à la fafce d'or accompagnée de trois lofanges d'argent (A G).

SIBOUD, *à la Tour-en-Jarez*, xive f. ; *Orig. du Dauphiné* :

> D'azur à trois bandes d'or au chef coufu de gueules, chargé d'une fleur de lis d'or.

SIBUET, *du Bouchet, à Montbrifon*.

SICCARD, xive f. ; *Orig. du Velay* :

> D'azur à quatre pals d'argent au chef de gueules, chargé de trois coquilles d'or.

SILVESTRE DE LA FERRIÈRE, *La Noërie (à Néronde)*, xviiie f. :

> D'or au fauvage de carnation montrant de la main dextre une étoile d'azur.

SIMÉON, *à St-Bonnet-le-Château* :

> D'azur à une montagne à fix coupeaux d'or furmontée de trois étoiles du même, rangées en chef (A G).

SIMIANE, *Urfé, St-Juft-en-Chevalet, La Bâtie*, xviiie f. :

> D'or femé de tours & de fleurs de lis d'azur alternées. Supports : Deux panthères ; Devife : *Suftentant lilia turres*. Anciennement : D'azur au bélier d'or.

SIMON, *à Crémeaux & Montbrifon*, xviie f. :

> D... à fix monts.

* SIMON DE QUIRIELLE, *à Montbrifon*, xviiie f. ; *Orig. du Bourbonnais* :

> De gueules à fix mains apaumées d'argent pofées 3, 2 & 1.

DE SIRVINGES, *Sevelinges, Beaulieu, à Charlieu, dès le* XVᵉ *f. :*

D'azur au chevron d'or accompagné de trois étoiles d'argent au chef coufu de gueules, chargé de deux croiffants d'or (A G).

SOLEYSEL, *Le Clapier, La Bérardière :*

De gueules, *alias* d'azur à trois croifettes d'argent, coupé d'azur, *alias* de gueules à un foleil d'or. *Alias :* Ecartelé aux 1 & 4 de gueules, à trois croifettes d'argent, aux 2 & 3 d'argent, au chevron de gueules accompagné de deux rofes d'or (?) & d'un lion d'azur ; fur le tout d'azur au foleil d'or (portraits gravés).

> Sur de nombreux cachets du XVIIᵉ fiècle, il y a une fafce fur le coupé (A S).

SONYER DU LAC, *La Tour d'Aurec, Les Sauvages :*

D'argent à un arbre de finople, accompagné de trois trèfles du même (*ex libris,* XVIIIᵉ *f.*).

D'argent à un chevron de gueules, accompagné en pointe d'un peuplier terraffé de finople, au chef de gueules chargé de trois étoiles d'or. (*Ex libris,* XVIIIᵉ *f.*)

DE SOLIGNAC, *Aurec, Oriol, 1300 :*

D'argent au chef de gueules.

* SOUCHON DU CHEVALARD, *Aubigneu, Julieu, Villedieu, Les Peuples :*

D'azur à l'arbre d'or, au chef de gueules, chargé d'une étoile d... entre deux rofes d'argent. *Alias :* Trois étoiles.
> Cachet.

Ecartelé aux 1 & 4 de gueules, au lion d'or, au chef coufu d'azur, chargé d'une rofe d'argent entre deux étoiles d'or, qui eft Souchon du Dauphiné.

> Le chef était quelquefois remplacé par une fafce hauffée, chargée de trois rofes.

> Cachet de S. de Sizerieu, 1777, & l'arbre eft accofté de deux rofes.

DE SOULAS, *à St-Sauveur* (*Rôle des taxes, 1691*) *& en Velay* :

D'or au lion de fable parti d'or & d'argent à la bande de gueulès brochante.

* DE SOULTRAIT, *V. Richard.*

SOURD, *de Grénieu.*

* STARON, *la Rey, l'Argentière, Vaures, St-Marcel* :

De gueules à la fafce d'or furmontée d'un foleil du même, accompagnée en pointe de trois étoiles d'argent 2 & 1. *Alias* : De gueules à la fafce d'argent, accompagnée de trois étoiles rangées en chef & d'un croiffant en pointe.

Cachet rond du XVIIe f.

Alias : De gueules à l'aigle d'or, au chef bandé d'azur & d'or. *Alias* : D'azur à quatre bandes d'or.

Lettres de nobleffe de 1697.

* DE SUGNY, *V. Ramey.*

* DE SUGNY, *V. Meaudre.*

DE SUGNY :

D'azur à la croix engrêlée d'or.

SUZANNE, XIVe f., *& en Champagne* :

De fable à trois annelets d'argent : *Alius* d'or.

La Diana : De fable à trois anneaux crénelés d'or.

DE SAINT-SYMPHORIEN, *Chamouffet, Cucurieux, Effertines, Violey, Cottance, du XIIIe au XVe f.* :

D'azur au chef d'or chargé d'un lion iffant de gueules.

DE SYON, *Un bailli du Forez ; Orig. du Dauphiné* :

De gueules au cygne d'argent (R).

TAILLEFER, *Aubigny, Aquinſon (arrière-ban 1545) ; Orig. de Saint-Bonnet-le-Château :*

Une famille de ce nom en Périgord porte : De gueules au dextrochère de carnation paré d'argent, mouvant du canton dextre, tenant une épée de même en bande garnie d'or, taillant une barre de fer de ſable poſée en barre, accompagnée de deux molettes d'or, 1 en chef, 1 en pointe.

DE **TALARU**, *Chalmazel, Chanzieu, Ecotay, St-Marcel, Noailly, La Grange, Magneu, Eſtaing, Bellegarde, Rochefort, Pralong, Marcilly, La Ferrière (Néronde) :*

Parti d'or & d'azur à la cotice de gueules brochante.

TALLEBARD, *Boyé,* XVIIIe ſ.

TAMISIER, *à St-Chamond (rôles 1760) :*

D'or à une bande componée d'argent & de ſable (A G).

TAMISIER, *à Montbriſon,* XVIIIe ſ. :

D'azur à une faſce ſurmontée de trois étoiles rangées, & accompagnée en pointe d'un croiſſant, le tout d'or (à St-Galmier).

LA TANERIE, *Les Tourettes, à Montbrison*, XVIIIᵉ f. :

> De... à un rocher de fix coupeaux d... *Alias* : Parti de... à la croix pattée d..., & de... au rocher de..., au chef brochant d'azur chargé de trois befants d'argent.
>
> Cachets de 17.. & de 1753.

TARDY, *à Vougy, 1696.*

> D'azur à trois étoiles d'or & un croiffant du même en abîme (A G).

TARDY DE MONTRAVEL, *La Chamarefche, Le Fau, Martinas* :

> D'argent à trois cyprès de finople, rangés en pal, au chef de gueules, chargé de trois befants d'or.
>
> L'écuffon pofé fur celui de Montravel.
>
> Devife : *Sanguine nobilis virtute nobilior.*

TARREY, *de Prunerie.*

TASSIN DE NONNEVILLE (*Vicomtes, 18 novembre 1817*) :

> D'argent au chevron de gueules.

TAVARNIER :

> Parti d'or à une couronne de finople & d'or à une fafce de finople (G R).
>
> Pour Hugues, abbé de la Béniffons-Dieu.

DU TERRAIL, *La Vignaude* :

> D'azur au chef d'argent, chargé d'un lion naiffant de gueules, à la cotice d'or brochante.

TERRASSE DES BREUX, *à St-Bonnet-de-Courraux*, XVIIᵉ f.; *Orig. du Velay* :

> D'azur à la fafce d'or, accompagnée en chef d'une fleur de lis entre deux étoiles, & en pointe d'une fleur de lis, le tout d'argent.

TERRASSE, *à Montbrifon,* xive f. :

D'azur à la bande d'argent accompagnée en chef d'un lion d'or, au chef coufu de gueules, chargé de trois étoiles d'or.

TERRASSE, *à St-Chamond :*

D... au chien rampant de... accompagné de trois étoiles de...

Cachet de 1695.

TERRASSON de **CHATELUS** (*Arrière-ban, 1545, Roturiers*) :

D'azur à trois croiffants entrelacés et mal ordonnés d'or, accompagnés de trois étoiles du même.

TERRAT, *d'Ornaifon :*

De gueules à trois fafces ondées d'or.

TERRIERS, *Chamarande.*

TERRAY, *La Motte, Tilly, Changy, St-Riran, St-Bonnet-des-Carts, Beclandière :*

D'azur à la fafce d'argent, chargée de cinq mouchetures d'hermine & accompagnée de trois croix trèflées d'or, au chef du même, chargé d'un lion iffant de gueules.

Portrait de l'abbé Terray, cachets, etc.

L'A G donne : D'or au fautoir de gueules.

TEXTOR, *en Forez ; Orig. de Breffe :*

D'argent à l'épée de gueules accompagnée de trois étoiles mal ordonnées de fable (R).

* **TESTENOIRE-LAFAYETTE,** *à St-Etienne ; Orig. du Beaujolais :*

D'or à la tête de Maure de fable tortillée d'argent.

* TEZENAS, *Le Montcel, Bayard (Arrière-ban, 1689)* :

D'azur à deux lances d'argent en fautoir, cantonnée de quatre croiffants du même, au chef retrait & coufu de gueules, chargé de trois étoiles d'or.

Devife : *Deo dante nihil poteſt invidia.*

Sculpté au Montcel, au domaine du Bois, fur une porte, avec date de 1670 & fur un tableau à Valbenoîte. Nombreux cachets des xviie & xviiie f. Un abbé Tézenas remplaçait les croiffants par des fortes de feuilles en palmettes (Cachet).

THEVENARD, *L'Enclos (Sevelinges) en Roannais* :

D'azur à la colombe d'argent, fur une branche d'olivier de finople (A B).

THEVENARD :

D'or au chêne de finople, terraffé du même, accofté de deux lièvres affrontés de fable, accolés d'argent, rampant contre l'arbre (A G).

THEVENON, *Arrière-ban, 1545, & en Lyonnais* :

D... au chevron d... accompagné de deux étoiles & d'une tête de lion d... (A S).

THEVENON, *à St-Pal-en-Chalencon* :

D'azur au chevron d... accompagné de deux roues & d'une gerbe d...

Cachet de 1759.

DE THÉLIS, *Les Forges, Cornillon, Combres, L'Efpinaffe, Valprivas, La Verpillière, Châtel, Cleppé, La Celle, du* xiiie *au* xviiie *f.* :

De gueules à trois fafces d'or.

* THIBAUD, *Pierreux, La Roche, à Uffon,* xviiie *f.* :

D'argent au chevron d'azur, au chef du même.

Cachets.

DE THIERS, *St-Maurice, Châtelus, Buſſy* :

> D'or au lion de gueules.

DE THIL, *Crémeaux*, XIVe ſ. ; *Orig. de Bourgogne* :

> De gueules à trois lions d'or.
>
> Sceau de 1218.

* THIOLLIÈRE, *L'Iſle, La Roardière*, XVIIe & XVIIIe ſ. :

> D'argent au chevron de gueules, accompagné de trois tuiles à crochets du même.

THOLIGNY, *La Foreſt* :

> Faſcé d'or & de ſable de quatre pièces.

* DE SAINT-THOMAS, *à Roanne*, XIXe ſ.

THOMAS, *à St-Etienne* :

> D'argent à un rocher de ſable contre lequel rampent deux hériſſons affrontés de gueules, au chef dentelé d'azur, chargé de trois coquilles d'argent (A G, art. Pupil).

THOMAS, *en Jarez (rôles 1760), & à Lyon* :

> D'or à un mât de navire d'azur & ſes cordages de ſable, mouvant de la pointe & accompagné en chef de deux vents d'azur (A G).

THOREL, *à Noirétable*, XVI^eſ., *à St-Etienne*, XVIIe ſ.

DE THURINS, *Courtine, à Tourſie (rôle de 1691), & en Beaujolais* :

> De gueules à trois étoiles d... rangées en chef.

THOMÉ, *à St-Bonnet-le-Château* :

> D... au pin arraché d...
>
> Cachet du XVIIIe ſ.

THOMÉ DE SAINT-CYR, (*De Valorges*), *Nantas, Le Peray, Ronfin* :

Coupé d'argent & de gueules à une aigle de fable fur le tout, à la bordure d'azur chargée de dix befants d'argent.

Alias : D'azur à la tête & col de cerf coupé d'or.

THORIGNY, *St-Marcel, Aubigny, Veauchette, du* XIIIᵉ *au* XVIᵉ *f.* :

Parti d'or & d'azur à la bande engrêlée de gueules brochante.

DE THORIGNY, *V. Leuillon.*

THOYNET, *Bigny, Clorobert, Les Penoft, Ronzière, Châtelneuf* :

D'or à trois œillets de gueules, tigés & feuillés de finople, au chef d'azur chargé de trois étoiles d'argent.

Cachet.

DE THURIN, *Jarnoffe, du* XVᵉ *au* XVIIᵉ *f.* :

De gueules à trois étoiles de... rangées en chef.

DE THY DE MILLY :

D'azur à trois lions de gueules, celui du franc-canton dextre tenant une fleur de lis d'or.

Supports : Deux lions. Cimier : Un cygne. Devife : *Fidelis fed infelix.*

TILLARD DE TIGNY :

De finople au chevron d'argent, chargé d'une billette de fable (A G, 1036).

* TISON-DÉSARNAUD, *à Montbrifon,* XVIIIᵉ *f.* :

D'or au rofier de finople fur une terraffe de même.

Cachet de 1775.

Tenants : Deux fauvages.

TISSIER, *Le Soleillant, Le Buiſſon, La Broſſe, Montolivet,* XVIIe ſ. :

D'or à deux cotices de ſable.

Cachet de 1708 accolé à Du Boſt.

TIXIER, *à St-Paul-en-Jarez,* XVIIe ſ. :

De gueules au griffon d'or.

Pierre ſculptée & vaiſſelle d'étain. L'A G donne le champ d'azur.

TOUBLAIN, *de Candi, à St-Etienne, au* XVIIIe ſ. :

Armes inconnues.

TOULON, *à St-Bonnet :*

D'azur à deux ancres d'or en ſautoir au chef couſu de gueules, chargé d'un mât de navire, la voile d'argent pliée le long de l'antenne.

A G, article Guilloud.

* LA TOUR, *à St-Galmier :*

D'azur à une tour d'argent maçonnée de ſable (A G).

LA TOUR-MONTBELLET, *Crémeaux,* XIVe ſ. :

De gueules à trois tours crénelées de trois pièces d'or (A M).

DE LA TOUR, *Alliance de Montagny,* XVe ſ. :

De gueules à une tour & un avant-mur d'argent.

Preuves de nobleſſe de Drée.

DE TOURNEBISE, *Aux Salles,* XIVe ſ., *& en Auvergne.*

DE LA TOUR-DU-PIN, *en Jarez, Châteauneuf-Dargoire,* XIIIe ſ. :

De gueules à la tour d'argent & un avant-mur du même.

DE LA TOUR-VARAN, *Vernas, Le Play, Lentigny, du* XVᵉ *au* XIXᵉ *ſ. :*

D'azur à une tour donjonnée de trois pièces d'or adextrée d'une fleur de lis du même & feneſtrée d'une étoile du même.

Sculpté à Cordes ; cachets.

Cimier : Un lion. Cri : *Hinc deus, hinc rex.* Deviſe : *Et ego ſicuti fecere.*

LA TOUR-SAINT-VIDAL, *Orig. d'Auvergne, fondus en 1582, dans les Rochefort-d'Ailly :*

D'azur à une tour d'argent.

TOURNON, *Le Colombier, feudataires du Forez,* XIVᵉ *ſ. :*

Parti ſemé de France & de gueules, au lion d'or.

Cimier : Un chien courant naiſſant entre deux cors de chaſſe. Deviſe : *Potentia & virtute.*

* TOURNON, *en Roannais :*

D... au chevron d... chargé d... (*indiſtinct*) & accompagné de trois tours.

Cachet du XVIIᵉ ſ.

DE TOURNON, *à Montbriſon, du* XVIᵉ *au* XVIIᵉ *ſ. :*

D'azur au chevron d'or, accompagné de deux étoiles d'argent & d'une tour du même.

Sculpté à Montbriſon, dans l'égliſe St-Pierre ; les émaux donnés par l'A G (Art. Mazenod).

DE TOURS, *La Chaiſe,* XVIIIᵉ *ſ. :*

D'azur à une tour d'argent ſurmontée d'une étoile d'or. Supports : Deux lions.

TOURTON DE MONTELLIER, *à Uſſon*, XVIIe & XVIIIe ſ. :

De gueules à la tour d'argent ſurmontée d'un taon d'or (A G).

DE TOURZEL, *d'Alègre* :

D'argent à deux faſces de ſable.

TREFFONS, *à St-Maurice* :

D'azur à trois fontaines jailliſſantes d'argent, maçonnées de ſable, poſées en faſce ; celle du milieu ſoutenue d'un croiſſant d'or, au chef du même, chargé de deux étoiles de ſable (A G).

DE TRÉMÉOLLES, *Barges, Merlieu, La Corée* :

Écartelé aux 1er & 4e d'or à l'aigle de ſable, aux 2e et 3e d'or, à trois pals de gueules.

L'écartelure date de l'alliance avec Barges. (Peint à St-Héand.)

TREMOLLES, *Vernoille, arrière-ban, 1689* :

D'argent à la croix d'azur, chargée de cinq croiſſants d'or (A S).

TREMOLLET, *à St-Etienne* :

D'azur à deux flèches en sautoir d'argent, accompagnées en pointe d'une fleur de lis (?) d... au chef couſu de gueules, chargé de trois molettes d'or.

Cachet de 1725.

* DU TREYVE, *St-Méras, St-Sauveur* :

D'azur au chevron d'or, accompagné de deux étoiles & d'un lion du même.

DU TREYVE, *Efgrivay, en Roannais*, XVIIIe f. :

D'azur à la fafce d'argent chargée de deux cœurs enflammés de gueules entre deux tourteaux du même, accompagnée en chef d'une étoile d'or, & en pointe, d'une croix pattée d'argent.

DE TREZETTE, *à Donzy, Paniffière*, XIVe f. :

D'argent à trois fafces d'azur, au chevron de gueules brochant.

TRICARD, *à St-Chamond* :

D... au chevron d... accompagné de deux rofes d... & d'une tour d...

Cachet de 1710.

TRICAUD, *Le Montceau, Le Pinet; Sury-le-Bois*, XVIIe & XVIIIe f. :

D'or à trois trèfles de finople. *Alias* : D'azur au chevron d'or, accompagné en chef à dextre d'une étoile du même.

* TRICAUD, *Beaucombat, La Plaffe, La Goutte, Bornat, en Roannais*, XVIe f. :

D'azur à la fafce d'argent, accompagnée en chef de trois étoiles, & en pointe, d'un Tau d'or.

Promeffe de mariage enluminée de 1586.

Alias : D'azur au chevron d'or, accompagné à dextre d'une étoile du même.

TRICAUD, *à St-Bonnet-le-Château* & *à St-Anthème* :

D... à deux bâtons écotés ou triques d...

Vaiffelle d'étain.

TROLLIER, *Le Fétans, le Sardon, Senevas* :

D'argent au lion de gueules, & une falce d'or brochante.

DU TRONCHET, XVIᵉ ſ. :

D'azur à l'aigle d'or fixant un ſoleil du même, mouvant du franc-canton. Deviſe d'Etienne du Tr. : *En heur content se dit*. Anagramme de son nom : Estienne du Tronchet.

TRUNEL, *du Poyet*, XVIᵉ ſ. :

Bandé de gueules & d'or, au chef d'azur chargé de trois étourneaux d'argent.

TRONSON, *Louis Tr., prieur de Chandieu, etc.; Orig. de Paris* :

D'azur à une muraille d'argent maçonnée de ſable, d'où sortent neuf coquerelles d'or ſur trois tiges réunies par la baſe.

Cloche à Effertines, cachet 1650.

DE TURGE, *à Roanne* :

D'azur à une brebis d'argent paiſſant une prairie de ſinople (*ex-libris*).

TURRIN DE BELAIR, *& en Beaujolais* :

D'azur à trois tours d'argent.

DE TRYE, *La Chal*, XVIᵉ ſ. :

Bandé de gueules & d'or à la faſce d'argent brochante.

U

D'URFÉ :

De vair au chef de gueules. Cimier : Un bras armé.
Alias : Une touffe de plumes.

D'URGEL, *V. Durgel.*

USSON, *Ville :*

Fafcé d'or & d'azur.

Sceau orbiculaire du XVIIe f.

V

VACHÉ, *à St-Chamond :*

    D'or à deux vaches de gueules paſſant l'une ſur l'autre, accolées d'argent (A G).

VAGINAY, *Montpiney, Lhéronde, & en Beaujolais :*

    D'azur au chevron d'or, au chef du même. *Alias :* D'argent, à l'arbre de ſinople terraſſé du même, ſoutenu de deux lévriers affrontés de gueules.

LA VAISSIÈRE-CANTOINET, *Villeneuve :*

    D'azur au coudrier d'or & une cotice de gueules brochante.

DE VALENCIENNES, *L'Aubépin, La Fay (Larajaſſe),* XVIIᵉ ſ. :

    D'argent à deux lions paſſant de gueules (A S).

        Ce ſont les armes de la ville de ce nom.

* DE VALENCE DE MINARDIÈRES, *Montoux, La Forêt-Chancé, Fontenille, du* XVᵉ *au* XVIIIᵉ ſ. :

    D'azur à la faſce d'or, accompagnée de ſix trèfles d'argent rangés 3 & 3.

        Cachets.

VALETON ou VALLETON, *à Rive-de-Gier*, XVIᵉ ſ. :

D'or à trois loſanges de gueules, au chef d'azur chargé
de deux coquilles du champ.

DE LA VALETTE, *à Cervières & Montbriſon*, XVIIᵉ *&* XVIIIᵉ ſ. :

D'argent à la faſce de gueules, accompagnée en chef de
trois étoiles d... & en pointe d'un croiſſant d...

Cachet de 1773.

DE LA VALETTE :

D'azur à trois fleurs de lis d'or, au chef d'argent. *Alias* :
D'or chargé d'un lion iſſant de gueules, armé & lampaſſé
d'azur.

VALIN, *à Montbriſon* :

D'azur au lion d'or, armé et lampaſſé de gueules, au
chef couſu de gueules, chargé de trois étoiles d'or
(A G, 470).

VALLADIER, *à St-Pal-en-Chalancon*, XVIᵉ ſ. :

D'or au ſautoir de ſable, cantonné de quatre roſes
de gueules, tigées & feuillées de ſinople.

Sceau du XVIᵉ ſ.

DE VALLENTIN, *à St-Galmier*, XVIᵉ ſ., *& en Lyonnais* :

D'azur au chevron d'or, accompagné de trois étoiles
de même, au chef couſu de gueules, chargé de trois
beſants d'or R.

DE VALOUS, *à St-Jean-Bonnefonts* :

De gueules à l'hermine courant d'argent, colletée
d'un mantelet d'hermine, au chef couſu d'azur, chargé
de trois étoiles d'or.

DE VARENNE, *à Roanne* :

Vairé d'or & de gueules, au chef d'azur chargé d'une licorne naiffante d'argent (A G).

DE VARENNE-RAPETOUR, *Chantois, Effertines (Montagny)*, xve f. :

Lofangé d'argent & d'azur. *Alias :* D'hermines à trois chevrons de fable. Cimier : Une tête de loup d'argent avalant un paon au naturel. Supports : Deux loups.

DE VAREY, *Malleval, Virieu, Chavanay en 1517* :

D'azur à trois jumelles en bande d'or, au chef d'argent chargé de trois merlettes de fable.

VARINARD, *Les Côtes, en Roannais*, xviiie f. :

De fable à deux chevrons d'or accompagnés de deux étoiles & d'un mouton paffant d'argent.

Cachet de 1756. Devife : *Sans tromperie.*

DE VASSALIEU, *La Tour-Charrette (Balbigny)*, xiiie f., *Ste-Croix-en-Jarez*, xive f. :

Fafcé d'or & d'azur à la bande de gueules brochante.

VAUBERET, *à St-Etienne (Alliance de Jacquier)* :

D'argent au chevron de gueules, accompagné de trois trèfles de finople, au chef de gueules chargé de trois épées en pal, garnies d'or (R).

VAUBOREL, *Changy, St-Riran, St-Bonnet-des-Carts, 1768; Orig. de Bretagne* :

D'azur à la tour d'argent. Supports : Deux aigles.

DE LA VAURE, *La Tour-en-Jarez, Montverdun*, xive f. :

D'azur au lion d'argent.

VAURION, *Bussières, Notre-Dame-de-Boisset,* xviie s.

De sable au chevron d'argent.

DE VAUX, *St-Romain-la-Motte (rôle 1545).*

D.... au lion d....

DE VAUZELLES, *en Roannais,* xviie s. :

D'azur à trois demi-vols d'argent, au chef d'or. Devise : *Crainte de Dieu vaut zèle.*

DE VEAUCHE, xiie & xiiie s. :

Parti d... mi-coupé d... & d...

Sceau de 1270 (A S).

VEDEL (*Arrière-ban 1545, roturiers), de St-Didier-la-Seauve :*

D'azur à une roue d'horloge d'or. *Alias :* D'argent, en chef & deux aigles affrontées d'argent en pointe (A D).

VENDE, *à Montbrison,* xvie s. :

D'azur au sautoir alaisé. *Alias :* Deux bourdons en sautoir d'or, cantonné de quatre coquilles du même.

Sculpté dans l'église de Notre-Dame (Montbrison).

Devise : *Timor Domini fons vitæ.*

VEDEAU, *à Charlieu,* xviie s. :

D'azur à deux colombes affrontées & volantes d'argent contre un soleil d'or en chef, & un cœur du même en pointe.

DE SAINT-VERAIN, *Nervieu, Mizérieu,* xiiie s., *Orig. du Nivernais :*

D'argent au chef de gueules (A M).

VERCHÈRE, *de la Bâtie :*

D'argent au fautoir de gueules (A G).

VERCHÈRE des **BAYONS,** *en Roannais & en Mâconnais :*

D'argent à trois fafces de finople (A G). *Alias :* De fable à la fafce d'or, accompagnée de trois étoiles du même. *Alias :* De fable à la fafce d'or, accompagnée de trois comètes du même, un croiffant d'argent entre celles du chef.

DE **VERCHÈRES,** *Rongefer,* xvᵉ f. :

Ecartelé d'argent & d'azur.

Généalogie de Ste-Colombe, par Le Laboureur.

VERD, *à Montbrifon,* xviiᵉ f. :

D'argent à la fafce d... accompagnée de trois rofes d... & un lambel d... de trois pendants en chef.

VERD, *à Paniffières :*

D'azur au croiffant d'argent, furmonté d'une étoile d'or (A G).

VERD, *Valprivas, Les Périers, Chazelles-fur-Lavieu, Veauche, Chenereilles, Tortorel, La Chapelle-en-la-Faye,* xivᵉ & xvᵉ f. :

D'argent au lion de finople, armé & lampaffé de gueules.

Sculpté à Villeneuve, Chenereilles, etc.

VERD, *V. Vert.*

VERDELLET :

De finople au chevron d'argent, accompagné de trois étoiles du même (A G).

VERDIER ou Du VERDIER, *Valprivas, La Pompée (Précieu), du* XVIe *au* XVIIe *f. :*

D'azur à trois pals d'argent, celui du milieu chargé de trois, *alias* quatre moucheture d'hermine, au chef d... chargé de trois étoiles d...

> Sculpté à Valprivas, à Montbrifon dans l'églife Saint-Pierre, & dans une maifon de la Grande-Rue, etc.

Devife : *Marti & Minervæ;* autre : *De voir tard ennuye,* anagramme de « Antoyne du Verdier »; autre : *Nofcitur ex ungue leo.*

DU VERDIER, *Cordelle,* XIIIe *&* XIVe *f. :*

D'argent à trois fafces de finople.

* VERMOREL, *en Roannais ; Orig. de Villefranche.*

D... à la fafce d'argent, chargée de cinq clochettes de vair d... & accompagnée de trois morelles d...

> Cachet de 1766.

DE LA VERNADE, XVe *f., & en Vivarais :*

De gueules à l'aulne (en patois verne) d'or accofté de deux étoiles du même à la bordure componée d'or & de gueules.

> La bordure doit être une brifure (fculpté dans l'églife de Notre-Dame, à Montbrifon).

VERNAUX, *de Noharet, à Bourg-Argental,* XVIIe *f. :*

De gueules à la tour d'argent, furmontée de trois étoiles d'or, rangées en chef.

LA VERNÉE, *en Roannais,* XIIe *f. :*

De gueules à la bande d'or chargée de trois étoiles d'azur.

VERNE :

> D'azur au verne d'argent furmonté de trois étoiles d...
> rangées.
>
> > Cachet de 1760.

* VERNE, *de Bachelard* :

> D'argent au verne de finople, quelquefois accofté de
> deux V, ou chevrons alaifés et renverfés d... au chef
> d'azur chargé de trois étoiles d'or.
>
> > Cachet de 1760.

VERNE, *en Jarez* (*rôles 1760*), *et à Lyon* :

> D'azur à la fafce ondée d'or, accompagnée de trois
> étoiles d'argent (A G).

Du VERNET, *Néronde ; Orig. du Bourbonnais* :

> D'argent à la croix de gueules (A B, G R).

Du VERNET, *La Garde* (*St-Thomas*)*, Grézieu-le-Fromental,
Champs, Salle-lès-Feurs, du* XIVe *au* XVIIe *f.* :

> D'azur au chef échiqueté d'or & de gueules de deux
> tires.

Du VERNEY, *La Varenne, à Feurs, du* XVIe *au* XVIIIe *f.* :

> D'or à un arbre de finople.
>
> > Au XVIIe f. les armes des Du Vernet-la-Garde.

Du VERNEY, *& à Lyon,* XVIIIe *f.* :

> De finople à trois vers à foie d'argent, pofés en bande
> 2 et 1, au chef d... chargé de trois feuilles de mûrier d...

Des VERNEY, *V. Defvernay.*

Des VERNEYS, *en Roannais* :

> D'hermines au chef de gueules.

VERNIN, *V. Crémeaux.*

DE VERNOILLES, *la Roche–St-Prieſt, Jo, du* XIIIᵉ *au* XVIIᵉ ſ.:
>   D'or à la croix ancrée de gueules.

DE VERNON, *en Jarez,* XVIIIᵉ ſ., *& en Dauphiné :*
>   D'or au verne terraſſé de ſinople, au chef d'azur chargé de deux étoiles d'argent (A G).

VERNOY :
>   D'azur au chevron d'or, accompagné de trois vers à ſoie d'argent, au chef couſu de ſable, chargé d'une étoile d'argent.

DE VÉRONE ou VAYRONE, *à Bourg-Argental,* XIIIᵉ ſ. :
>   D'argent au lévrier courant de gueules, coletté du champ.

LA VERPILLIÈRE :
>   Echiqueté d'azur & d'argent.

VERROIL, *de Grénieu,* XIVᵉ ſ. :
>   Armes inconnues.

VERT :
>   D'azur à ſept étoiles d'or, une en abîme & ſix en cercle, ſortant par un fil d'or d'un lac d'argent.
>
>   Cachet de Claude Vert, curé de Lérigneu, en 1680, avec cette anagramme : *Lac de vertu.*

DE VERTAMY « *de viridi amico* », *Daniſet, La Borie, Tortorel, Le Fraiſſe, du* XVIᵉ *au* XVIIIᵉ ſ. :
>   D'azur à trois faſces d'argent, entravaillées d'un chevron d'or.

DE VERTOLAYE, *La Roche (St-Rambert),* XIIIᵉ *&* XIVᵉ ſ. :
>   De gueules à quatre fleurs de lis d'or.

VEYRE, *à Saint-Sauveur (rôles 1760), & en Dauphiné :*

De gueules au château d'argent maçonné de fable, écartelé d'argent à trois moucheteures d'hermines (A G). *Alias :* Fafcé d'argent & d'azur, & un croiffant d'argent fur chaque fafce d'azur (A D).

DE LA VEUHE, *Montagnac, Colonges, Sury-le-Comtal, Mont-fupt, Saint-Marcelin, Saint-Romain, l'Etra, Chevrières,* XVIIᵉ ſ. :

D'azur à l'aigle d'or fixant un foleil du même, au franc-canton.

Sculpté dans l'églife de Saint-Rambert.

VEYRON, *à la Faye (rôles 1760), nobles depuis 1758, & en Dauphiné :*

D'azur à une molette d'éperon d'argent, furmontée d'une croix du même, parti d'or à un dextrochère tenant une épée au naturel.

Armes concédées en 1810 (V. A D).

VIAL, *Difouches, Belair, La Varenne,* XVIIᵉ & XVIIIᵉ ſ. :
D'argent à la fafce d'azur, chargé d'un demi-vol d'or (A G).

VIALIS :

D'argent à trois trèfles de finople, au chef d'azur. *Alias :* D'azur à trois trèfles d'argent, au chef d'or (R).

VIALON, *Plaffeboutier :*

D'azur à deux palmes d'or en fautoir, furmontées d'une étoile d'argent (A G). *Alias* au chef d... chargé de trois étoiles d... (*V. Rullet*).

DE VICHY, *Champrond, Cucurieux, La Tour-des-Sauvages, du* XIVᵉ *au* XVIIᵉ *ſ. ; Orig. du Bourbonnais :*

De vair plein. Deviſe : *Tantum valent quantum ſonant ;* par alluſion aux cloches du vair.

VIDAUT DE LA TOUR, *Le Sardon (Rive-de-Gier),* XVIIᵉ *ſ. :*

D'azur au lion paſſant d'or, ſurmonté d'une faſce & de trois fleurs de lis du même.

VIEUX ou VIEIL « *Veteris* », *Comières, La Tour-en-Jarez, Buſſière, St-Haon,* XIIIᵉ *ſ., & en Bourbonnais :*

D'azur au maſſacre de cerf d'or. (A D, Vieux ou des Vieux).

DE LA VIEUVILLE, *St-Chamond,* XVIIᵉ *ſ. ; Orig. de Picardie :*

Faſcé d'or et d'azur de huit pièces à trois annelets d'or rangés, brochant ſur les deux premières faſces.

Sculpté ſur une tombe dans l'égliſe de Saint-Thomas-la-Garde.

DE VIGIER, *Duré (Rôle de 15..).*

D'azur au lion d'argent ſur un monticule d'or accoſté de deux demi-rocs d'or mouvant des flancs de l'écu.

DE VILAINES, *Cerbué & en Bourgogne :*

Ecartelé aux 1ᵉʳ & 4ᵉ d'azur, au lion paſſant d'or ; aux 2ᵉ & 3ᵉ de gueules, à neuf loſanges d'or (R).

VILLEMAGNE, *à St-Etienne :*

D'azur à une ville d'or ſommée de pluſieurs clochers ſur une terraſſe du même, & accompagnée de quatre étoiles d'argent rangées en çhef (A G).

DE VILLARS-THOIRE, *St-Romain-en-Jarez, Châteauneuf-Dargoire, Miribel (Périgueux), L'Aubépin*, XIVe ſ. :

Bandé d'or & de gueules de ſix pièces.

DE VILLARS, *Maclas, La Chapelle, La Garde*, XVIIe ſ. :

D'azur à trois molettes d'or, au chef couſu de gueules, chargé d'un lion paſſant d'argent. *Alias* : Au chef d'argent chargé d'un lion léopardé de gueules.

DE VILLE DE LA BOULLAIE, *à Montbriſon*, XVIIIe ſ. ; *Orig. de la Charité-ſur-Loire* :

D'or à la croix de gueules chargée de cinq roſes d'argent.

DE VILLECHAIZE, *V. du Beſſey*.

DE VILLECHÈZE, *Le Pizeys, arrière-ban, 1689* :

D'azur à trois pommes de pin d'or. *Alias* : Ecartelé d'or & d'azur à quatre quintefeuilles de l'un en l'autre (A G).

VILLENEUVE, *Joux-ſur-Tarare*, XVe & XVIe ſ. :

Parti au 1er loſangé d'or & d'azur, au 2e d'argent à trois demi-vires, l'une dans l'autre de gueules.

Sculpté dans l'égliſe Sainte-Agathe, contre-parti à Barges.

DE VILLETTE, *à Noirétable* :

D'azur à la Croix engrêlée d'argent.

Sceau du XVe ſ.

Cimier : Une tête de chien.

DE VILLION, *Varenne, La Place (Belmont)*, XIIIe ſ :

De gueules au ſautoir d'or.

VINCENT, *à St-Etienne :*

> D'or au chevron de gueules, accompagné en chef de deux croiſſants, & en pointe d'un cœur enflammé du même, au chef d'azur chargé de trois étoiles d'or (A G).

VINCENT, *Albuzy, Montarcher, La Faye, La Goutte, Le Sapey, Marandière,* xviiie *ſ. Orig. du Dauphiné :*

> Ecartelé aux 1 & 4 de gueules, à trois bandes d'argent au chef d'hermines; aux 2 & 3 d'azur, au chevron d'or, accompagné de deux beſants & d'une croix du même. *Alias :* D'un lion de même.

* VINCENT, *de St-Bonnet (Les Oules), Vaugelas, Soleymieux, La Bérardière* xviiie *ſ. :*

> D'azur au chevron d'or, ſurmonté d'un ſoleil & accompagné de deux raiſins du même & d'une tour couronnée d'argent en pointe.

DE VINOLS, *d'Arbigny (en Beaujolais), & à Lyon :*

> D'argent à trois coquilles de gueules, au chef du même, chargé de trois coquilles d'or.

* DE VINOLS, *Gaſte, La Liègue, Aboin, La Tourette, Bellegarde, Boiſvert,* xvie *ſ. :*

> D'or au cep de vigne de ſinople, au chef de gueules chargé de trois coquilles d'or.
>
> Sculpté dans l'égliſe de Notre-Dame, à Montbriſon.

DE VINOLZ, *à St-Etienne :*

> D'azur à une boîte couverte d'or, accompagnée en chef de deux beſants d'argent, & en pointe d'une lancette ouverte du même (A G).
>
> Armes perſonnelles d'un chirurgien.

VIOLET, *à Ste-Colombe, au* xvᵉ *f.* :

> D... au chevron furmonté d'un annelet, furmonté lui-même d'une molette d... & accompagné de trois violettes.

DE VIRIEU :

> De gueules à trois vires l'un dans l'autre d'argent.

DE VIRY, *V. Artaud.*

DE VIRY, xvᵉ *f., & en Bourgogne* :

> De fable à une croix ancrée & anilée d'argent.
> Devife : *A Virtute viri.*

VIRGILE, *à St-Etienne,* xvᵉ *f. Orig. du Languedoc* :

> D'azur à la bande d'argent furmontée de trois fleurs de lis d'or.

VISSAC, *Juffac,* xivᵉ *f. (Noms féodaux), d'Auvergne* :

> De gueules à trois pals d'hermine.
> Sceau du ...

VISSAGUET, *à St-Galmier,* xviiiᵉ *f. ; Orig. d'Auvergne* :

> D'argent à la fafce de gueules, accompagnée de trois étoiles du même en chef & en pointe d'un lévrier de fable.

VITRY-LARIÈRE ou LA LIÈRE (*Chateaumorand*), xviᵉ *f.* :

> D'azur au lion d'or armé, *alias* d'argent, lampaffé & couronné de gueules.

DE VOUGY, *V. Michon.*

VOGUÉ, *au* xviiiᵉ *f. ; Orig. du Vivarais* :

> D'azur au coq d'or crêté & barbelé de gueules.

VOYRET, *à Roanne,* XVIIe *f. :*

> D'or au palmier de finople, & un lévrier d'argent cou-
> rant derrière l'arbre, & attaché au fût par une laiffe de
> fable.

* VYAL DE CONFLANS, *à St-Etienne :*

> D'argent à la bande de gueules remplie d'or, au chef
> d'azur chargé d'une aigle d'or.

D'YLLINS, *en Forez, au* XIVᵉ *ſ. ; Orig. du Dauphiné :*

D... à une bande d...

Sceau de 1342.

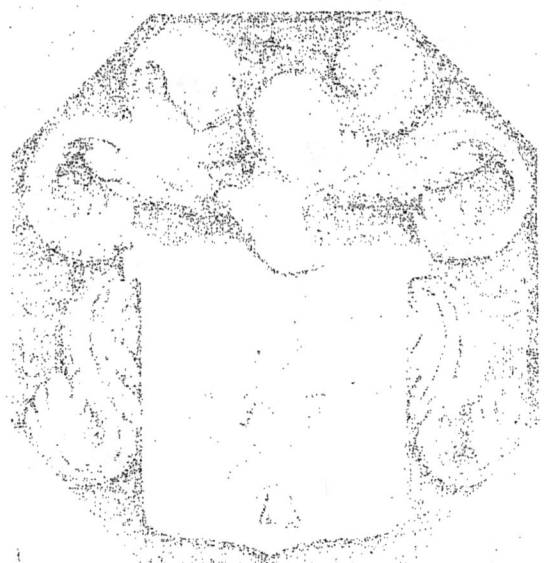

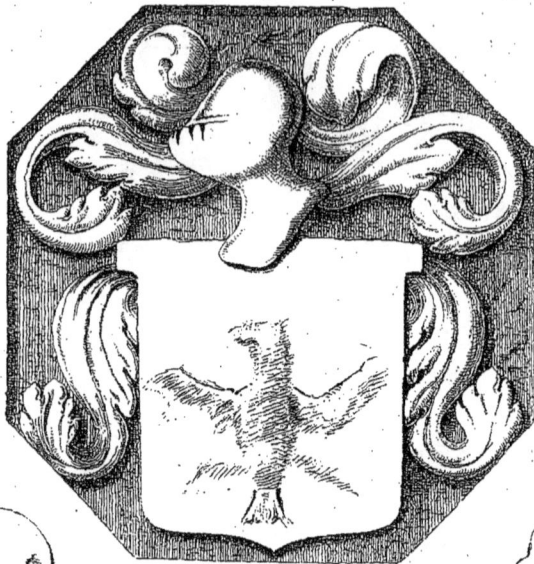

XVIIᴱ & XVIIIᴱ SIÈCLES

L.P.GRAS, del.   C.Tournier, sculp.

Imp. V. Girand, Lyon

DESCRIPTION

DES

BLASONS DE LA DIANA

VOUTE

1 D'azur, femé de fleurs de lis d'or (FRANCE).

2 De gueules, au dauphin d'or (FOREZ).

3 D'or, au lion de fable, chargé d'un lambel de cinq pendants de gueules (BEAUJEU).

4 De gueules, à l'efcarboucle pommetée & fleurdelifée d'or (NAVARRE).

5 Fafcé d'or & d'azur (LA ROUE).

6 De gueules, à la croix d'argent (SAVOIE).

7 D'azur à trois broyes d'or liées de gueules l'une fur l'autre en fafces, au chef d'argent chargé d'un lion iffant de gueules (JOINVILLE).

8 Cinq points d'or équipollés à 4 d'azur, à la bordure de gueules (DURGEL).

9 D'or, à la bande de gueules (BRANCION-SALINS, P, (1).

10 De vair, au chef de gueules (URFÉ).

11 D'or, à la fafce ondée de fable (MAUVOISIN DE LA LIÈGUE).

12 D'or, à la croix de gueules (ALÈGRE, P).

13 Bandé d'argent & d'azur (GRANDMONT ? P).

14 De gueules, au chef échiqueté d'argent & d'azur (ROCHE-BARON).

15 Chevronné d'or & de fable (LÉVIS).

16 Ecartelé d'or & de gueules (CHATELPERRON, P).

17 D'argent, au chef bandé d'or & de gueules (LAVIEU DE PISEY ? P).

18 Chevronné d'or & de gueules, au lambel d'azur de cinq pendants (LISSIEU ? P).

19 D'or, au gonfalon de gueules frangé de finople (AU-VERGNE).

20 De gueules, au chevron d'or, au chef de vair (LAVIEU-FEUGEROLLES).

21 Pallé d'or & de gueules (ROUSSILLON DE SER-RIÈRES ? P).

22 Fafcé d'or & de gueules de quatre pièces (THORIGNY, P).

23 Ecartelé d'or & de gueules, à la bordure de fable, chargée de huit fleurs de lis d'or (CHALENCON).

---

(1) La lettre P renvoie au travail de M. de Perfigny, intitulé : *Mémoire fur les difpofitions intérieures de la Diana,* par Son Exc. le Duc de Perfigny. Paris, Dumoulin, 1869. Extrait de la *Revue nobiliaire,* 1869. (V. auffi *Revue du Lyonnais,* 3e férie, t. VII, 1869).

24 De gueules, au lion d'or à la queue fourchue, au lambel d'azur de cinq pendants (MONTFORT).

25 D'or, à l'aigle de fable becquée & membrée de gueules, au lambel du même de cinq pendants (SAVOIE DE VAUD).

26 Bandé d'or & d'azur, à la bordure de gueules (BOUR-GOGNE).

27 D'azur, à la bande d'argent, côtoyée de deux cotices potencées & contre-potencées d'or (CHAMPAGNE).

28 Vairé d'or & de gueules (VASSALIEU).

29 D'or, au dauphin d'azur crêté, oreillé & barbé de gueules (VIENNOIS).

30 De gueules, à la bande d'or (CHALON DE VIGNORY).

31 D'azur, à fix befants d'or, 3, 2 & 1, au chef d'or (POITIERS).

32 Fafcé vivré d'or & de gueules.

33 D'or ou d'argent, à la tour de gueules & un avant-mur de même (LA TOUR-D'AUVERGNE, P).

34 De gueules, à trois fafces d'or (ESPINASSE).

35 D'azur, à la bande d'argent (D'ACRE, P).

36 Ecartelé d'or et de gueules, au lambel de cinq pendants d'azur (CHATELPERRON-MONTMORILLON, P).

37 Fafcé d'or & d'azur, à la cotice de gueules (LA ROUE-D'AURELLE ? P).

38 D'or, à la croix ancrée de gueules (DAMAS).

39 Echiqueté d'or & de gueules, à la bordure d'azur (ROUS-SILLON D'ANNONAY).

40 D'or, à la fafce ondée de gueules (MAUVOISIN DE CHEVRIÈRES).

41 Chevronné d'argent & d'azur.

42 Bandé d'or & de gueules (THOIRE-VILLARS).

43 D'or, à la croix de gueules.

44 Pallé d'or & de gueules, écartelé d'azur (BARGES DE SAINTE-AGATHE).

45 D'or, à l'aigle de fable becquée et membrée de gueules (LAVIEU, P).

46 De gueules, à la tour d'argent ou d'or, & un avant-mur de même (LA TOUR-DU-PIN).

47 Fafcé vivré de gueules & d'or.

48 D'or, à quatre, & quelquefois cinq pals de gueules (LA PALICE, P).

DESCRIPTION

DES

BLASONS DE LA DIANA

FRISE

1   Gironné d'or & de gueules de douze pièces.

2   D'azur, à trois broies d'or liées de gueules, au chef d'argent chargé d'un lion iffant de gueules (JOIN-VILLE).

3   De fable, au chevron d'or & un lambel de gueules de quatre pendants (voir 24).

4   D'or, à la fafce de gueules furmontée de trois coquilles du même, rangées en chef (DE LA PERRIÈRE, *felon De La Mure*, G (1).

5   D'azur, au chef d'or, chargé d'un lion iffant de gueules (SAINT-SYMPHORIEN).

(1) La lettre G renvoie au travail de l'auteur, intitulé : *Notes fur quelques blafons de la Diana*. St-Etienne, 1866, in-8o.

6 D'argent, à la bande de gueules (De CHIEL de
BEAULIEU portait : *D'or, à la bande de gueules,
avec un lambel d'azur*, G).

7 De fable, à l'aigle d'argent, becquée & membrée de
gueules.

8 De fable, à la croix d'argent cantonnée de quatre merlettes du même.

9 Lofangé, gueules & or (prefque effacé).

10 Fafcé, vivré d'or & de gueules.

11 D'or, au fautoir de gueules (LESCHALLIER, G).

12 De fable, au lion d'argent (RAYBÉ-St-MARCEL, G).

13 D'or, à la tour & un avant-mur de gueules (La TOUR-
d'AUVERGNE ? G).

14 D'azur, au chef d'or, chargé d'un lion iffant de fable,
& un lambel de gueules de cinq pièces (SAINT-
SYMPHORIEN-CHAMOUSSET ? G).

15 D'azur, au chef lofangé d'or & de gueules (De FOU-
GÈRES, G).

16 D'or, à la fafce ondée de gueules (MAUVOISIN, G).

17 De gueules, à trois fafces de vair (MERCŒUR, G).

18 De fable, à la croix d'or, cantonnée de quatre quinte-
feuilles ou molettes d'or.

19 De gueules, au chevron d'or, au chef de vair (MONT-
GASCON, G, ou LAVIEU).

Montant de la cheminée.

20 Gironné d'or & de fable, de douze pièces.

Très-douteux ; le bois porte des traces de feu.

21 D'or, au fautoir de gueules (Les MITTE de MONS portaient : *D'argent, à un fautoir de gueules, à la bordure de fable, chargée de huit fleurs de lis d'or.* La bordure peut être une conceffion poftérieure, G).

22 Fafcé d'or & de gueules (POLIGNAC, G).

Il manque ici une douzaine d'écuffons formant la bordure qui encadrait la cheminée.

23 De gueules, à deux fafces d'or ou d'argent.

24 D'azur, au chevron d'argent (La ROCHE-en-REGNIER : *Parti d'argent & de fable, au chevron de l'un dans l'autre,* G).

25 D'azur (*pièces effacées*).

26 D'or, au gonfanon de gueules, frangé de finople (AUVERGNE).

27 D'argent, à l'aigle de gueules (De RONCHEVOL : *D'or, à l'aigle à deux têtes de gueules,* G).

28 D'or, à la bande de gueules, accoftée de deux cotices du même (*V.* De NAU).

29 De France ancien ou d'azur, femé de fleurs de lis d'or, à la cotice d'argent ?

30 D'argent, à l'aigle de gueules (Le CHAUVE de SALT portait une aigle d'émail inconnu).

Sceau inédit de Geoffroy de Sal, xive f., G.

31 D'or, à la croix de gueules.

32 D'or, à trois quintefeuilles de gueules.

33 D'azur, à l'aigle d'argent, becquée & membrée de gueules (De JAS, G).

34 Manque.

35 D'argent, au lion de gueules (MARÉCHAL D'APINAC. *La bordure de fable befantée d'or, portée habituellement par cette famille, eft peut-être poftérieure,* G).

36 Chevronné d'or & de gueules, de huit pièces.

37 Gironné d'argent & d'azur, de huit pièces.

38 Lofangé d'or & de gueules (THÉLIS-L'ESPINASSE, G).

39 D'azur, au lion d'argent (*Voir* 70).

40 Vairé d'or & de gueules (BEAUFFREMONT, G).
Ce blafon commence l'arcature.

41 D'or, à la croix de gueules.

42 Vivré d'or & d'azur, de fix pièces.

43 De gueules, au dauphin d'or (FOREZ).
Il manque ici deux blafons ; le bois a été enlevé.

46 De fable, à trois anneaux d'or, crénelés de huit pièces.

47 D'or, à deux fafces vivrées de gueules.

48 D'azur, à l'aigle d'argent (SAVOIE-VAUD, *Voûte*).

49 De fable, à la bande d'argent, cotoyée de deux cotices du même, accompagnées de deux fleurs de lis d'or (*V.* DE CUSTINE, *Ile-de-France*).

50 D'or, à trois tourteaux de gueules, au lambel d'azur, de cinq pendants (COURTENAY, G).

51 D'or, au lion de fable ou d'azur, une cotice de gueules brochant.

52 Bandé de gueules & d'or, de fix pièces (SEMUR, G).

53 De fable, au fautoir d'argent, cantonné de quatre coquilles du même,

54 D'or, femé de molettes de fable, au lion du même
(De MARCILLY-CHALMAZEL : *On tranfpofe
ordinairement les émaux*, G).

55 Fafcé d'or & de gueules, de fix pièces (Le DES-
CHAUX ? G).

56 Pallé d'argent & d'azur (Les De SAINT-PAUL, feigneurs de la Guillanche & de Vaffalieu, portent :
*D'azur, à trois pals d'argent, au franc canton de fable,
chargé d'une croix pattée d'argent*, G).

57 Ecartelé de gueules & d'or (CHAUGY, G).

58 Fafcé d'or & de fable, de huit pièces (De BUSSEUL, G).

59 D'or, au lion de gueules, à la bordure d'azur (*Voir* 35).

60 Bandé d'or & de gueules (THOIRE-VILLARS,
Voûte).

61 De fable, à la bande d'or, accoftée de deux fleurs de lis du
même.

62 Chevronné d'azur & d'or, à la bordure de gueules.

63 D'or, à la croix de gueules (*Voûte*).

64 D'or à trois chevrons de fable (LÉVIS).

Fin de l'arcature.

65 Echiqueté d'argent & d'azur, de quatre traits (Du
SAUZEY, G).

66 Fafcé d'or & de gueules, de quatre pièces (*Voûte*).

67 De fable, au lion d'argent.

68 D'or, à la bande de gueules (De CHABEU ? G).

69 D'or, à la croix recerclée ou ancrée de fable (D'ACRE; *famille chevalerefque du* XIVᵉ *f., éteinte dans les De La Bâtie, qui ont aujji porté ce blafon. Une note manufcrite de La Mure attribue pofitivement ces armes aux D'Acre, branche de la maifon de Brienne,* G).

70 D'azur, au lion d'argent (SAINT-DIDIER : *D'azur, au lion d'argent, à la bordure coufue de gueules, chargée de huit étoiles d'or,* G).

71 Chevronné d'argent & d'azur, de fix pièces, & un lambel de gueules, à cinq pendants.

72 D'or, à l'aigle de fable & un lambel de gueules de cinq pendants (*Voir* 48).

73 D'azur, à la bande d'argent, accoftée de deux cotices potencées & contre-potencées d'or (CHAMPAGNE, *Voûte*).

74 D'or, à la croix de gueules (*Voûte*).

75 Lofangé d'azur & d'or.

76 D'azur, à la bande d'argent, accoftée de deux cotices d'argent, le champ femé de fix croifettes recroifettées du même (PROVENCE, G).

77 Cinq points d'or, équipollés à 4 d'azur, & une bordure de gueules. (URGEL-SAINT-PRIEST, *branche de La Chabaudière ; Voûte,* G).

78 Parti d'argent & de fable, à deux lions adoffés de l'un en l'autre.

79 D'azur, femé de fept fleurs de lis d'or, à la cotice d'or brochant & un lambel de gueules de trois pendants.

80 D'or, à la croix de gueules (*Voûte*).

81 D'or, à trois chevrons de fable (LEVIS, *Voir* 64).

      Il y a un raccord entre ce blafon et le fuivant.

82 D'azur, au chef d'or, à l'aigle de gueules brochant.

83 Pallé de gueules & d'or, parti d'azur (DE BARGES DE MERLIEUX, G).

84 De fable, au lion d'or, à la cotice de gueules brochant.

85 D'argent, au croiffant tourné de gueules, accompagné de fix étoiles à fix rais du même.

86 D'azur, au fautoir d'argent, cantonné de quatre croiffants du même, ceux des flancs adoffés.

87 D'or, au lion de fable.

88 De fable, à l'aigle d'argent. (LAVIEU=ISERON portait une aigle d'émail inconnu).

      Sceau de 1276, G.

      Entre ce blafon & le fuivant, autre raccord ; il y a deux animaux de fuite.

89 D'azur, à la bande d'argent (LA VAURE ? *Voûte*, G).

90 D'or, à l'aigle de fable, becquée & membrée de gueules.

91 D'argent, au lion de gueules (DE LAIRE, G).

92 D'azur, à l'aigle d'argent, becquée & membrée de gueules.

93 Ecartelé d'argent & d'azur, à quatre fleurs de lis de l'un en l'autre (D'AUZON).

94 D'azur, au chef pallé d'or & de gueules, de fix pièces (DU FAY DE BOUTHÉON, G).

95 D'argent, à quatre fafces d'azur. (FOUDRAS portait tantôt fafcé, tantôt trois ou quatre fafces, G).

96 D'azur, à une tour crénelée, & un avant-mur d'argent (LA TOUR-du-PIN, Voûte).

97 D'argent, à la croix d'azur.

98 D'argent, à une bande d'azur, accostée de deux cotices du même, accompagnées de deux étoiles à huit rais de gueules.

99 D'azur, à trois fasces d'argent, au chef d'or chargé d'un lion issant de sable.

100 Echiqueté or & azur, de cinq traits (D'ANGEREZ, G).

101 D'or, au lion de sable & un lambel de gueules, de cinq pendants (BEAUJEU).

102 Fascé d'or ou d'argent & d'azur, de six pièces (LA ROUE-MONTPELOUX, Voûte, G).

103 D'argent, à la tour munie d'un avant-mur de gueules. (Voir 13).

104 Ecartelé de vair & de gueules (ROCHEFORT : Parti de vair & de gueules. L'écartelé, au lieu du parti, a pu servir à distinguer une branche, comme pour la famille de Barges, G).

105 De sable, à l'aigle d'argent, membrée de gueules.

106 D'or, au dauphin d'azur barbé, crêté, denté & oreillé de gueules (VIENNOIS).

107 Vairé d'or & de gueules, de trois traits & un lambel d'azur, à cinq pendants (Voir 40).

108 De sable, à la croix d'argent, cantonnée de quatre quinte-feuilles du même (Voir 18).

109 Echiqueté d'or & d'azur, de trois traits.

> Ce blafon eft peint fur un moïceau de toile carrée long.

110 Gironné de gueules & d'or, de huit pièces.

111 D'azur, au lion d'or armé de gueules, à la cotice de gueules (DE CHATELPERRON-MONTAIGNY, G).

112 D'argent, à la fafce ondée de fable (MAUVOISIN-LA-LIÈGUE). (1)

113 Vairé d'or & de gueules, de quatre traits (ARRIC DE RIVERIE, G).

114 De gueules, à l'aigle d'argent.

> Ce blafon, brifé en deux, fait le centre.

115 De gueules, au dauphin d'or (FOREZ).

116 D'or, au lion de fable.

117 De fable, à trois étoiles ou molettes de gueules en bande & accoftées de deux cotices d'or (ROCHEFORT ancien : *De... à la bande chargée de trois étoiles à fix rais ou molettes*, G).

118 Echiqueté d'or & d'azur (*treize pièces*), à la bordure de gueules (DE DREUX, *feigneurs de Roanne en partie, au* XIIIe *f.; on ajoute un franc-quartier d'hermines, en fouvenir de l'origine bretonne de cette famille*, G).

---

(1) L'auteur blafonne, au contraire, de la manière fuivante, l'écuffon des Mauvoifin de la Lièguе, peint fur la voûte : *D'or, à la fafce ondée de fable* (V. p. 272 & 107). Ces armes, données auffi aux Mauvoifin de la Lièguе, par l'*Armorial du Lyonnais*, nous femblent plus exactes. En effet, les Mauvoifin de Chevrières & de Rébé portaient : *D'or, à la fafce ondée de gueules*, & les Mauvoifin de Rofny : *D'or, à deux fafces de gueules*. Or, la brifure, qui fervait à diftinguer les armes des diverfes branches de la famille des Mauvoifin, n'a dû modifier que les figures & non le champ même de l'écu. (*Note de l'éditeur.*)

119   De gueules, à trois fafces papelonnées d'or.

120   Vivré d'or & de gueules, de fix pièces.

121   De fable, au lion d'argent (AIGLIERS : *De fable, au lion d'or,* G).

122   D'or, à la croix de fable, chargée de cinq mouchetures d'hermine.

123   D'or, à trois pals de gueules (ROUSSILLON portait : *De....à trois pals, au franc-canton emmanché de trois pièces, qui pourrait être un blafon d'alliance, Ecotay probablement,* G).

124   D'azur, femé de croifettes d'or, à deux bars adoffés du même (DE BAR, G).

125   Chevronné de gueules & d'or, de fix pièces.

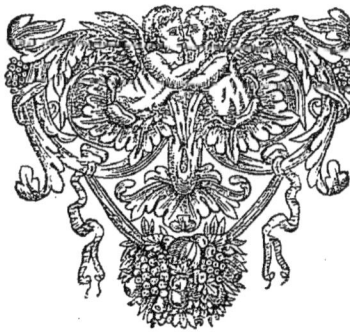

ARMOIRIES

RECUEILLIES DANS

DIVERSES LOCALITÉS DU FOREZ

ET DONT

LES POSSESSEURS SONT INCONNUS

1   De fable, au chevron d'or, accompagné de trois rofes d'argent, au chef d'azur, chargé d'un foleil d'or.

> St-Alban-en-Roannais, fur un tableau du XVIIIe f., repré-fentant l'Affomption, dans l'églife. Sur le tableau eft peint un autre écuffon :

De fable à un arbre de... (*Très-douteux*).

2   D..., à un oifeau d..., perché fur un cœur de..., au chef de..., chargé de deux étoiles d...

> Alliance de Alléon, avant 1700.

3   D..., à deux lions couronnés, affrontés, foutenant une épée, fupportant une couronne d...

> Alliance de Alléon, en 1715.

4 D..., au lion couronné d..., tenant de la patte dextre une
rofe (?) d...

> Ambierle : églife, clé de voûte, première chapelle à droite.

5 D..., à deux ..., en fautoir & une étoile d..., en chef.

> Ambierle : églife, même chapelle, fur une colonne.

6 D..., à une croix de...

> Aveyzieu (à Montuclas) : fur un portail.

7 D..., à un marteau furmonté de deux fleurs de lis d...,
à la bordure d...

> Bar : fur un bénitier.

8 D... à trois taux abaiffés d..., 2 & 1.

> Boën : dans l'églife, fur une arcade.

9 D'azur, à la bande d'or ; l'écuffon furmonté d'une croix.

> St-Bonnet-le-Château : églife, clé de voûte, nef gauche.

10 D..., à la bande d..., accompagnée en pointe de trois befants d..., & en chef d'une tête de lion d..., couronné
d'une fleur de lis & iffante du flanc féneftre de l'écu.

> St-Bonnet : églife, nef gauche.

11 D..., au chevron d..., accompagné en pointe d'une rofe
de..., & en chef de deux épis tigés & feuillés d... (?).

> Saint-Bonnet : églife, nef droite.

12 D'argent, à trois mouchetures d'hermine de fable, au chef
d'azur, chargé de deux étoiles d'argent.

> Saint-Bonnet : peint fur les boiferies de la crypte de l'églife.

13 D'azur, à la rofe d'or (?).

> Saint-Bonnet : églife, clé de voûte.

14 D'azur, au cœur couronné d'argent, accompagné en pointe
de trois befants d'argent.

15 D'azur, à trois roues d'or.

16 D'azur, à la fafce d'or, accompagnée en chef de deux befants d'argent, & en pointe d'une étoile d'or.

> Saint-Bonnet : ces trois blafons peints fur une cheminée en bois, ainfi qu'un quatrième effacé, dont le champ eft de gueules, xviie f.

17 D'azur, à un arbre d..., au chef chargé d'un croiffant entre deux étoiles d...

> Bouthéon : vaiffelle d'étain.

18 D..., au croiffant d..., furmonté de deux étoiles d..., au chef d..., chargé de trois étoiles d...

> Même provenance.

19 De fable, à la fafce d'argent, chargée de deux étoiles d..., & accompagnée en chef d'un foleil d...

> Cervières : argenterie (Famille Béringer).

20 D..., à trois têtes de léopard, couronnées & lampaffées d...

> Chandieu : ancien prieuré, xve f.

21 D'or, à la bande de gueules, chargée de trois aiglettes d'or.

> Charlieu.

22 D..., à la fafce d..., chargée de trois befants ou tourteaux d..., & accompagnée en chef d'une étoile d..., & en pointe d'une colombe d...

> Charlieu.

23 D..., à la bande d...

> Charlieu : fculpté fur une cheminée où l'on a peint poftérieurement les trois blafons qui fuivent, avec l'infcription :
>
> BONSI — FRAMCHESQVI — TVRIN — RVLE.

24 D'azur, au fautoir engrêlé d'argent.

25 Parti d..., à une croix (?), les deux longues branches
trèflées, & d'or au chef de gueules, chargé de trois
molettes d...

26 De gueules, au chevron d'or, accompagné de trois molettes
d'argent, remplies d'azur.

> Le premier & le troifième écuffon furmontés d'un chapeau
> de cardinal ; le deuxième a pour fupports deux léopards, &
> pour cimier un léopard.

27 D..., au croiffant d..., au chef d..., chargé de trois
étoiles d...

> Charlieu : fur la porte du prieuré.

28 D..., à la fafce étroite d..., accompagnée de trois rofes (?).
d....

> Chazelles-fur-Lavieu : portail de l'églife.

29 D..., à la bande d..., accompagnée en chef d'une étoile
d...

> Chenereilles : fculpté fur le clocher, XVIᵉ f.

30 D..., à trois fafces d...

> Chevrières : trouvé dans les démolitions du vieux château
> (M. Broutin).

31 D..., au lion d..., & au lambel de trois pendants brochant,
furmonté d'une croffe d'abbé.

> Chevrières : églife, clé de voûte.

32 D..., à une croix pattée d...

> Même provenance.

33 D..., à deux flèches en fautoir d...

> Même provenance.

34 D..., à trois coquilles d...

> Même provenance (M. Broutin).

35 D..., à la fafce d..., accompagnée de deux pommes tigées
de... (?), et d'un croiffant de...

> Deffiné fur un traité de philofophie en latin, de la fin du
> XVIIIe fiècle, trouvé dans une ferme, près de Cottance.

36 D..., à un arbre d..., foutenu d'un croiffant d..., &
accompagné en chef de deux étoiles d...

> Même provenance que le précédent.

37 D..., au chevron d..., accompagné de trois rofes d...

> Saint-Didier-fur-Rochefort : fculpté fur l'ancienne cheminée
> du prieuré.

38 De gueules, au chevron d'or, accompagné en pointe d'une
fleur d..., & en chef d'un croiffant d'argent, entre deux
étoiles d...

> Donzy : peint dans l'ancienne chapelle du château.

39 D..., à trois têtes de lièvre ou d'âne (?), d...

> Donzy : fculpté fur une porte.

40 D..., à deux pals d..., & un croiffant d..., brochant.

> Sur une bretagne ou plaque de foyer, provenant d'Ecotay.

41 D..., à une oie paffant d..., furmontée de deux cœurs d...

> Accolé aux armes précédentes.

42 D..., au lion d..., tenant une bannière échiquetée d..., &
d..., de fix pièces.

> Eftivareilles : fur un bénitier, avec la date 1587.

43 D..., au chevron d..., accompagné de deux étoiles &
d'une pomme d..., au chef d..., chargé d'une fleur
de lis naiffante d..., entre deux quatrefeuilles d...

> Saint-Etienne : fculpté avec les dates de 1564 & 1573.

44 D..., au lion d..., accompagné de trois bouquets de trois
marguerites d... Cimier : Un coq. — Devise : *Gallo
cessere leones*.

> Feugerolles ; bretagne ou plaque de foyer en fonte.

45 Bandé de six pièces d..., au lion d..., sur la seconde
bande.

> Feugerolles : bretagne.

46 D..., au lézard d..., issant d...

> Feurs : pierre d'angle d'une maison moderne, près de la
> halle aux grains.

47 D..., à une gerbe d..., & un oiseau d...

> Feurs.

48 D..., à trois fleurs tigées & feuillées d...

> Feurs.

49 D..., à trois arbres d..., au chef de..., chargé de trois...

> Sculpté dans l'église de Saint-Galmier.

50 D..., au cerf passant sur une terrasse, la tête contournée
vers un arbre à fenestre d..., au chef chargé d'un
croissant entre deux étoiles d...

> Tombe de 1607 dans l'église de Saint-Galmier.

51 D..., à la fasce d..., accompagné de trois oiseaux d...

> Eglise de Saint-Galmier.

52 D..., à un arbre d..., soutenu d'un croissant d..., au chef
d..., chargé de trois étoiles d...

> Eglise de Saint-Galmier.

53 D..., à deux fasces d...

> Eglise de Saint-Galmier : chapelle Du Vernet, XIVe s.

54 D..., à un cœur d..., entre deux peupliers ou cyprès d...,
accompagné en chef d'un croiſſant d..., accoſté de deux
étoiles d...

> Saint-Germain-Laval : égliſe, ſur un bénitier.

55 D..., au chevron d..., accompagné de trois arbres d...

> A Saint-Germain : égliſe, ſur le ſocle d'une ſtatue de Moïſe.

56 D'or, à trois fourmis de ſable.

> Alliance des Girard.

57 D..., au cœur d..., accompagné en pointe de deux étoiles
d...

> Grézolles.

58 D..., à la bande d..., chargée de trois croiſſants d...; &
accompagnée de deux colombes d...

> Saint-Haon-le-Châtel : fin du xvᵉ ſ., blaſon incliné.

Supports : Deux colombes. — Lambrequin : Pampres.
Cimier : Un bâton prioral. — Deviſe, ſur une banderolle tenue par deux ſirènes :

> *Eſtote prudentes ſicut ſerpentes,*
> *Et ſimplices ſicut colombæ* (Math. X. 16).

59 D..., à trois peupliers d..., celui du milieu ſoutenu d'un
croiſſant d.

> L'Hôpital-ſous-Rochefort : tombe dans l'égliſe (Berthon).

60 D..., à une bande dentelée par en bas d..., accompagnée
d'une étoile & d'un croiſſant.

> Jonzieu : croix du xvɪᵉ ſ.

61 D..., à trois bandes d...

> Leigneu : croix de 1553.

62   D..., à trois étoiles d...

> Leigneu : croix de 1553.

63   D'argent, à trois pals d'azur fur une mer d..., au chef de
gueules, chargé de trois étoiles rangées, *alias* mal
ordonnées, d'or.

> Léfigneu (à Fontberland), vaiffelle d'étain. Armes d'un
> prieur.

64   D..., à une aigle d...

> Marcilly : pierre fculptée.

65   D..., à la tour d..., furmontée de trois trèfles d...

> Montbrifon : maifon dans la grande rue.

66   D'azur, au chevron d'hermines, accompagné de trois rofes
d... — Supports : deux lions.

> Montbrifon.

67   D..., à cinq fufées en fafce d..., écartelé par moitié de
Du Verdier.

> Montbrifon : grande rue.

68   D'argent, au chevron de gueules, accompagné de deux
étoiles d'azur & d'une main tenant une fleur renverfée
d...

> Montbrifon : ancienne maifon Gérentet, fur le boulevard.

69   D..., à deux fafces d..., écartelé de D'Allard.

> Montbrifon : mufée Duchez.

70   D..., à une colombe d..., pofée fur une branche d..., la
tête contournée, accoftée de deux croifettes d..., furmontée d'un croiffant d...

> Montbrifon : églife de Notre-Dame, fur un bénitier du
> XVIIe f.

71   Echiqueté d'or & de gueules.

>   Montbrifon : églife de Notre-Dame, anciennement peint fur des vitraux.

>   Armes de Catherine..., femme de Louis de la Vernade, xvᵉ f.

72   D..., au chevron d..., accompagné de trois étoiles d..., en chef, & en pointe d'une colombe (?) d...

>   Bretagne, ou plaque de foyer en fonte, dans la maifon Le Conte, à Montbrifon. (*Note de l'éditeur.*)

73   D'azur, au croiffant d'argent, furmonté d'une étoile d'or, au chef d'argent, chargé de deux rofes de gueules.

>   *Ex libris* (Dʳ Gérentet, xviiiᵉ f.), à Montbrifon.

74   Ecartelé d..., à trois fafces d..., & d..., à la croix d..., cantonnée de quatre merlettes d...

>   Sur une bouteille de zinc, provenant de Curtieu, près de Montbrifon.

75   De gueules, à la tour d'or (?), contreparti de Sennecterre.

>   Montverdun : églife, clé de voûte.

76   D'argent, à la bande d'azur, accompagnée en pointe de trois tourteaux de gueules, parti d'argent, à deux clés en fautoir de gueules.

>   Montverdun : églife, vitraux.

77   Fafcé d'argent & de gueules de fix pièces, parti d'argent à deux lionceaux de gueules couronnés d'or, ou mi-parti d'argent, à quatre lionceaux, &c.

>   Montverdun : églife, vitraux.

78   De gueules, fretté d'or.

>   Montverdun : églife, vitraux.

79 D'or, à deux pals de vair, mi-parti d'or à trois faſces de pourpre, au chef d'argent chargé de deux mouchetures d'hermine.

Montverdun : égliſe, vitraux.

80 D'azur, à trois hures de ſanglier d'or, affrontées 2 & 1.

81 D'or, à l'aigle de gueules, enlevant dans ſes ferres un agneau d'argent.

Ces deux blaſons, dont le ſecond indique une alliance, ſont brodés ſur une très-ancienne chaſuble, à Néronde. Le premier reſſemble aux armes de la famille de Rechaigne, qui était poſſeſſionnée aux environs de Néronde, & notamment à Cordelle, au xive ſ. (*Note de l'éditeur.*)

82 D..., à deux bandes vivrées d...

Ecartelure de Papon.

83 D..., au chevron d...

Pouilly-lès-Feurs : ſculpté & ſurmonté d'une croſſe d'abbé, ſur une tombe dans l'égliſe, & ſur la porte de la chapelle de Saint-Benoît, à l'entrée du village.

84 Mi-parti d..., à la bande d..., chargée de trois quintefeuilles d..., & d..., à la bande d..., au chef d..., chargé de trois têtes de cerf d...

Pouilly-lès-Feurs : dans une ferme au territoire du Chaffat.

85 D..., à la bande d..., chargée de trois croix pattées d...

Pouilly-lès-Feurs : à La Thuillière, ſur une porte intérieure.

86 D..., à la tour d..., ſoutenue d'un croiſſant d...

Saint-Rambert.

87 Parti d..., au lambel de trois pendants d... (*douteux*), & d..., à une étoile de ſept ou huit rais d...

Saint-Rambert.

88 D..., au chevron d..., accompagné de trois larmes d...,
celle de la pointe foutenue d'un croiffant d...

Saint-Rambert.

89 D..., à la bande écotée d..., accompagnée d'une étoile d...,
& d'un croiffant d...

Saint-Rambert.

90 D..., au lion d..., mi-parti d..., à la croix d...

Saint-Rambert : fculpté fur une des portes de la ville.

91 D..., au chevron d..., chargé de trois étoiles d... accompagné de trois pommes de pin verfées d..., celle de la
pointe foutenue d'un croiffant. — Devife : A DIEV SEVL.

Sculpté à Saint-Rambert (à Noallieu), fin du XVIe f.

92 De gueules, au chevron d'or, au chef d'argent.

93 De gueules, au chevron d'or, accompagné de deux larmes,
& d'une colombe d'argent, au chef d'argent chargé d'un
ange d'or (?), aux ailes déployées.

Ces deux blafons étaient peints alternativement fur une litre
funéraire, & fculptés à la clé de voûte, dans l'ancienne chapelle
Saint-Nicolas, à Roanne, démolie en 1860, & qui portait la
date de 1630.

94 D..., à trois pals d...

Roanne.

95 D..., à deux flèches renverfées en fautoir d..., accompagnées en chef d'une étoile d..., & en pointe d'une rofe
d... — Devife : FLORIR — ENTRE — LES — FLE — SCHES.

Roanne : derrière l'églife St-Etienne, fculpté dans un car-
touche accofté de deux têtes de fatyre.

96 D…, à trois étoiles à fix rais rayonnantes d…, au chef d…

…… Roanne, fur une cheminée de l'ancienne cure.

97 D…, à une oie (?) d…, tenant au bec un ferpent. — Supports : Deux griffons. — Cimier : Une corbeille de
fleurs (?); fin du XVIᵉ f.

Les Salles.

98 D…, à un lion contourné d…

Souternon : églife, retombée de voûte.

99 D'azur, à la croix d'or.

Dans l'églife de Sury-le-Comtal.

100 D…, à la bande d…, chargée de trois coquilles.

Eglife de Sury : clé de voûte.

101 D'azur, à trois étoiles d'or.

Eglife de Sury.

102 D…, à la croix ancrée d…

Eglife de Sury.

103 D…, au chevron brifé d…, accompagné de trois befants
d…

Eglife de Sury : oratoire du château.

104 D…, à la croix fourchée.

Sury.

105 D…, au lion d…, tirant un arc d…, la flèche d…

Sury : fin du XVIᵉ f., & à Lurieu, près de Saint-Rambert.

106 D…, à trois étoiles à fix rais d…

La Tour-en-Jarez : églife, XIVᵉ f.

107 D..., au chevron d..., accompagné de deux croiffants d...,
& d'une montagne d...

  Uffon : daus l'églife, fur une arcade.

108 D..., au rofier fleuri d..

  Uffon : églife.

109 Fafcé d..., & d..., de fix pièces.

  Uffon : églife.

110 D..., au mulet paffant & contourné d...

  Uffon : églife.

111 Echiqueté d..., & d..., au chef d..., chargé d'un lambel
de cinq pendants.

  Vaffalieu, fur les portes du château : xvᵉ f.

112 D..., au chevron d..., accompagné de deux feuilles d...,
& en pointe d'une falamandre enflammée d...

  Verrières (au Soleillant) : fculpté dans la chapelle & accolé
de Courtois d'Arcolières, xvⁿᵉ f.

113 D..., au renard montant d... — Au-deffus B + L, 1782.

  Villechaize.

114 D'azur, à trois pommes de pin renverfées d..., au chef
d'argent chargé de deux clés en fautoir. Mitre &
croffe.

  Ex libris (1751, Paris, Coufturier).

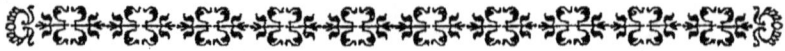

DICTIONNAIRE ALPHABÉTIQUE

DES

FIGURES HÉRALDIQUES

AVEC LES

NOMS DES FAMILLES QUI LES POSSÉDAIENT

DANS LEURS ARMOIRIES

Cette partie de l'ARMORIAL DU FOREZ s'adreſſe ſurtout aux archéologues, qui retrouvent chaque jour ſur nos anciens monuments, ou quelques vieux meubles, des armoiries dont l'attribution leur eſt inconnue, ou échappe à leur mémoire. Qui n'a pas fait ſouvent de longues, & parfois d'infructueuſes recherches, pour retrouver le nom des poſſeſſeurs de ces armes ? Ces recherches ſeront facilitées & abrégées par la claſſification des figures héraldiques dans l'ordre alphabétique, avec les noms des familles qui les poſſédaient dans leurs armoiries. Au lieu d'un volume entier à parcourir, le lecteur n'aura plus ainſi qu'à vérifier les armes des familles figurant ſur la liſte dreſſée ſous le vocable de l'emblème héraldique, dont la forme correſpond à celui du blaſon qui fait l'objet de ſes recherches. (Édit.).

Abeille, mouche & taon. — Coignet. Defverneys. Saint-Etienne (chirurgiens). Paffinges. Pavy. Philibert. Tourton.

Agneau. — Coftard. Martin. Pafcal. Roftaing.

Aigle (une feule). — Adam. Arcelot. Alléon. Allier. Arvillars. Aubarède. Bec. Bellet. Berthaud. Beffet. Boiffieu. Saint-Bonnet. Bouchetal. Brion. Buronne. Chauve. Dervieu. St-Etienne (chirurgiens). Fleurdelix. L'Hermuzière. Jas. Laval. Lavieu. Mazuyer. Mons. Montaud. Montmorillon. Muzy. Peyre. Philibert. Rambaud. Ravier. Relogue. La Roche-Négly. Ronchevol. Salt-en-Donzy. Tézenas. Thomé. Tréméolles. Du Tronchet. La Veuhe. Vyal.

— (deux). — Noël. Vedel.

Aigles, aiglettes ou *alérions* (trois & plus). — Allard. Alléon. Donguy. Fialin. Genetines. Grozellier. Guillet. Guye. Lothons. Lavieu. Montginot. Relogue.

— (ierres d'). — Paulze.

— (têtes d'). — Murard. Châtelus.

Amphiflère, ou *dragon-ferpent ailé.* — Pierrefitte.

Ancolie. — Goyet.

Ancre. — Ange. Albenc. Bataillon. Bernou. Lyonnet. Marinier. Navette. Toulon.

Anneau ou *annelet.* — Arcies. Buynand. Le Clerc. Paffy. Périer. Suzanne. La Vieuville. Violet.

Anille ou *fer de moulin.* — Dard, Du Moulin.

Arbre (dont l'eſſence n'eſt pas ſpécifiée ; pour les autres, voir les noms particuliers) : Abrial. Barrieu. Béraud. Beſſet. Boerat. Boiſvair. Bois. Boiſſe. Bouchet. Buyet. Carrier. Chevalier. Chovet. Du Clos. Couviſſon. Dubois. Dugas. Dumyrat. La Fége. Foriſſier. Grégoire. Madières. Martin. Mey. Morin. Olagnier. Particelli. Perrier. Ponchon. Richard. Seguin. Sonyer. Souchon. Du Verney. Vaginay.

— (rameaux d', non déſignés).—Beſſon. Bonatier. Moniſtrol. Eſtival. Ricou.

Arc. — Arcy. Buynand. Châtelard. Severat.

Argus (tête d'). — Badol.

Aulne (V. Verne):

Balances. — Boyron. François.

Ballots de marchandiſe. — Blanc. Faure.

Banc. — Barban.

Bande ou *cotice* (une ſeule).—Albenc. Allard. Allemand. Andrault. Arnaud. Aubert. Acre. Augerolles. Barailhon. Barnier. La Beaubérard. La Barge. Bec. La Bérardière. Bert. Berthaud. Bourbon. Brunier. Chabeu. La Chambre. Chavanne. Chemezy. Du Chef. De Chiel. Claveyzon. Du Cluzel. Duon. Dupuy. Eſcoubleau. Eſpinaſſe. Girard. Gonin. Honorati. Laval. Lavieu. Marchant. Maſſo. Montchenu. Montdor. La Place. Pouderoux. Ramey. Renaud. Rigaud. La Rivière. Robertet. Roche-fort-d'Ailly. Salemard. Talaru. Tamiſier. Thorigny. Vaſſalieu. La Vernée. Vyal. Yllins.

Bandé ou *cotícé* (plufieurs bandes ou cotices). — Anfelmet. Arthaud. Affier. Baraille. Bagnols. Béthune. Brefchard. Chouvigny. Colonges. Gafpard. Giroud. Humblot. La Madeleine. Maynard. Mazenod. Montaigne. Néreftang. Du Pizay, Semur. Seneton. Severt. Staron. Tiffier. Trunel. Trye. Villars. Vincent.

Bannière & guidon. — Baronnat. Pernetty.

Bar (poiffon). — Bar. Bard.

Barre. — Barailhon. Baraille. Baraillet. Barban. Roue.

Belettes. — Amiot.

Bélier. — Defverneys. Puy.

Befant. — Arcy. Barnier. Battant. La Beaubérard. Bollioud. Bouillier. De Bourg. Du Bourg. Du Chef. Clozel. Corompt. Denys. Dilbert. Dugas. Dupuy. Falconnet. Gagnères. Gayardon. Grumel. Lévis. Madières. Le Maiftre. Maréchal. Meynier. Michon. La Pérouze. Poitiers. Tardy. Thomé. Vincent. Vinols.

Billettes. — Aulas. Aubépin. Aubigny. La Beaubérard. Du Beffet. Chaffain. Nayme. Raybe. Sacconins.

Blaireau. — Paray.

Blanchet (poiffon). — Blanchet.

Bombes. — Pagnon.

Bœuf. — Bœuf. Boyer.

Boîte. — Saint-Etienne (chirurgiens).

Bouclier. — La Beaubérard.

Boule. — Boulard. Carton. Bourboulon.

Bouleau (arbre). — Boulard.

Bourdon. — Defchamps. Gayardon. Jacquier. Vende.

Bourg. — Bourboulon.

Brebis. — Turge.

Broſſe (V. Gerbe).

Bruyères. — Brugière.

Burelle ou *Burelles.* — Montluel. La Rochefoucauld.

Buis. — Buy. Du Buy. Duby. Le Gouvé.

Buiſſon. — Du Buiſſon. Des Hayes.

Buſte. — Barnier. Gendre.

Caducée. — La Chaſſaigne.

Cailloux. — Duon. Peyrenc.

Canettes. — Biſſuel. Champagny. Conchon. Le Conte. Diguaron. Dumas. Nachard.

Cartes (jeu de). — Cartelier.

Caſque. — Boyer.

Cep de vigne. — Darmezin. Luvigne. Vinols.

Cercle rayonnant. — Saint-Etienne (Minimes).

Cerf ou *biche.* — Anſelmet. Arcelin (tête). Broſſes. Cervières. Compain. Durand. Du Fornel. Gidrol. Godechaux. Guilhomon. Laube. Marcilly. Montcelar. Patural. Rabineau. Ribeyrol. Séverat. Thomé.

Cerifier. — Diguaron.

Chameau. — Faure.

Champagne. — Augerolles.

Chanvre (tige de). — Chenevoux.

Chapelet. — Chapelon.

Chapelle. — Chapelle.

Char. — Cochard. Flachat. Fougeart.

Chardon. — Defgrand. Fournillon. Menon,

Charme. — Charmette.

Chat. — Challaye. Chazelles.

Château. — Apchier. Chabannes. La Chambre. Chaftel. Château-neuf. Châtelard. Châtillon. Saint-Etienne (hôteliers). Montbrifon. Veyre.

Chaudron ou *marmite.* — Chauderon. Currèze. Ecotay. La Forêt.

Chef (non chargé ; pour les autres, voir les pièces fpéciales). Aftorg. Auberthicourt. Balarin. Baudin. Saint-Bonnet. Bourdon. Brunier. Buffillet. Chazeron. Du Chevalard. Du Coing. Ecotay. Eftaing. Du Fay. Fayeul. Fougères. La Garde. Gonon. Le Gouvé. La Grye. Guichard. Guillet. Hérail. Lavieu. Lingendes. Linières. Du Maine. Martinière. Mathevon. Mefchatin. Michon. Du Pizey. Poncet. Pracomtal. Praix. Propières. Rochebaron. Severt. Solignac. Thibaud. Urfé. Vaginay. St-Vérain. Du Vernet. Des Verneys. Vialis. Vincent.

Chêne. — Athoze. Du Boft. Chaffaigne. Chauffe. Chefnard. Chefnel. Guittardy. Moine. Thévenard.

Chérubin. — Lange.

Cheval (mors de). — Bardonnenche. Chevalier. Le Court. La Noerie. Pautrier.

Chèvre. — Giraud. Cabrefpine. Roftaing.

Chevron (un feul). — Advifard. Albanel. Allard. Allemagne. Anglès. Anthoine. Arbaleftrier. Arcon. Arnaud. Aubarède. Aubert. Auclerc. Aulas. Auftrein. Balarin. Balfort. Barbier. Barnier. Barrieu. Barthelot. Baffet. Baudin. Baulat. Beaufranchet. Benoît. Bérardier. Berger. Bergier. Bernou. Berthelon. Bertrand. Beffe. Blanchard. Boiffieu. Bollioud. Bonand. Bonnot. La Borie. Du Boft. Bottu. Bouchaut. Bouillet. Bouquet. Bourlier. Boyer. Boyron. Bretonnier. Breuil. Bron. Buer. Buhet. Buron. Buffière. Buyet. Callemard. Cannaye. Caquet. Carrier. Carton. Caze. Chal. Chambarlhac. Chamboduc. Champagny. Champier. Chanet. Chantelauze. Chappuis. Châtelus. La Chaulm. Le Clerc. Cochard. Coin. Colombet. Combres. Cofte. Cozon. Croppet. Dagonneau. Dalmais. Darefte. Debourg. Delandine. Delorme. Dervieu. Defcrivieux. Defgrand. Defhayes. Drivon. Droullin. Dubois. Duchon. Dupuis. Dury. Dutreuil. Faure. Favier. Favre. Du Fenoyl. Flachat. Du Four. Fournier. Fovin. La Fraffe. Froget. Gallet. Ganien. La Garde. Gafpard. Gaulne. Gaultier. Gauthier. Gayon. Genier. Girard. Gonin. Gontard. Guerrin. Gueynard. Guillet de Chavannes. Henry. Houdaille. Jacquelin. Javelle. Jerphanion. Jobert. Lacour. Langlois. Lattard. Laurenfon. Laurencin. Lefgallery. Leyffac. Liceffoan. Lingendes. Long. Lorgue. Luzy-Peliffac. Mallière. Manis. Marolle. Martin. Mathieu. Mayeuvre. Mazuyer. Meaudre. Meaux. Mellier. Merle. Mey. Meynier. Mitaud. Monteux. Montchanin. Montrichard. Morandin.

Moreau. Morier. Morin. Moulin. Neuville. Olier. Oudaille. Palais. Pannier. Paparin. Paulze d'Yvoy. Payen. Pelet. Péliffier. Perdrigeon. Perret. Perrin. Perronnet. Petitchet. Philibert. Picon. Pinet. Plaffon. Platon. Poifieu. Pofuel. Pralong. Prefle. Prohingues. Prolange. Punctis. Pupier. Quelin. Ravat. Reymond. Richard de la Prade. Riboulet. Rimotz. Riverie (Girard). Riverfon. Roche en Regnier. La Roue. Rouzel. Taffin. Thevenon. Thibaud. Tillard. Tournon. Du Treyve. Tricard. Vaginay. Vallentin. Vauberet. Vaurion. Verdellet. Vinçent. Violet.

Chevronné (ou plufieurs chevrons). La Baume. Biffuel. Du Blanc. Du Boft. Chamaroux. Chaftelard. Chevrier. Cros. L'Eftoux. Faverges. La Garde. Lambertie. Lévis. Liceffoan. Liffieu. Macibo. Mathon. Michel. Michon. Montchanin. Nompère. Perrier. Reclaines. Regnaud. La Rochefoucauld. Du Rofier. Séon. Varennes. Varinard. Vaffalieu.

Chien (baffet, lévrier, &c.). — Baffet. Bayle. Beaupoil. Beget. Bourlier. Chaffaing. Le Gendre. Gonin. Perduffain. Sauvade. Sevelinges. Viffaguet.·

Chou. — Ravachol.

Cible. — Bulliod.

Cigogne. — Chal.

Clé. — Bellaclat. Chafte. Clérieu. Clermont.

Cloche. — Chambaron. Morel.

Cœur. — Balme. Baudin. Le Blanc. Buhet. Commarmond. Coron. Du Curtial. Denys. Dupuis. Des Forges. Genefte. Gourgouillat. Henrys. Hue. Imbert. Joannin. Joubert.

Laval. Maifonneuve. Martin. Michon. Montbrifon (Vifitation). Montellier. Nallard. Parchas. Péliffier. Pons.
Reymond. Ronchevol. Severt. Du Treyve. Vincent.

Coignaffier. — Du Coin. Du Coing.

Colombe. — Anglès. Aymard. Auftrein. Barrieu. Baro. Le Blanc.
Bonatier. Brunon. Buron. Chambarlhac. Chavaffieu.
Colomb. Colombier. Colomby. Donzy. Dumontet.
Effertines. Maret. Mathieu. Noël. Prefle. Pupier. Sau-
vat. Thevenard. Vedeau.

Colonnes. — Inguimbert.

Comète. — Affalens.

Coq. — Buynand. Chaponnay. Cochard. Cofte. Couland. Gentialon. L'Hofpital. Jolly. Métral. Paulet. Rivail. Rivoire.
Rouzel. Vogué.

Coquerelles. — Reymond. Tronfon.

Coquilles. — Amanzé. Aubert. Aurelle. Auvergne. Beauvoir.
Bourdon. Chairfala. Coeffier. Cœur. Du Cros. Du-
mondé. Fautrières. Favier. Fialin. Jacquier. Jacquin.
Langes. La Madeleine. Maréchal. Maret. Mayoffon.
Michel. Mivière. Navergnon. Noailly. Oyffel. Péliffier.
Riverié. Rochefort. Thomas. Vende. Vinols.

Cor de chaffe. — Corrompt. Le Foreftier.

Corbeau ou Corneille. — Corbeau. Grailhe. Jacquier.

Cornière. — Gonon.

Coudrier. — La Vaiffière.

Coupe. — Coppier. Du Creulx.

Coupé. — Barnier. Boisvair. St-Bonnet. Brun. Chanlon. Dugas.

Couronne. — Aubayrac. Bazin. Cuffon. St-Etienne. Faure. Lavieu. Réal. Tavarnier.

— *d'épines.* — Beaulieu.

Couteau. — Montbrifon (cordonniers).

Créneaux. — Jovin.

Crénelé ou bretessé. — Bartholy. Baffet. Bonnefond.

Créquier. — Cholet. Montal. Pont.

Croissant (un feul). — Albanel. Allard. Archimbaud. Affalens. Aubert. Aurelle. Balme. Bar. Baffet. Bayle. Bellet. Benoît. Bigot. Biffuel. Le Blanc. Bonezat. Bouiller. Brunon. Brun. Buyet. Callemard. Caron. Carrier. Cartelier. Celle. Chappuys. Chavannes. Chazelles. Chol. Cornon. Dalmais. Delaroa. Defgrands. Donguy. Drogue. Favier. Du Fayet. La Forge. Gaudin. Gerbat. Gonon. Gontard. Gourgouillat. Des Gouttes. Grimod. Guerrin. Guillermin. Hedelin. Jacquelin. Javelle. Joannin. Julien. Lamandolier. Langes. Larderet. Maret. Martin. Métayer. Navergnou. Ollier. Perret. Perrier. Picon. Picot. Philibert. Poculot. Pomey. Pons. Punctis. Rancé. Ranvier. Ricou. Roanne. Rochette. Roux. Seguin. Tamifier. Treffons. Verd.

— (plufieurs). — Bannes. Callemard. Camus. Charéfieu. Châtillon. Chaulce. Chavannes. Chavignol. Commarmond. Courbon. Courtin. Du Curtial. Darmefin. Dutreuil. Gilbert. Gontier. Guigon. Harenc. Jacquier. Gourda. Langes. Macibo. Michel. Michon. Moreftin. Morin. Du Moulin. La Mure. Rappet. Sirvinges. ézenas. Trémolles. Vincent.

Croix ou croiſette (une ſeule). — Aix. Albon. Allègre. Arthaud. Aubuſſon. Audras. Bannes. Bataillon. La Bâtie. Beaulieu, Bernou. Du Beſſey. Boniface. Blanchet. Bravard. Bron. Brun. Brugière. Buhet. Chalus. La Chapelle. Chartre. Charpin. Cognet. Confalon. Coton. Damas. Fredeville. Gadagne. Saint-Georges. Gérentet. Gilbert. Gimel. Grumel. La Grye. Hoſtun. Jolly. Laye. Michon. Montaud. Montbriſon. Des Moulins. Nanton. Papon. Payen. Penchinette. La Queuille. Savaron. Savoie. Sugny. Trémolles. Du Treyve. Vernet. Vernoilles. Ville. Villette. Vincent. Viry.

Croix ou *croiſettes* (en nombre). — Bar. Barbier. Baudinot. Borne. Boyer. Buſſières. Chabannes. Charretier. Chaugy. Chavannes. Clapeyron. Crémeaux. Dumondé. Dupuy. Saint-Etienne. Faure. Gelas. Jacquemetton. Leſgalery. Montboiſſier. Moreſtin. Neuville. Payre. Soleyzel. Terray.

Cuiraſſe. — L'Héritier.

Cygne. — Bonvoiſin. Debourg. Dumareſt. Syon.

Cyprès. — Foriſſier. La Foreſt. Tardy.

Daim. — Odin. Gandin.

Dauphin. — Beget. Bravard. Dauphin. Deſgrands. Forez.

Dextrochère. — Bellaclat. Blachon. Bigot. François. Gras. Poculot. Taillefer.

Dragon. — Bizoton.

Duc. — Dury.

Ecartelé (ſans accompagnement de pièces). — Auzon. Beauvoir. Buſſillet. Chalencon. Charlieu. Chatelperron. Chaugy. Sainte-Colombe. Létouf. Saint-Martin. Montravel. Perrichon. Du Saix. Savary.

Ecartelé en fautoir. — Alby.

Ecartelé avec pièces. — (Voir les pièces).

Echelle. — Efcalle.

Echiqueté. — Angerez. Arod. Berthaud. Boify. Du Boft. Carré. Chauffecourte. Clérieu. Du Crozet. Digoine. Dreux. Durgel. Faye. La Garde-Marzac. Guichard. De Pons. Rochebaron. Rouffillon. Du Sauzey. La Verpillière.

Ecot. — Baglion. Philibert. Tricaud.

Ecreviffe. — Denys.

Ecuffon. — Agnot. Bernier. Du Boft. Bournel. Fificat. Mont-St-Jean. Noailly.

Enfant. — Beffon.

Epée. — Agnot. Agulhac. Amat. Bigot. Chercot. Courtois. Dagues. Dugas. Grofbois. Guillermin. Lyon. Saint-Paul. Perduffain. Ramey. Textor.

Epervier. — Mangin.

Epi. — Athiaud. Berthet. Blachon. Defgranges. Efpinchal. Girard. Henrys. Javelle. Marcous. Meyffonnier. Platon. Ravel.

Epines. — Du Bourg. Saint-Etienne (Urfulines).

Etoile (une feule). — Arcelin. Affalens. Balme. Barbier. Barjot. Bellet. Callemard. Camus. Champier. Chanlon. Chappuis. Charpin. Chol. Cublize. Darmefin. Defhayes. Du Fayet. Fayet. Gimel. Gonon. Gontier. Des Gouttes. Jovin. Langes. Lavieu. Marchant. Maffon. Merle. Michon. Namy. Navergnon. Parchas. La Place. Raffin. Ranvier. Salomon. Silveftre. La Tour de Varan. Tours. Du Treyve. Verd.

Etoiles (deux). — Albanel. Aubert. Aurelle. Barnier. Barrieu. Bartholy. Benoît. Bernou. Beffet. Bonerat. Du Boft. Bouillier. Bruerat. Brunon. Carrier. Carton. Du Clos. Commarmond. Dalmais. Delandine. Defgrand. Drogue. Favier. Gantin. Gayon. Gemier. Le Gendre. Gerbat. Gonin. Guerrin. Grailhe. Grimod. Hedelin. L'Hermuzière. Huard. Inguimbert. Jacquelin. Javelle. Jordan. Julien. Larderet. Maifonneuve. Mayoffon. De Meaux. Mey. Michel. Michon. Mitaud. Rivière. Moniftrol. Montaud. Montméa. Palluat. Paparin. Péliffier. Perret. Picon. Picot. Pomey. Rappet. Richard. Robertet. Roux. Sabot. Du Sauzay. Seguin. Tournon. Treffons. Du Treyve. La Vernade.

— (trois). — Aguiraud. Agulhac. Allard. Alléon. Andrault. Anglès. Arbaleftier. Arcelot. Archimbaud. Arcon. Auclerc. Aymard. Bar. La Barge. La Beaubérard. Beget. Bénéon. Béraud. Berthaut. Berthelon. Beffe. Beffet. Biffuel. Bonetier. Bonnefont. Du Boft. Boubée. Boyer. Boys. Buer. Buillon. Buyet. Cannaye. Celle. Chappuis. Chappuys. Charpin. Chartier. Chauffe. Chavanne. Chazelles. Chirat. Colonges. Commarmond. Coulaud. Courbon. Daudieu. David. Delaroa. Donzy. Donguy. Dumont. Duby. Dumyrat. Dupuy. Durand. Eftival. Le Faure. Flachat. Flachères. Foreft. La Forge. Des Forges. Fornier. La Fraffe. Frotton. Ganieu. Gallet. Gafpard. Gaudin. Gayot. Gazelles. Gentialon. Gérentet. Gereft. Gontard. Gourgouillat. Grange. La Grye. Jacquemetton. Joannin. Joubert. Lattard. Laurencin. Laval. Liotaud. Le Long. Lorgue. Luzy. Maifonneuve. Maréchal. Marinier. Martin. Meaudre. Métayer. Meynier. Moine. Montchanin. Montrichard. Moras. La Mure. Néreftang. Oingt. Palerne. Pautrier. Payen. Perrachon. Perrier. Polaillon. Pons. Populе. Porral. Praire. Puy. Réal. Reymond. Riverie. Riverfon. Rochefort. Rolland.

Roue. Sauvade. Siméon. Sirvinges. Sonyer. Staron.
Thoynet. Valous. Du Verdier. Verdellet. Verne. Vernoux. Vincent. Viſſaguet.

Etoiles (quatre). — Bauzac. Blanchet. Charbonnier. Coton. Janvier. Villemagne.

— (cinq & un plus grand nombre). — Bar. Bataillon. Du
Blanc. Saint-Didier. La Matre. Ramey. Vert.

— (femé). — Chalus. Denys. Digon. Maiſonſeule. Rolin.

Etourneau. — Trunel.

Fallot. — Cybérand.

Faſce (une ſeule). — Agnot. Arnoud. Arod. Artaud. Aubert.
Audebert. Avrillon. Bais. La Barge. Balmes. Baſſet.
Bayle. Beaumont. Bénéon. Bérardier. Blanc. Bouillier.
Bourgeat. Boyer. Brenon. Bron. Chabrié. Chandon.
Chappuis. Chappuys. Charrin. Chartier. Chavignol.
Chazellet. Chol. Chorſim. Clapeyron. Cognet. Co-
lomby. Courbon. Donguy. Dulieu. Duon. Dutreuil.
Favier. La Forge. Du Fournel. Gaultier. Gazelles.
Gendre. Saint-Germain. Gilbertez. Gigas. Gimel. Gi-
rard. Gontier. Grimod. La Grye. Gueffier. Guillet.
L'Hermite. L'Hermuzière. Hédelin. Huard. Jacquier.
Jarez. Joard. Jordan. Jullien. Larderet. Loras. Mallet.
Mars. Mas. Mauvoiſin. Mayoſſon. Mazuyer. Métral.
Michon. Montginot. Moulin. Murard. Noël. Noëlas.
Oingt. Parent. Paris. Paſſinges. La Perrière. Perret.
Perrachon. Pianello. Polaillon. Popillon. Rappet. Rival.
Rivière. Ronzault. Roſſet. Roſſilhol. Roſtaing. Roux.
Staron. Tamiſier. Tavarnier. Terray. Du Treyve. Tri-
caud. Valence. La Valette. Verd. Verne. Vial. Viſſa-
guet.

Fafcé (ou plufieurs fafces). — Aboin. Alamartine. Allard. Allon-
ville. Andrault. Apchon. Auvergne. Baffet. Baftet.
Battant. Baudinot. Bernou. La Beffée. Blanchet. Bon-
nefond. Bonnevie. Bouthéon. Boyer. Buffeul. Buronne.
Charpinel. Chavagnac. Chol. Du Choul. Corbeaux.
Cordes. Coulon. Coutance. Cozon. du Croc. Dard.
Déchaux. L'Efpinaffe. La Farge. Feffy. La Fin. Flotte.
Flachat. Foudras. Frotton. Gafte. Gontal. Gouffier.
Saint-Haon. Harcourt. Jacquemetton. Jo. Joard. Juffac.
Martinière. Marzé. Mafcrany. Maumont. Mercœur.
Miribel. Montellier. Murat. La Mure. Noailly. Pécoil.
La Pérouze. Polignac. Pons. Ponthus. Pouderoux.
Riquier. Rivoire. La Rivoire. La Roue. Sauzéa. Ser-
rières. Terrat. Thélis. Tholigny. Tourzel. Trézettes.
Vaffalieu. Du Verdier. Verchère. Vertamy. La Vieu-
ville.

Fafces étroites, ou *burelles* ou *jumelles*. — Amoncourt. Goufier.
Varey.

Faucon. — Aftorg. Bais. Effertines. Gilfaut.

Faulx. — Dufaux. Rappet. Seytre.

Fer de cheval. — Saint-Bonnet. Bonvoifin. Ferrier.

Fer de flèche ou *de lance*. — Darmefin. Ferriol. Palluat. Roffet.

Figuier. — Philibert.

Flamme. — Batailly. Janin. Liotaud. Moreftin. Murard.

Flanchis. — Balzac. Champier. Dormant. Gaulne. Gros.

Flèche. — Bernard. Flachat. Guillin du Montet. Kayr. Montbrifon
(couvent de la Vifitation). Morel. Phélines. Plichon.

Fleur. — Bruerat. Kayr. Ollier.

Fleur-de-lis. — Alègre. Allemand. Andrault. Arnaud. Apchon. Arcolières. Aftorg. Auzon. Beaubérard. Beaudiner. Beaumont. Bérard. Saint-Bonnet. Bonnevie. Bourbon. Bourg-Argental. Buronne. Chalencon. La Chambre. Chol. Chorfim. Le Court. Cublize. Saint-Didier. Du Chaftelet. Droffanges. Eftaing. Faye. Fificat. L'Hermuzière. Jacquemetton. Lyon. du Maine. Mitte. Montbrifon. Ponthus. Pouzols. Pracomtal. Reboulet. Rivoire. Simiane. Thy. La Tour. La Tour-Varan. Tournon. La Valette. Vertolaye. Vidaut.

Foi. — Arênes. Pariat.

Fontaine. — Bonnefont. Jany. La Font d'Eaubonne. Treffons.

Fougère. — Challaye. Feugerolles.

Fouine. — Fay.

Franc-canton. — Charpin. Cordellier. Dard. Dreux. La Grange. Grumel. Jomard. Mars. Phélypeaux. Rouffillon.

Fretté. — Brenon. Bron. Gilbert.

Fufées. — Filhet.

Galère. — Lefgallery.

Gant. — Gandin. Gantin.

Geai. — Duguet. Geneft. Geoffroy.

Gerbe. — Archimbault. Broffes. Le Cordellier. Dury. Gerbat. Grangier. Javelle. Lamandolier. Moyffonnier. Pafturel. Paffinges. Poncet. Réal.

Gironné. — Beffon de la Rochette. Giraud. Grôlée. Maugiron.

Gland. — Berth. Lingendes.

Globe. — Montorcier.

Gonfanon. — Auvergne.

Grenade. — Audras. Dagues. Maffon.

Griffon. — Barjot. St-Bonnet. Bronac. Epinchal. Fificat. Henrys. La Menue. Palluat. Sarron. Tixier.

Grive. — Grivel.

Grue. — Berchoux.

Guitare. — Guittardy.

Guy de chêne. — Guillot.

Hache. — Apchier. Dupont. Guillot. Nachard.

Haie. — Des Hayes.

Haméide. — Auberticourt.

Harpe. — David. Luvigne.

Hériffon. — Plotton.

Hermine (animal). — Valous.

Hermine (mouchetures). — Allemagne. Arnoux. Aurelle. La Beaubérard. Bec. Bourgeat. Chabannes. Du Chef. Diguaron. Dreux. Dumareft. Eftival. Fournier. La Grange. Hérail. Lacour. La Madeleine. Marzé. Montdor. Par-

riat. Phélypeaux. Pierrefort. Pouderoux. Pupier. Terray. Varennes. Verdier. Des Verneys. Veyre. Vincent.

Héron. — Cizeron. Garnier. Neyron.

Hêtre ou Fayard. — Fayard. Fayeul. Fayet. Grailhe.

Hirondelle. — Dumondé.

Homme. — Kayr.

Huchet. — Anſelmet.

Huppe. — Pupier.

Hydre. — Joyeuſe.

Jars (Voir Oie). — Jordan.

Jeton. — Cartelier.

Jonc. — Jourjon.

Jumelles. — Goufier.

Joubarbe. — La Chaſſaigne.

Lambel. — Baſſet. — Beaujeu. Chiel. Chol. Du Crozet. Létouf.
Lévis.

Lance. — Baland. Digon. Tézenas.

Lapin. — Clapiſſon.

Larme. — Avrillon. Gourgouillat. Mutin. Pupil.

Laurier (branche & couronne de). — Aguiraud. Du Buiſſon. Gantin. Kayr.

Laye. — Challaye.

Léopard. — La Barge. Bérardier. Berthelas. Bochard. Bourgeat. Bravard. Bureau. Cornillon. Faure. Fleurdelix. Foreſt. Gayon. Guerric. Lucenay. Raverie.

Léopard (Tête de). — Bigot. La Perrière. Riverſon. Roux.

Lévrier. — Ardoin. Bayle Combefort. Chanaleilles. Chalvet. Chaſſaing. Eſcalle. Giraud. Grandjon. Iſarn.

Licorne. — La Beaubérard. — Varenne.

Licorne (Têtes). — Allioud.

Lion (un ſeul). — Aigliers. Alcanon. Alex. Alléon. Ancelin. André. Appenſat. Argental. Argy. Arlos. Artaud. Athiaud. Aubarède. Aubayrac. Aubert. Augerolles. Aurelle. Aymard. Baglion. Baraillon. Barlet. Baronnat. Baſſet. La Baume. Bayle. Beaujeu. Benoît. Béraud. Bernier. Berthaud. Berthelas. Beſſe. La Beſſée. Blot. Du Bois. Boiſſonnelle. Bollioud. Bourg - Argental. Breſſoles. Bretteville. Breuil. Bron. Du Buiſſon. La Buſſière. Carrier. Caze. Chabannes. La Chaize. Chamarin. Chammartin. Champagny. Champeron. La Cahpelle. Chappuis. Charéſieu. Châteaumorand. Châtillon. Châtelus. Chazelet. Chirat. Chol. Chouvigny. Clapiſſon. Cohade. Collonges. Le Conte. Le Cordellier. Courtin. Cozon. Dallier. Dextre. St-Didier. Dinaſſe. Dulieu. Dumyrat. Dupont. Entraigues. Eſpinaſſe. Flachat. Flachères. Flamenc. Fontanès. La Fraſſe. Gabrion. Gauthier. Gayardon. Gayon. Gémier. Gilbert. Giroud. Goulard. Groſbois. Guénégaud. Grailhe. Grumel. Gueffier. Guigon. Guillart. Guillermin.

Guillet. Saint-Haon. Henrys. Hérail. Honorati. Iſſerpents. Julien. Laire. Langes. Lauthons. Lejard. Lescure. Linières. Lyon. Lionnet. Liotaud. Lolière. Malmont. Marcilly. Maréchal. Mars. Mathevon. Saint-Maurice. Mazuyer.Montaigny. Montaigu. Monteynard. Montluel. Montrichard, Murinais. Namur. Nayme. Odoard. Palluat. Parent. Paſturel. Payen. Péliſſier. Perroton. Polaillon. Poncet. Pontevès. Porral. La Porte. Poſuel. Pouzols. Saint-Prieſt-d'Apinac. Pujol. Quarré. Ramey. Raybe. Relogue. Reymond. Reynaud. Rigaud. La Rivoire. Rival. Roanne. Robert. Roux. Sacconins. Sauzéa. Seneton. Des Serpents. Severat. Saint-Symphorien. Thiers. Terray. Tournon. Du Treyve. Trollier. La Valette. Valin. Vaure. Vaux. Verd. Vidaut. Vigier. Villaines. Villars. Vitry.

Lions (pluſieurs). — Athiaud. Du Beſſey. Châteaumorand. Dodieu. Ferriol. Gaulne. Gelas. Girard. Jumet. Montaigu. La Palice. La Pierre. Pons. Ruet. Thil. Thy. Valenciennes.

Lion (têtes de). — Aycelin. Joard.

Lis de jardin ou *au naturel.*—Barrailler. Saint-Etienne (Urſulines). Jolly. Pierrefort.

Loſangé ou *loſanges.* — Artaud. Aulas. Bagnols. Bertrand. Du Beſſey. Bully. Caron. Carrier. Caze. Châtillon. Chantelauze. Du Chevalard. Feurs. Fougères. Fournier. Ganieu. Gayand. Gonon. Grimod. Loras. Saint-Martin. La Mer. Nagu. Preſſieu. Rigaud. Salomon. Valeton. Varennes. Villeneuve.

Loup. — Du Boſt. Henry.

Loup (têtes). — Goulard.

Loutres. — Outrequin.

Lus ou *brochet* (poiffon). — Chalus.

Main. — André. Aguiraud. Aftorg. Benoift. Challaye. Dormant. Lallier. Mallet. Maynard. Montmain. Ponchon. Ronchevol. Simon.

Mains (deux). — (*V. Foi*). — Magnin.

Maifon. — Grangier. Maifonfeule.

Marc (poids). — Marquet.

Marmite. — Currèze.

Marteau. — La Farge.

Maffacre de cerf. — Compain. Godechaux. Marcilly. Mefchatin. Rabineau.

Maffe d'armes. — Darmefin. Maffe.

Maffue. — Badol.

Mât. — Mabiez. Thomas.

Maure (têtes de). — Aubin. Brunicard. Chauvet. Gimel. Morandin. Morel. Moret. Morin. Payen. Teftenoire.

Merle. — Maftin.

Merlettes. — Auvergne. Bernou. Chol. Chaumat. Drée. Dumont. Ferriol. Saint-Germain. La Grange. Jovin. Mathevon. Merle. Meynier. Miribel. Pagnon. Varey.

Moineau. — Moniftrol.

Molettes d'éperon. — Baffie. Barrieu. La Beaubérard. Beaufranchet. Béraud. Bletterans. Boniface. Buillon. Chamboduc.

Charpin. Compain. Dallier. Dupré. Du Fournel. Gaulne. Gueynard. Hue. Marcilly. Maymont. Mays. Mazenod. Montagnac. Odoard. Poidebard. Veyron. Villars.

Mont ou montagne. — André. Aubert. Biſſuel. Bonerat. Broſ-fier. Bruerat. Chapeyron. Couland. Dumont. Dumontet. Jacquemont. Laforeſt. Maiſonſeule. Magdinier. Mey. Mondon. Montaud. Montbriſon. Montmain. Montméa. Montrichard. Sauvade. Siméon. Simon.

Mouche. — Pavy.

Moulin à vent. — Arnaud.

Mouton. — La Beaubérard. Berger. Gacon. Goulard.

Muraille. — Marquet. Tronſon.

Murier. — Moras.

Nuée. — Amat. André. Arènes.

Œillets. — Dard. Thoynet.

Oie. — Huard. Jordan. Loy. Mabiez.

Oiſeau (non déſigné). — Conſtantin. Diguaron. Gonon. Jany. Lamandolier. Mangin. Petitchet.

Olivier (couronne & rameau d'). — Anglès. Aymard.

Onde. — Crémeaux. Cucurieux.

Ours. — Bermond.

Pal ou Pallé. — Arts. Barges. Bernier. Bruyas. Chaffain. Du Chef. Chomat. La Cour. Drouet. Dulieu. Falconet.

Du Fay. Gelas. Grumel. Imbert. Joyeufe. Julien.
Langeac. Mars. Palice. Palerne. Saint-Paul. Verdier.
Viffac.

Palme. — Allemagne. Arnaud. Baillard. Bonand. Boubée.
Chomat. Drogue. Dulieu. St-Etienne. Gonnet. Ja-
velle. Jouvencel. Mitaud. Palmier. Pilotte. Regnier.
Richard de Soultrait. Vialon.

Palmier. — Le Court. Voyret.

Paon (têtes de). — Henry.

Paon. — Bal. Palerne. De Peyrieu.

Parti. — Aboin. Saint-Bonnet. Chauffecourte. Le Court. Efcou-
bleau. Gayot. Jarez.

Pélican. — Aufferre. Dilbert. Nouriffon.

Penfées. — Mallet.

Perdrix. — Pariat. Perdrigeon.

Perroquet. — Bournel. Bron. Caquet.

Peuplier. — Berthon. Populus.

Phénix. — Bénéon. Bernay. Darefte.

Pigeon. — Barrieu.

Pile ou pointe. — Aquin.

Pilier. — Bravard. Inguimbert.

Pin. — Bruyas. Couviffon. Defgrands. Perrin. Picot. Pinhac.

Pin (pommes de). — Arbaleftier. Caquet. Callemard. La Chaize.
Faure. Goyer. Lefgallery. Mayol. Villechèze.

Plume. — Dupuy. Gaulne.

Points équipollés. — Boify. Durgel.

Poire. — Brunon.

Poirier. — Périer.

Poiſſon. — Blanchet. Grimod. Peyſſonneaux. St-Rambert.

Pommier. — Pomey.

Pont. — Dupont. Pontevès. Pourra. Richard de la Prade.

Porc. — Couchonneau.

Porte. — La Porte.

Pot à fleurs. — Kayr.

Pot à feu. — Feurs. Ollier.

Potencé. — Chabert.

Puits. — Ciſternes. Puy.

Pyramide. — Chalom. Marquis.

Quatrefeuilles. — L'Hoſpital.

Quintefeuilles. — Allioud. Barou. Croppet. Fovin. Gauthier. Lugny.
Richard.

Raiſin. — Noël. Ollier. Vincent.

Renard. — Montregnard. Regnard.

Rencontre. — Mefchatin. La Roche.

Rivière. — Marquet. Richard. Riverieulx.

Roc d'échiquier. — Chabert. La Gorfe. La Roche-Macé.

Rocher. — Arnaud. Aymard. Duret. Durand. Reymond. La Roche-Négly. La Roche de la Boulonnière. Rochette. Sauvade. Thomas.

Rofe. — Anthoine. Arnaud. Arnoud. Aubarède. Balme. Barnier. Du Bois. Boiffieu. Bollioud. Bonnot. Bouquet. Boyer. Buer. Cannaye. Carrier. Chamboduc. Chappuis. Chavagnac. Chavaffieu. Chirat. Clapeyron. Cohade. Courtin. Du Cros. Dalmais. Delandine. Delofme. Dextre. Donnet. Duguet. Dulieu. Dupuy. Favier. Ferriol. Fovin. Gayon. Giliquin. Girard. Grumel. Guerrin. Houdaille. Humblot. Jacquelin. Javelle. Liceffoan. Martin. Martinière. Mazuyer. Métayer. Michel. Mitaud. Namy. Nizet. Ollagnier. Palluat. Paparin. Perrier. Phélypeaux. Reymond. Reynaud. Richard. Ronzault. Roffilhol. Roue. Du Rozier. Rouzel. Valladier. Verd. Ville.

Rofeau. — La Roëre.

Rofier. — Bonnefont. Gaudin. Tifon-Défarnaud.

Roue. — Biffuel. Delaroa. Paftural. Roftaing. Vedel.

Ruche. — Coignet. Mellier.

Ruftres. — Du Breuil.

Sanglier. — Du Boft. Buatier. Challaye. Couchonneau.

Sanglier (hure de). — Cozon. La Forge. Grange. Rechaigne.

Sautoir. — Amoncourt. Aubépin. Bauzac. Brun. Brunon. Charbonnier. Chaffain. Chavannes. Cognet. Dormant. Dugas. Duguet. L'Efchallier. Fautrières. Gallois. Gaulne. Giry. Mitte. Moles. Montagnat. Peyroule. Peloux. Prefle. Privat. Pont. Saignard. Valladier. Vende. Verchère. Villion.

Sauvage. — Montchal. Silveftre.

Sceptre. — Pafturel.

Séneftrochère. — Amat. Ravel.

Serpent ailé. — Auftrein.

Singe. — Efcalier.

Soleil. — Abrial. Adam. Arthaud. Bénéon. Bernay. Bonand. Brone. Bourlier. Brugière. Challaye. Chapelon. La Chaffaigne. Chaffebras. Chovet. Commarmond. Daudieu. Darefte. Dupont. Durand. Gonon. Henry. Jomard. Jourjon. Mangin. Marchant. Mars. Martin. Mondon. Navette. Noëlas.

Sphère. — Mivière.

Tau. — Langlade. Tricaud.

Taureau. — Du Fenoyl.

Tête humaine. — Chauvet.

    — *d'argus*. — Badol.

    — *de Janus*. — Janvier.

Tiercefeuille. — Lefgallery.

Tiercelet (oifeau). — Bochu.

Tour (une feule). — Alègre. Baftide. Bourgeat. Boyer. Bravard. Carton. Chambon. La Chambre. Cublize. Degraix. Donnet. Droffanges. Faure. Du Fayet. La Garde. Latour. Merez. Montbrifon. Prunier. Punctis. Reboulet. La Salle. Du Sauzay. La Tour. La Tour-Varan. La Tour-Saint-Vidal. Tournon. De Tours. Tourton. Vauborel. Vernoux. Vincent.

— (plufieurs). — Apchier. Artaud. Bourgeat. Chabannes. Châtelard. Châteauneuf. Chaftel. Saint-Etienne (hôteliers). Molin. Orcet. Paparel. Turrin. Veyre.

Tourteau. — De Bourg. Buret. Girard. Hébrais.

Tranché. — Arnaud. Bartholy. Capponi. Gayot.

Trangle. — Bonatier. Gimel.

Trèfle. — Alamartine. Bérardier. Berthelot. Boiffieu. Caron. Chabrié. Chandon. Chazelles. Gabrion. Gallet. Gayot. Gimel. Mazuyer. De Meaux. Oudaille. Relogue. Tricaud. Vialis.

Triangle. — Hébrais. Madières.

Vache. — Du Crozet. Dupré. Vaché.

Vair. — Arod. Arric. Chamartin. Chartres. Juffieu. Langeac. Lavieu. Linières. Mercœur. Monteynard. Urfé. Varenne. Vichy.

Vaiffeau. — Morel. Pilhotte.

Vent ou *aquilon*. — Flachat.

Verne. — Defvernay. Vernade. Verne. Vernon.

Ver à foie. — Verney.

Ville. — Deville.

Vire. — Virieu.

Vol. — Chefnel. Chazelles.

 -— (demi). — Chazelles. Clozel. Grivel. Janton. Loys. Maniquet. Revel. Robertet. Vauzelles. Vial.

Yeux. — Badol.

CORRECTIONS ET ADDITIONS

Pages

VII (Préface), ligne 13, *au lieu de :* Vevrières, *lifez :* Verrières.

XVIII (Introduction), ligne 3, au lieu de : *Chabeaudière,* lifez : *Chabaudière.*

1 — ligne 12, *au lieu de :* finoble, *lifez :* finople.

8 — — 18, — *de :* Marolz, lifez : *Marols*

11 — — 1re, — *de :* Marthes, lifez : *Marlhes.*

12 — — 11, — *de :* accumpagné, *lifez :* accompagné.

16 — — 18, — *de :* Plaufoy, lifez : *Planfoy.*

34 — — 6, — *de :* gironé, *lifez :* gironné.

34 — — 24, — *de :* BISSUEL, *St-Victor,* lifez :
BISSUEL de St-VICTOR.

43 — — 26, — *de :* BOURUEL, *lifez :* BOURNEL.

58 — — 22, — *de :* CHAMARIN, *lifez :* CHA-
MARTIN.

89 — — 25, — *de :* DARNEZIN, *lifez :* DAR-
MEZIN.

92 — ligne 27, *au lieu de* : DESVERNAYS, *lifez* : DESVERNAY.

93 — — 15, — *de* : DIGNARON, *lifez* : DIGUARON.

124 — — 6, — *de* : raies, *lifez* : rais.

145 — — 19, — *de* : VIVIERS, *lifez* : VIVIER,

151 — — 26, — *de* : raies, *lifez* : rais.

195 — — 15, — *de* : PAUTRIEU, *lizez* : PAUTRIER.

224 — — 20, *ajoutez* : Un décret du 4 mai 1864 a autorifé la ville de Roanne à ajouter à fes armes une croix de la Légion d'honneur, en fouvenir de fa glorieufe réfiftance à l'ennemi, en 1814.

264 — — 18, *au lieu de* : Duré, lifez : *Duret.*

265 — — 2, — *de* : *Périgueux*, lifez : *Périgneux.*

TABLE

Préface v

Introduction XI

Armorial. ·I

Defcription des blafons de la Díana. — Voûte. . . . 271

———— ———— ———— — Frife 275

Armoiries recueillies dans diverfes localités du Forez,
    & dont les poffeffeurs font inconnus. 285

Dictionnaire alphabétique des figures héraldiques, avec
    les noms des familles qui les poffédaient dans leurs
    armoiries 299

Corrections & additions. 327

www.ingramcontent.com/pod-product-compliance
Lightning Source LLC
Chambersburg PA
CBHW071621270326
41928CB00010B/1724